निज नैनहिं देखी!

निज नैनहिं देखी

(कविता प्रसंग)

केशवचन्द्र वर्मा

प्रदीपन प्रकाशन एकांश, इलाहाबाद
की ओर से

लोकभारती प्रकाशन

प्रदीपन प्रकाशन एकांश
की ओर से

पहली मंजिल, दरबारी बिल्डिंग, महात्मा गाँधी मार्ग
लोकभारती प्रकाशन
पहली मंजिल, दरबारी बिल्डिंग, महात्मा गाँधी मार्ग
प्रयागराज-211 001
वेबसाइट : www.lokbhartiprakashan.com
ईमेल : info@lokbhartiprakashan.com
शाखाएँ : 1-बी, नेताजी सुभाष मार्ग, दरियागंज
नयी दिल्ली-110 002
अशोक राजपथ, साइंस कॉलेज के सामने
पटना-800 006
36-ए, शेक्सपियर सरणी
कोलकाता-700 017

मूल्य : ₹ 250

प्रथम संस्करण : 1997
वर्तमान संस्करण : 2020

आस्था पेपर कन्वर्टर
प्रयागराज द्वारा मुद्रित

NIJ NAINAHIN DEKHI
by Keshav Chandra Varma

ISBN : 978-81-8031-652-4

मुंशी लक्ष्मीकांत वर्मा

और

जगदीश गुप्त 'विश्व'

को

(जो मेरे इस इक़बालिया बयान के

काफ़ी हद तक गवाह हैं!)

सही-आदमी के लिए कविता

पण्डित जवाहरलाल नेहरू आज़ाद हिन्दुस्तान के लम्बे समय तक कर्णधार रहे। यूरोपीय सभ्यता ने उनके एकांगी-विकसित दिमाग़ पर देश के पुनर्निर्माण की ऐसी छवि बनाई कि वे उसी की नकल में भारत की मूल पहचान से अपना साम्य कभी बिठा नहीं सके। उन्होंने देश के विकास को कल-कारखाने, फैक्ट्रियों, बड़े-बड़े बाँध, बिजली, पेट्रोल और कोयले के धुएँ से घेर दिया। देश बनाने की अपनी परिकल्पना में सही मनुष्य बनाने की उनकी समझ क्रियाशील नहीं हुई। गाँधीजी भी इस गुलाम देश को स्वतन्त्र करके एक नए हिन्दुस्तान की छवि विश्व के पटल पर दर्ज कराना चाहते थे, परन्तु उनके दिमाग़ में इस भूखण्ड में बसने वाले देशवासियों को एक सही मनुष्य बनाना और उन्हीं के आचरण से निर्मित उस देश की छवि को रेखांकित करना अभीष्ट था। इसीलिए गाँधीजी लड़ाई तो हिन्दुस्तान की आज़ादी की कर रहे थे, लेकिन वस्तुतः उनकी लड़ाई का हर चरण एक सही भारतीय मनुष्य बनाने पर ही हमेशा जोर देता था। यदि मनुष्य कहीं भी गलत होने लगता था तो वे आज़ादी की जिती-जिताई मुहिम से भी अपने को और अपने माध्यम से सम्पूर्ण स्वतन्त्रता आन्दोलन को अलग कर लेने में जरा भी हिचकिचाहट नहीं दिखाते थे। चौरी-चौरा काण्ड जैसी अनेक घटनाएँ गाँधीजी की इस दृष्टि के उदाहरण हैं।

गाँधीजी अपने लक्ष्य को प्राप्त करने के पहले ही असमय चले गए। हिन्दुस्तान का जो सही आदमी बन रहा था उसे गाँधीजी के उत्तराधिकारी जवाहरलाल नेहरू ने सत्ता और सम्पत्ति हड़पने की प्रतिस्पर्धा में लगा दिया। सत्ता से दूर रहकर वे निरर्थक सिद्ध हो जाएँगे—देश निर्माण की नेहरू की ऐसी राजनीति ने इस देश में सहज ही सिद्ध कर दिया—वे चाहे विनोबा हों, चाहे जयप्रकाश नारायण, चाहे आचार्य नरेन्द्र देव, चाहे कृपलानी या राममनोहर लोहिया ही क्यों न हों—ये सब मिलकर भी मनुष्य को असहाय और विकलांग बनाने वाली सत्ता पोषित राजनीतिक-तन्त्र से बचा नहीं सके जिसका नेतृत्व नेहरू स्वयं कर रहे थे। उन्होंने अपनी चौगिर्द घटिया और चाटुकार लोगों का एक प्रभामंडल निर्मित कर लिया था जो कुर्सी की दौड़ में आगे-पीछे लगे हुए थे। आज़ादी की लड़ाई के दौर में नेहरू की लोकप्रियता ने जो पूँजी अर्जित की थी उसी कमाई के आधार पर वे हिन्दुस्तान के आम-आदमी के जीवन भर आदर्श बने रहे। सत्ता ने उनके इस रूप पर सदा मुहरबंदी की। वहीं से हिन्दुस्तान के आम आदमी के जीवन मूल्यों के पतन का प्रारम्भ हुआ। फिर वह पतन इतनी तेज़ी से होने लगा कि सही मनुष्य की परिभाषा ही बदल गई। वह यदि उस दौड़ में शामिल नहीं हुआ तो उसको अपने 'अकारथ' होने का सहज ही बोध होने लगा। हर पेशे, व्यवसाय और विकास की

इकाइयों में सत्ता और सम्पत्ति हड़पने की जैसी होड़ लगी, उसमें 'भ्रष्टाचार' जैसे शब्द का फिर कोई अर्थ ही नहीं रह गया और केवल 'हवाला' और 'घोटाला' यही दो शब्द देश के पास रह गये। चूँकि हर आम और ख़ास के लिए इस दौड़ में पड़ कर भी सत्ता और सम्पत्ति दोनों हासिल कर लेना संभव ही नहीं था इसीलिए इस देश में औसत आदमी के लिए बेरोज़गारी, दरिद्रता, घुटन और कुंठाओं के चक्र में टूटना ही टूटना था! मनुष्य की यह टूट-फूट कभी रास्ता चलती औरतों के नेकलेस छीनने में, कभी लूटपाट और दंगों में, कभी डकैतियों में और कभी जातिगत सामूहिक हत्याओं में बार-बार कोढ़ के रूप में समाज के अंग-प्रत्यंग से फूटती रहती है। इसे दैनिकचर्या की भाँति झेलने वाला ही इस देश का अब सामान्य मनुष्य है।

इस टूट-फूट से अपने को बचाने के लिए आम आदमी के पास कोई साधन सुलभ नहीं है। पहले के भविष्य द्रष्टाओं ने उसे धर्म नामक उपकरण दिया था जो उसके आचरण को निरूपित करता था और उसकी महत्वाकांक्षाओं का दिशा-निर्देश भी करता था। इसीलिए उनके आचरण और उनकी महत्वाकांक्षाएँ दोनों ही मर्यादित थीं। उसे वे 'सन्तोष' नाम से जीवन के मूल्यों में प्रतिष्ठित करते थे। सत्ता और सम्पत्ति की होड़ करने वाले समाज ने 'सन्तोष' को प्रगति विरोधी और आधुनिकता का विपर्यय घोषित कर दिया और धर्म निरूपित आचरण को स्वीकार करने वाले सहज ही '**सांप्रदायिक**' और '**दंगे करने वाले**' घोषित हो गए। आम आदमी के पास अपनी सुरक्षा का कोई उपाय नहीं है। उसके शॉक एबज़ारवर्स (धक्का-संभालने वाले संयन्त्र!) समाप्त हो गये। अब जरा सा भी झटका आता है तो आदमी को आत्महत्या से आतंकवादी होने तक की पूरी छूट यह देश सहज ही देता है। उनके लिए कोई भी रोक नहीं है जो उनके भीतर के विवेक से उन पर अंकुश रख सके।

राजनेता दौरा करता है, भाषण देता है, चुनाव लड़ता और लड़वाता है और आदमी के सुख-दु:ख से कटा हुआ कुर्सी में धंसे-धंसे जनमानस की स्मृति से लुप्त हो जाता है। अखबार नेताओं के भाषण छापते हैं, अपराधों की सुर्खियाँ देते हैं—बलात्कारों, लूटपाट और आगजनी की खबरों का चटख़ारा लेते हुए शांति का उपदेश पढ़ाते हैं। कौन सुनता है नक्कारखाने में तूती की आवाज? बुद्धिजीवी जिनको कोई न पढ़ता है न सुनता है वे जाने कौन-सी साख के बल पर बयानबाजी करते हैं और अपना छपा हुआ नाम देखकर खुश हो जाते हैं! कलाकार सनद और वजीफों के लिए सत्ताधीशों के तलुवे चाटने में अपने पुरखों के गौरव पर दो मुट्ठी मिट्टी डालते रहते हैं। धर्माचार्यों को मन्दिर और मस्जिदों से ही फुरसत़ नहीं है! फिर उस आदमी के सन्नाटे को अर्थ देने का काम कौन करेगा जो हर उगने वाले सूरज के साथ अपनी निजी लड़ाई में और भी अकेला महसूस करता जाता है।

बीसवीं सदी के मध्य तक आम आदमी के सन्नाटे को अर्थ देने का काम बहुत हद तक क़विता किया करती थी। यह कविता धारा जहाँ मनुष्य के टूटते बनते सम्बन्धों की व्याख्या करके उसे सही परिप्रेक्ष्य में मनुष्य के जीवन में सामंजस्य उपस्थित करती थी वहीं वह उसके सामाजिक दायित्वों का भी कभी प्रत्यक्ष कभी अप्रत्यक्ष ढंग से निरूपण

करती थी। यह काव्य-धारा जहाँ उसके आंतरिक संघर्ष को परंपराओं से जोड़कर नींव पर अगली ईंट रखने का संकल्प देती थी वहीं वह अपनी सामाजिक रूढ़ियों से मुक्ति के अगले चरण उठाने को भी विवश करती थी। कविता का यह स्वरूप चाहे संघर्ष की चुनौतियों और ललकार में प्रतिभाषित हुआ हो, या मनुष्य की पाशविक-संवेदनाओं के उदात्तीकरण में मूर्तिवन्त हुआ हो, या वह मानवीय जगत की रागात्मक ऊँचाइयों को छू लेने में सार्थक हुआ हो या समाज के दुखी और पीड़ित अंगों पर सहानुभूति का मरहम लगाने में उपयोगी हुआ हो, वह हर हाल में आम आदमी के सुख-दुःख में सहज मैत्री भाव बनाए रख सका था। कविता कवि से मुक्त होकर आम आदमी की निजी पूँजी बन जाती थी। तुलसी का रामचरित मानस या सूर के लीला पद या रहीम और बृन्द के दोहे या मीरा और रसखान की रचनावली या भारतेन्दु और रत्नाकर की कविताएँ—या घाघ और गिरधर कविराय की सहज लोकमर्मी रचनाएँ—या मीर; ग़ालिब, ज़ौक या अनीस की शायरी लोकमानस की समृद्ध पूँजी बनने के लिए किसी सिफ़ारिश की मोहताज नहीं हैं। वे मनुष्य के सहज सुख-दुःख, उतार-चढ़ाव, विजय और पराजय के साक्षी ही नहीं वरन् उनके मनोवेगों को सम्पूर्णता देने वाले साथी भी हैं। क्रमशः ये सारी रचनाएँ लोकजीवन से कट गईं। मनुष्य के पास जूझने का एक जो बेहद सक्षम औजार था वह भोथरा और कुन्द पड़ गया। वह अब न सत्ता का पाखण्ड झेल सकता है न सम्पत्ति की होड़ से अपने को अलग रख पाता है! न बयानबाजों के दुष्चक्र को हँसकर उड़ा पाता है न अपनी सादगी को गर्व से समाज में प्रतिष्ठित ही कर पाता है!! किसके बल पर करे?

हिन्दी में ही नहीं इस देश की अन्य सभी समृद्ध भाषाओं में कविता और समाज का रिश्ता लगभग टूट गया है। वह अब समाज के जीवन का अंग नहीं है। वह या तो पाठ्यक्रम की वस्तु है या अधिक से अधिक किसी फालतू मनोरंजन का साधन मात्र है। इससे ज़्यादा उसकी हैसियत या सार्थकता आम आदमी की जिन्दगी में नहीं बची है। कविता या तो किताबों में दफ़न हो गई है या मंच पर भोंड़े मनोरंजन का ऐसा साधन बन गई है जिसे मोटी तोंद के अघाए हुए सेठ खिलखिलाते हुए उसे पुरस्कृत करते हैं। देश के टी०वी० और रेडियो के माध्यम अव्वल तो इस भूमि की काव्य-संचेतना के प्रति पूरी तरह से अनभिज्ञ और उदासीन हैं, उन्हें इसकी शक्ति के उपयोग की भी कभी कल्पना नहीं आई। दूसरे जो भी प्रयोग काव्य-चेतना को आम आदमी तक ले जाने के लिए इस सिलसिले में हुए भी हैं वे निहायत बचकाने और कुसंस्कारी दिमाग़ की उपज जैसे लगते रहे। वे उस अन्तर्निहित काव्य शक्ति को भी नहीं पहचान सके जिसके ज़रिए बच्चन जैसे कवियों ने भी एक जमाने में अपनी कविताओं से पूरे देश को झंकृत कर दिया था। श्रोता की उस संप्रेषित ग्राह्य शक्ति का आख़िर हमने क्या उपयोग किया? वह क्षरित होती ही चली गई। फिल्मी गानों की होड़ा-होड़ी और 'चित्रहारों' की ऐसी भरमार हुई कि आम आदमी के जीवन में उत्तरोत्तर कूल्हे मटकाने का ही महत्व बढ़ता चला गया। उसकी संवेदना शक्ति लुप्त हो गई और स्थूल वासनाओं को लहकाने के लिए बेइन्तहा हवा मिलनी शुरू हो गई। यही काम एक से एक घटिया प्रसार मंत्रियों ने लोकप्रियता के नाम पर इस देश के आम आदमी को दिया। यदि वह अपने अभीष्ट में सफल नहीं होता तो उसके लिए हिंसा का दूसरा दरवाज़ा भी यही माध्यम खोल देते हैं।

क्या सभी रास्ते बन्द हो चुके? क्या आम आदमी की जिन्दगी में कविता जैसे सशक्त माध्यमों की अब कोई सहज वापसी संभव हो सकती है! क्या इस त्राहि-त्राहि मचाती हुई आसन्न लोमहर्षक मानवीय संवेदनाओं की दुर्घटनाओं की शृंखला में कहीं कोई प्रतिबन्ध की गुंजाइश बन सकेगी? यदि हमें हिन्दुस्तान के लिए किसी नए और सही मनुष्य की जरूरत आज महसूस हो रही है तो किसी न किसी स्तर पर कविता की उपस्थिति पर अपने संकल्प की पुनर्परीक्षा करनी होगी। ऐसी रचनाओं की फिर से तलाश करनी होगी जो मानवीय संवेदनाओं को अधिक मुखरित और जागृत कर सकें! वे व्यक्ति और समाज के उत्तरोत्तर खण्डित और विभाजित होने वाली प्रक्रिया से मनुष्य को किसी हद तक भीतरी लड़ाई के लिए तैयार कर सकें। उनकी असहायता का बोध समाप्त होना ही चाहिए? यह बोध कहीं बाहर से पैबन्द की तरह न तो समाज पर लगाया जा सकता है और न व्यक्ति की आंतरिकता पर ही चिप्पड़ की तरह चिपकाया जा सकता है। यह तो उसके मूल ताने-बाने का अंश बनाकर ही हो सकेगा। वही व्यक्ति और समाज दोनों को निर्भय भी बनाएगा।

आज हम जिसे 'सर्वधर्मसमभाव' की बात रटते हुए अपने को अति-आधुनिक कहलाना चाहते हैं वह भाव मनुष्य के भीतर नारों या उपदेशों या बयानबाजी से नहीं प्रतिष्ठित हो सकता। 'सर्वधर्मसमभाव' के लक्ष्य की प्राप्ति के लिए मनुष्य के लिए 'स्वधर्म' की प्रक्रिया अत्यन्त आवश्यक है। बिना इस प्रक्रिया से गुज़रे हुए और इसमें सम्पूर्णता प्राप्त किए हुए 'सर्वधर्मसमभाव' की साधना का अंश मात्र भी प्राप्त नहीं हो सकता। रामकृष्ण परमहंस या महात्मा गाँधी ने अपनी साधना-प्रक्रिया से जिस प्रकार सर्वधर्म समभाव का लक्ष्य प्राप्त कर लिया था वह प्रक्रिया सामान्य व्यक्ति के लिए संभव नहीं है। उसकी उदार और करुणाजनित परदुखकातरता के अन्तर्निहित भाव को जागृत करने के लिए काव्य रचनाएँ ही सबसे सार्थक और सशक्त माध्यम रही हैं। कभी आदर्श चरित्रों के माध्यम से, कभी उनके गुणगान से, कभी उनके आचरण से, कभी आत्म उद्बोधन के नाम से वह इस देश की काव्य रचनाओं से ही बहुत कुछ प्रभावित होता रहा है। भक्ति मार्ग के द्वारा सन्तों ने ऊँच-नीच और जात-पाँत का भेदभाव जिस प्रकार अपनी काव्य रचनाओं के द्वारा मिटा दिया वह सैकड़ों उपदेशों और बुद्धिजीवियों (?) की बयानबाज़ी से कतई सम्भव नहीं हो सकता। शायद हम कभी यह जरूरत पूरी शिद्दत के साथ जल्दी ही महसूस करें कि कविता को मंच के मनोरंजन से उतार कर अपने घरों में संस्कार देने वाले एक सशक्त उपकरण के रूप में कैसे प्रतिष्ठित करें! आज कितने ऐसे परिवार होंगे जिनमें बच्चों को अच्छी और सुरुचिपूर्ण कविताएँ याद कराने की कोई भी प्रक्रिया मौजूद हो। कान्वेन्टी पद्धति के बच्चे अपनी नेकर संभालते हुए 'ट्विंकिल-ट्विंकिल लिटिल स्टार' गाते हुए पारिवारिक आयोजनों में भी मम्मी-डैडी का मनोरंजन करते हैं!! उन्हें कोई माँ-बाप बेहतर कविताएँ याद कराने के लिए प्रयास नहीं करता। भविष्य की वह पीढ़ी कविता और साहित्य से तो कटती ही जाती है—वह उत्तरोत्तर कुंठित और भावशून्य भी होती चली जाती है। प्रत्यक्षम् किम् प्रमाणम्?

भारतीय मनुष्य की भावसम्पदा को लुटने से बचाने के लिए इसी समय कविता के पक्ष में एक बड़ा आन्दोलन छेड़ना निहायत जरूरी है। यह आन्दोलन न तो कवियों के

द्वारा चलाया जा सकता है न हिन्दी सेवी संस्थानों के द्वारा और न सरकारी तौर पर!! स्वार्थ से जोड़कर किसी दूरगामी लक्ष्य की प्राप्ति सहज सम्भव नहीं है। इसे तो हर भारतीय परिवार को—चाहे वे हिन्दू हों या मुसलमान या ईसाई या सिक्ख—उन सब परिवारों को लाज़मी तौर पर अपने घर के बच्चों को अपनी भाषा और दूसरी भाषा की भी रचनाओं से प्राथमिक रूप से परिचित कराना और उसे हृदयंगम कराना भाव संवेदनाओं की आधुनिकता के हाथों होती हुई अकाल मृत्यु से बचाना ही श्रेयस्कर होगा। जैसा हमने कहा कि कविताएँ प्रकारान्तर से सही मनुष्य बनाने में अपना योगदान किस तरह देती हैं—इसकी परख किसी भी देश को लम्बे अन्तराल के ही बाद होती है तो इस पृष्ठिभूमि में मेरे दिमाग़ में यह आज की होड़ाहोड़ी वाली अपसंस्कृति के बीच में भी यह कामना बनी हुयी है कि कविता के उस मंगलकारी और कल्याणी स्वरूप को प्रतिष्ठित करने के लिए—कुछ करना ही चाहिए। हिन्दी कविता के इतिहास की अर्धशती से कुछ ऊपर ही गुजरने वाले दौर का मैं साक्षी ही नहीं वरन् उसका सहभोक्ता और किसी सीमा तक भागीदार भी रहा हूँ। मेरी इस सक्रिय भागीदारी में मेरे गृह नगर (फैजाबाद) का साहित्यिक एवं सांस्कृतिक माहौल तथा मेरे परिवार से उद्भूत संस्कारों की भी बड़ी जबर्दस्त भूमिका रही है।

अत: जिस इतिहास को मैंने कविता के माध्यम से ग्रहण किया है—आज जीवन के सत्तर वर्ष पूरे करने पर मुझे लगता है कि अपनी उस अर्जित पूँजी को हिन्दी के सामान्य पाठक के साथ मिल-जुल कर बाँटूँ और किसी भी तरह उनके भीतर अच्छी कविता पढ़ने का, सुनने का उन्हें अपनी स्मृति का अंश बनाकर अपनी निजी पूँजी बना लेने की वही प्रक्रिया फिर से लौटा सकूँ जो उनके सही मनुष्य बनने में किंचित मात्र भी सहायक हो!

इलाहाबाद नगर ने बहुत काल तक हिन्दी साहित्य का केन्द्र बने रहने का गौरव प्राप्त किया। अनेक ऐसी कृतियों का जन्म यहीं हुआ जिन्होंने हिन्दी साहित्य को गरिमा तथा प्रतिष्ठा दी। खड़ीबोली की इतिवृत्तात्मकता—छायावाद की रहस्यमयता—'परिमल' की चुनौती भरी नयी—कविता की सर्जना आदि ऐसे अनेक आयाम स्थापित हुये जिसके बल पर हिन्दी इस देश की महान उपलब्धियों वाली साहित्यिक भाषाओं में गिनी जाती है। जो इलाहाबाद में नहीं भी थे—उन्हें भी अकसर इस नगर से ही अपनी कसौटी की जाँच करानी होती थी। इसीलिए मैंने इलाहाबाद को केन्द्र मानकर उस समय के कविता-आंदोलन को इस पुस्तक में बहुतेरे तथ्यों और विवरणों के साथ उनके सही परिप्रेक्ष्य में दर्ज करने का यत्न किया है। चूँकि ऐसे लेख कई बार मुझे कई जगहों पर लिखने पड़े इसलिए अकसर उनमें तथ्यों की पुनरावृत्ति का सहज दोष जागरूक पाठक को बाधित करेगा ही। मैं उनसे इसके लिए क्षमा प्रार्थी हूँ। दोहराना लाज़िमी था—वह करना पड़ा है।

साहित्य के सम्बन्ध में समय-समय पर उठी अनेक चर्चाओं पर मैंने तत्कालीन पत्र-पत्रिकाओं में बहुतेरी टिप्पणियाँ लिखी थीं। उनमें से कुछ जो तत्कालीन इतिहास दृष्टि के लिए मुझे सार्थक लगीं उन्हें छाँटकर इस पुस्तक के अन्त में जोड़ दिया है। उनका

कालातीत होना तो सम्भव ही नहीं है, परन्तु वे तथ्य अपने में जहाँ आश्चर्यजनक हैं, वहीं वह समकालीनता की समझ के लिए महत्वूर्ण भी हैं।

यदि इस पुस्तक को आप पढ़ने की तक़लीफ़ उठाते हैं तो इसे मात्र एक कुतूहल भरा दस्तावेज़ ही समझें।

इति शुभम् —केशव चन्द्र वर्मा

होली, १९९७

६५, टैगोर टाउन, इलाहाबाद-२

निज नैनहिं देखी!

(कविता की अर्द्धशती से साक्षात्कार)

विषय क्रम

टिप्पणियाँ

■

‘केशव कविता क्या करै...?’

'केशव कविता क्या करै...?'

तब कविता सिर्फ़ सुनी जाती थी। जो कविता सुनी या सुनाई न जा सके वह साहित्य के क्षेत्र में मान्य नहीं होती थी। जो कविता छापेखाने के माध्यम से उपलब्ध भी होती थी, वह भी अपनी सार्थकता तभी पाती थी जब वह मंच से पढ़ी जाकर सर्वसाधारण के लिए सुलभ हो और समुपस्थित मान्य कविगणों के द्वारा उसकी प्रशंसात्मक मुहरबन्दी हो चुकी हो। मतलब यह कि सोना कहने को तो सोना था ही, परन्तु जब तक वाचिक परम्परा से जुड़कर सम्प्रेषणीयता की कसौटी पर चढ़कर अपनी मूल्यवत्ता प्रमाणित नहीं करता था तब तक वह स्वयंसिद्ध सुवर्ण, साहित्य के बाजार में कोई अस्तित्व नहीं रखता था।

कविता की इस वाचिक परम्परा को स्थायित्व देने वाले और उसे उत्तरोत्तर आगे ले चलने वाले माध्यम थे—हिन्दी भाषी क्षेत्र के विभिन्न अंचलों में होने वाले कवि सम्मेलन। इन कवि सम्मेलनों की दीर्घकालीन परम्पराएँ थीं। नये कवि और उनकी रचनाएँ ऐसे प्रतिष्ठित कवि सम्मेलनों में जब तक न पढ़ी जाएँ और कवि का रचना कौशल उसका चिंतन और दृष्टि तथा कवि कर्म की जब तक बार-बार परीक्षा और समीक्षा न हो जाये तब तक रचना और कवि का कोई अलग से मूल्यांकन संभव ही नहीं था। यह स्थिति हिन्दी क्षेत्र में तीस और चालीस के दशक में सर्वत्र व्याप्त थी।

यद्यपि साहित्य की कविता से इतर विधाएँ भी साथ-साथ चल पड़ी थीं। गद्य की प्रकृति अन्य रूपों में प्रकट हो रही थी। कथा साहित्य में उपन्यास और कहानियाँ पाठकों के समक्ष पत्र-पत्रिकाओं के माध्यम से चल पड़े थे तथा विभिन्न प्रकार के नाटक भी सामने आ गये थे। यह भी अत्यंत रोचक तथ्य था कि उस काल में लिखे गये नाटकों में हिन्दी कविताओं का भी भरपूर इस्तेमाल किया गया है—चाहे भारतेन्दु हरिश्चन्द्र के नाटक हों या स्वयं जयशंकर प्रसाद के। प्रेमचन्द के उपन्यास और उनकी कहानियाँ बड़े चाव से हिन्दी जगत में पढ़ी जा रही थीं। बंगला के उपन्यासकार शरतचन्द्र और स्वयं रवीन्द्रनाथ टैगोर के उपन्यास भी अनूदित होकर हिन्दी पाठकों में अपना प्रभाव स्थापित कर रहे थे।

परन्तु यह तथ्य भी उतना ही आश्चर्यचकित करने वाला है कि हिन्दी जनमानस में सवैया, घनाक्षरी, मनहरण छन्द तथा बाद में गीतों ने जो अपना प्रभाव क्षेत्र उत्तरोत्तर बनाया था वह किसी भी स्तर पर क्षरित नहीं हुआ। कवि सम्मेलनों में ब्रजभाषा का वर्चस्व समस्यापूर्ति और राधा-कृष्ण के लीला विषयक छन्दों में व्यक्त होता ही

रहा—'आगे के सुकवि रीझिहैं तौ कविताई, न तु राधा कन्हाई सुमिरन को बहानों हैं।' प्रेमचन्द और प्रसाद खड़े तो थे, परन्तु जगन्नाथदास रत्नाकर की कविताई अपने में अलग ही छन्द-छटा की सुषमा हिन्दी साहित्य को उस समय भी दे रही थीं। कवि सम्मेलन का मंच इस तरह की रचनाओं को बिना किसी हुज्जत के जय-जयकार से मंडित कर देता था। इस जय-जयकार में वह देव, मतिराम, घनानन्द, पद्माकर, भारतेन्दु और रत्नाकर जैसे तमाम कवियों को एक साथ पार उतार देता था। हिन्दी की पत्र-पत्रिकाएँ जैसे *'माधुरी'* या *'सरस्वती'* या *'चाँद'* भी इस तरह की रचनाएँ छापती थीं और बनारस से छपने वाली पत्रिकाएँ भी इन छन्दों को ही वरेण्य मानती थीं। परन्तु कानपुर से निकलने वाली पत्रिका *'सुकवि'* तत्कालीन कविता समाज में अत्यधिक लोकप्रिय थी। *'सुकवि'* के अंक प्राय: हर कवि के पास लाज़िमी तौर पर होते ही थे। यह पत्रिका कानपुर से निकलती थी।

कवि सम्मेलनों के आन्तरिक गठन और उस मंच से पढ़ी जाने वाली रचनाओं का प्रचार-प्रसार और रंग-ढंग तब बदला जब ब्रजभाषा के बजाय हिन्दी के कवियों ने खड़ीबोली को अपनी अभिव्यक्ति का माध्यम बनाने का सरीहन जोखम उठाया। इस जोखम भरे प्रयास में हिन्दी के कई कवियों ने कवि सम्मेलन के मंच का उपयोग करने में कोई संकोच नहीं किया। ठाकुर गोपाल शरण सिंह या अयोध्या सिंह उपाध्याय 'हरिऔध' तो सामने आये ही, स्वयं मैथिलीशरण गुप्त, निराला, सुमित्रानंदन पंत, महादेवी वर्मा और किसी हद तक प्रसादजी भी इन कवि सम्मेलनों के मंच पर आए और उन्होंने ब्रजभाषा औंर खड़ीबोली की संक्रान्तिकालीन रचनाओं को बड़े कौशल के साथ प्रस्तुत किया। ज़ाहिर है कि इस तरह के काव्यपाठ ने कवि सम्मेलन के मंच का आस्वाद बदलने में बड़ी सार्थक भूमिका निभाई। ब्रजभाषा की पुनरावृत्ति करने वाली शैली न तो श्रोताओं को नया रसबोध दे पा रही थी और न समस्यापूर्ति की चमत्कारिक उक्तियाँ। वह अपने बासीपन के कारण उबाऊपन में कोई कमी नहीं ला पाती थी। ब्रजभाषा के समर्थ अगुआ सनेहीजी, जो स्वयं *'सुकवि'* नामक पत्रिका के सम्पादक भी थे, त्रिशूल नाम से खड़ीबोली में अपनी कविताएँ प्रस्तुत करने लगे। उन्हीं के साथ दूसरे अत्यंत प्रखर और मेधावी कवि थे पं० अनूप शर्मा जो कवि सम्मेलनों के मंच पर ब्रजभाषा और खड़ीबोली में अपनी धाक जमाते थे। कवि सम्मेलन के रसास्वादन में भारी उथल-पुथल तब मची जब हिन्दी कवि बच्चन अपनी *'मधुशाला'* लेकर हिन्दी जगत में पहली बार आए। उनकी कविताओं ने हिन्दी काव्य जगत को ऐसे निजी और वैयक्तिक रूप से सम्बोधित किया कि हिन्दी भाषी तरुणाई को अपनी रागात्मक अनुभूतियों का नया परिचय मिला। चालीस और पचास के दशक की नई पीढ़ी बच्चन के रंग में काफी रंगी रही। बच्चन के काव्य पाठ में भाषा की सहज संप्रेषित होती क्षमता, उसका रूमानी तरुन्नुमी अन्दाज काव्य रसिकों के लिए कुछ पहचाना और कुछ अनपहचाना आस्वाद देने लगा। अकसर देर रात या सारी रात तक चलने वाले इस कवि

सम्मेलन में हजारों की संख्या में मंत्रमुग्ध दर्शक प्रकृति से लड़ते हुए जिस तरह हिन्दी कविता से एकाकार होते थे वह अपने में काव्यलोक की रहस्यमयता का अविश्वसनीय आकर्षण हुआ करता था।

वैसे तो कवि सम्मेलन प्राय: किसी तरह के उत्सव आयोजनों का एक महत्त्वपूर्ण हिस्सा बन गया था और स्कूल कालेजों के सालाना जलसों से लेकर नगर के प्रतिष्ठित मेले ठेलों में, नुमाइश और प्रदर्शनियों में किसी भी तरह के जयन्ती-जलसों में कवि सम्मेलन हुआ ही करते थे। ये कवि सम्मेलन उत्तर प्रदेश के अनेक नगरों में तो प्रचलित थे ही, दूर-दराज के कस्बों और गाँवों में भी कवि सम्मेलन कराने का चलन बन गया था। ये कवि सम्मेलन कई ढंग के होते थे। कुछ तो ऐसे थे जिनमें समस्यायें देकर कवियों को न्योता जाता था और वे समस्यापूर्ति की अपनी रचनाएँ ले लेकर इस कवि सम्मेलन में भाग लेने आते थे। इन समस्यापूर्तियों पर कवियों को अकसर घड़ी या दुपट्टे जैसी चीजें इनाम में दी जाती थीं। बाद में इन्हीं विषयों पर आधारित गीतों का चलन भी धीरे-धीरे शुरू हुआ। दूसरे तरह के कवि सम्मेलनों में यद्यपि समस्यापूर्ति से इतर स्वतंत्र रचनाएँ पढ़ी जा सकती थीं। अकसर इन सम्मेलनों में विषय भर दिए जाते थे—जैसे बसंत या पावस या होली इत्यादि। इन विषयों पर भी अकसर अच्छे कवियों की रचनाएँ सुनने को मिल जाती थीं। बाद में इन्हीं विषयों पर आधारित गीतों का भी चलन धीरे-धीरे शुरू हुआ।

जैसे कवि सम्मेलन में भाग लेने से कवियों की प्रतिष्ठा मान्यता पाती थी उसी तरह बहुतेरे कवि सम्मेलनों के आयोजन भी कवियों की नामावली से क्रमश: अपनी प्रतिष्ठा अर्जित करते थे।

जैसा हमने कहा कवि सम्मेलन तो प्राय: आम आयोजन बन गए थे, परन्तु कुछेक कवि सम्मेलनों के मंच अपने आयोजनों में कवियों के चुनाव और निमंत्रण पर कड़ी चौकसी रखते थे। वहाँ हर ऐरे-गैरे 'अज्ञात कुलशील' कवि को अपनी रचना पढ़ने का 'सौभाग्य' कठिनाई से मिलता था। कवियों ने भी कवि सम्मेलन के आयोजनों से अपनी अतिरिक्त आमदनी की पहल शुरू कर दी थी। इसकी शुरुआत भी हिन्दी में स्वयं निराला और फिर बच्चन ने की। उनकी देखादेखी अन्य कवियों ने भी चढ़ा उतरी में अपनी तथाकथित फीस घटाई बढ़ाई। कवि सम्मेलनों की लोकप्रियता और क्षमता इस बात से भी निश्चित होने लगी कि कहाँ का कवि सम्मेलन कवियों को अच्छा मानदेय दे सकता है।

उत्तर प्रदेश के फैजाबाद नगर में हिन्दी कविता और कवि सम्मेलनों का जब यह माहौल था तब मैंने उसी परिवेश में अपनी आँखें खोलीं। फैजाबाद नगर एक जमाने में अवध के नवाबों की मूल राजधानी थी। वहाँ उर्दू शायरी के जितने भी बहुश्रुति और विख्यात नाम जाने जाते हैं, वह किसी न किसी समय फैजाबाद गये थे और वहाँ की नवाबी ने उनकी शायरी का समुचित मूल्यांकन किया था। बताते हैं कि उर्दू शायर

अनीस ने अपनी सुप्रसिद्ध कृति *'मर्सिया'* यहीं फैजाबाद में ही लिखी थी। उर्दू साहित्य के प्रारम्भिक दिनों में फैजाबाद बड़े गहरे ढंग से जुड़ा था। ऐसा कहा जाता है बहुत पहले अश्वघोष ने *'बुद्धचरित'* जैसा काव्य भी यहीं लिखा था। कालान्तर में मुशायरे तो बहुतेरे होते रहे, परन्तु धीरे-धीरे इस नगर में हिन्दी साहित्य की हलचलें अपेक्षाकृत बढ़ीं। इसके कई कारण थे एक तो यह कि फैजाबाद में अयोध्या जैसी एक छोटी सी ताल्लुकेदारी बची थी। वहाँ हिन्दी की कविता काफी पढ़ी और सुनी जाने लगी। स्वयं अयोध्या नरेश ब्रजभाषा की कविता के रसमर्मज्ञ थे और उन्हें ब्रजभाषा के कवियों से काफी गहरा लगाव था। उनके तथाकथित दरबार में ब्रजभाषा के पुरस्कारयाफ़्ता और महत्त्वाकांक्षी कवि अकसर मौजूद रहते थे। उन्होंने *'द्विजदेव'* नाम से स्वयं ब्रजभाषा की रचनाएँ कीं जो रस और अलंकारों की दृष्टि से उस समय की स्तरीय रचनाएँ मानी गईं। उनके बाद अयोध्या स्टेट की महारानी के जो प्राइवेट सेक्रेटरी आए वे थे हिन्दी के स्वनामधन्य ब्रजभाषा कवि जगन्नाथ दास *'रत्नाकर'*। रत्नाकरजी ब्रजभाषा के अंतिम समर्थ और विलक्षण कवि के रूप में हिन्दी में जाने जाते हैं। उन्होंने न केवल उच्चकोटि की विविध विषयों पर रचनाएँ कीं वरन बिहारी जैसे महत्त्वपूर्ण कवियों पर समीक्षा भी लिखी। रत्नाकरजी के अयोध्या प्रवास के दौरान फैजाबाद नगर में ब्रजभाषा और उसकी काव्य रचनाओं की होड़ सी लग गई। रत्नाकरजी ने ब्रजभाषा के नये कवियों को राजदरबार में बुलाना, उन्हें पुरस्कृत करवाना और नई संवेदनाओं वाले ब्रजभाषा के युवा कवियों को प्रोत्साहन देना बराबर जारी रखा। छोटी-छोटी निजी गोष्ठियों में भी रत्नाकरजी नगर और बाहर से आए तमाम कवियों से उनकी रचनाएँ सुनते थे और उनकी पीठ थपथपाते थे। स्वयं रत्नाकरजी की *'गंगावतरण'*, *'भीष्म प्रतिज्ञा'*, और *'उधव शतक'* जैसी अत्यंत सशक्त रचनाएँ हिन्दी जगत में उनकी प्रतिष्ठा स्थापित कर चुकी थीं। रत्नाकरजी ने राम की नगरी अयोध्या में अपनी काव्य प्रेरणा के इष्टदेव राधा ब्रजराज की प्रतिष्ठा में एक अत्यंत सुंदर उपवन के बीच संगमरमर की बारादरी में प्रतिष्ठित श्री राधा ब्रजराज का मंदिर बनवाया था। इस मंदिर में अनेक काव्य गोष्ठियाँ और संगीत के बहुरंगी कार्यक्रम आयोजित होते थे। अपने बचपन में मैं अयोध्या के इस राधा ब्रजराज मंदिर के कई आयोजनों में अपने पिता के साथ शामिल होने का सौभाग्य प्राप्त कर चुका हूँ।

मेरे पिता स्व० श्री महादेव प्रसाद वैसे तो फैजाबाद के गवर्नमेंट इण्टरमीडिएट कालेज में अंग्रेजी और गणित के अध्यापक थे, परन्तु वे विशिष्ट ढंग के साहित्यकार कवि भी थे। उन्होंने इलाहाबाद यूनिवर्सिटी के पुराने म्योर कालेज से बी० ए० की डिग्री ली थी। वे हिन्दू हॉस्टल में रहते थे। उनके आगे पीछे के सहपाठियों में डॉ० धीरेन्द्र वर्मा, सुमित्रानन्दन पंत, रघुपति सहाय फिराक़ और नरेंद्र देव (बाद में आचार्य) जैसे लोग हुआ करते थे। वे अपने विद्यार्थी काल में भी लिखते-पढ़ते थे और नाटकों में हिस्सा लिया करते थे। एक नाटक की ग्रुप फोटो में सुमित्रानंदन पंत नारी वेश में और मेरे

पिताजी एक फकीर के रूप में खड़े दिखते हैं। वह फोटोग्राफ़ फैजाबाद के मेरे घर में बहुत दिनों तक ड्राइंग रूम में टँगी रही जहाँ एक बार सन् ५३-५४ में जब पंतजी मेरे घर गए तब उन्होंने उस फोटोग्राफ में अपने को और मेरे पिताजी को खूब पहचाना। मेरे पिताजी इस समय स्वीकृति के लिए मौजूद थे। फिर वे दोनों तमाम पुरानी स्मृतियों में खो गये। उनके पास पंत की कुछ कविताएँ फटे पुराने कागजों में संग्रहीत थीं जिनमें मुझे याद पड़ता है *'उच्छ्‌वास'* नामक कविता भी थी, अस्तु।

मेरे पिताजी ने गवर्नमेंट इण्टरमीडिएट कालेज की अध्यापकी ऐसी पकड़ी कि वे फैजाबाद के ही होकर रह गये। उन्होंने सरकारी नौकरी की तमाम प्रोन्नतियों का मोह सहज ही त्याग दिया और वे अयोध्यावास के नाम पर फैजाबाद में ही अपना कार्य-कलाप विस्तृत करते रहे। उनकी ब्रजभाषा की काव्यरचना तो अनूठी थी ही और वे जब रत्नाकरजी के सम्पर्क में आए तो उनकी काव्य प्रतिभा को भीतर से बड़ा आत्मबल मिला। वे रत्नाकरजी के कृपापात्रों में हो गए थे और हम लोगों को उनके अनन्त संस्मरण सुनाया करते थे। मेरे पिताजी अंग्रेजी-शिक्षा-दीक्षा से लैस थे। हमेशा थ्री पीस वाले बढ़िया रेशमी सूट और जाड़े के दिनों में अति उत्तम सर्ज के सूट तथा कभी-कभी नेकर-बॉकर और फेल्ट कैप लगाकर वे कालेज में पढ़ाते थे। पास-पड़ोस के कवि सम्मेलनों में भी वे अन्य कवियों के साथ इसी अंग्रेजी वेशभूषा में कविता पढ़ने चले जाया करते थे। वे अकसर समस्यापूर्ति की रचनाओं में इनाम जीतने वाले अग्रणी कवि होते थे। मूलतः उन्होंने 'कायस्थ कुलोद्‌भव' होने के कारण उर्दू, फारसी में और बाद में अंग्रेजी में शिक्षा पायी थी। वे क्रमशः हिन्दी का ज्ञान रामचरितमानस के द्वारा ही अर्जित करते रहे। उनका हिन्दी का ऐसा अध्ययन बड़ा व्यापक और गंभीर था। कालान्तर में वे हिन्दी की भारतेन्दु से लेकर रत्नाकर तक और रत्नाकर के बाद अद्यतन नई कविता तक समान रूप से गतिशील थे। मेरे अनेक घनिष्ठ मित्र जैसे धर्मवीर भारती, श्री लाल शुक्ल, जगदीश गुप्त, लक्ष्मीकांत वर्मा, विजयदेव नारायण साही या रघुवंश भी उनकी इस जानकारी के गवाह हैं। वे अपने इसी अर्जित ज्ञान के बल पर एम० ए० के विद्यार्थियों को *'कामायनी'* जैसा ग्रंथ भी पढ़ा देते थे। उन्हें नाटकों में भी बड़ी रुचि थी। खुद अभिनय करते थे और निर्देशन भी। डी० एल० राय के तमाम नाटक हमारे कालेज में उन्होंने ही करवाये। इसका वर्णन मैंने अन्यत्र किया है। संगीत में उनकी और मेरी माँ दोनों की समानान्तर रुचि थी जिसके लिए उन्होंने मुझे ट्यूशन लगा दिया था। अस्तु;

मेरे पिताजी ने समस्यापूर्ति के छन्दों से लेकर विविध विषयों पर सैकड़ों कविताएँ लिखी होंगी। अकसर छन्दों के चमत्कारिक प्रयोग भी वे करते थे। उन्हें रामचरितमानस के अलावा पुराने कवियों की सैकड़ों रचनाएँ याद थीं। उनके पास अपने समय के उल्लेखनीय कवियों की अनेक पुस्तकें संग्रहीत थीं। कइयों पर तो कवियों के द्वारा हस्ताक्षर भी थे। *'रस कुसुमाकर'* और *'उधव शतक'* के अलावा भारतेन्दु हरिश्चन्द्र द्वारा प्रस्तुत छन्द संग्रह, *'सुन्दरी तिलक'* नामक पुस्तिका उन्हें अन्यंत प्रिय थी। हिन्दी की

सभी अच्छी पत्रिकाएँ मेरे घर में आती थीं। *'माधुरी'*, *'सरस्वती'*, *'चाँद'* के साथ *'कल्याण'* भी आता था और बच्चों की पत्रिका *'शिशु'* और *'बालसखा'* की भी मुझे याद है। ऐसे परिवार में मैं अपने पिता को अंग्रेजी ठाठ-बाट के साथ हिन्दी के एक कवि के रूप में अपने बचपन में देख रहा था। यह आज से लगभग ६४-६५ वर्ष पहले की बात है तब मैं शायद पाँच बरस का ही रहा होऊँगा, जब मैं अपनी माँ के पास से हटकर पिताजी के साथ सोने लगा। उन्होंने प्रार्थना के नित्य अभ्यास के रूप में मुझे गीता या रामायण नहीं— बल्कि महाकवि 'देव' का एक ब्रजभाषा का छन्द रटवाना शुरू कर दिया। वह छन्द मुझे आज भी प्रार्थना रूप में याद है—

'पायन नूपुर मंजु बजैं कटि किंकिण के धुन की मधुराई
साँवरे अंग लसै पटपीत हियै हुलसै बनमाल सुहाई
माथे किरीट बड़े दृग चंचल मंद हँसी मुखचंद जोन्हाई
जै जग मन्दिर दीपक सुन्दर श्री ब्रजदूलह देव सहाई।'

फिर धीरे-धीरे मुझे यह अभ्यास हो गया कि रोज रात सोने के पहले मैं पिछली रात का याद किया हुआ एक छन्द पिताजी को सुनाता और वे मुझे एक नया छन्द याद कराते। *'कबहूँ वा विसासी सुजान के आँगन मो अँसुआन को लै बरसो'*, जैसे सैकड़ों छन्द मुझे अनायास ही रट गये थे, जिन्हें मैं जब गुनगुनाकर पिताजी को सुनाता था तब वे आनन्द से भर उठते थे। जाहिर है कि मैं उन छन्दों के साहित्यगत सौन्दर्य से न तो परिचित था और न उनके विशेष अर्थ समझता था। कुछ और बड़े होने पर स्वयं मुझे भी आश्चर्य हुआ कि कैसे तब तक मुझे नरोत्तमदास का *'सुदामाचरित'* रत्नाकर का *'उधव शतक'* जैसी अनेक रचनाएँ याद हो चुकी थीं। मेरे घर में कविता की किताबें या तो कालेज की लाइब्रेरी से आती थीं या स्वयं मेरे पिताजी के द्वारा खरीदी जाती थीं। पं० रामनरेश त्रिपाठी की *'कविता कौमुदी'* के चार भाग मेरे घर में मौजूद थे और मैं उन्हें अकसर उल्टा-पुल्टा करता था। फिर महादेवी वर्मा की कविता पुस्तकें घर में आयीं, परन्तु जब कवि बच्चन की कविता पुस्तकें मुझे किसी अन्ताक्षरी प्रतियोगिता में विजयी टीम में बतौर हिन्दी प्राप्त हुईं तब उन कविताओं का व्यापक गुणगान मेरे परिवार में व्याप्त हुआ।

मेरे पिताजी धार्मिक प्रवृत्ति के सुरुचिपूर्ण व्यक्ति थे। वे भक्तिकाल की रचनाओं से अभिभूत थे और अपनी चारों संतानों को साहित्य संगीत और धर्म के माध्यम से सुसंस्कारित करने का सपना देखा करते थे। कविताएँ याद करने का सिलसिला तो उन्होंने शुरू करवा ही दिया था, संगीत की शिक्षा का भी उन्होंने बड़ा सही प्रबन्ध कराया था। हम बच्चों के लिए जो संगीत सिखाने वाले शिक्षक रखे गये थे वे हमें सूरदास, तुलसीदास, मीराबाई, कबीर, नानक और दादू जैसे संत कवियों की रचनाएँ सिखाया करते थे। मेरे पिताजी की आध्यात्मिक रुझान संकीर्तन की ओर विशेष रहती थी। प्रायः हमारे घर में देश की विश्रुत कीर्तन मंडलियाँ आती थीं और दो-चार दिन

उनका संकीर्तन गायन होता ही रहता था। अपने बचपन से ही हम सब भाई-बहन इस संकीर्तन में बड़े उत्साह से सम्मिलित होते थे। कीर्तन मंडलियाँ तो आती जाती रहती थीं, किन्तु उनके प्रभाव स्वरूप हमारे पिता और संगीतप्रेमी माँ ने भी प्रत्येक शनिवार की शाम को पारिवारिक स्तर पर घर में ही कीर्तन भजन का एक अनिवार्य कार्यक्रम करने का संकल्प ले लिया था। उसमें हम सब भाई बहनों द्वारा सप्ताह भर सीखे हुए भजनों को गाना पड़ता था और इस प्रकार हमारे संगीत शिक्षक की हर हफ्ते सफलता की परीक्षा होती थी। यदि हमने नया पद सीखकर नहीं सुनाया तो उन बेचारे मास्टर साहब को अगले दिन उलाहना सुनना पड़ता था। इसी शनिवारीय कीर्तन संध्या की संगीत सभा में पिताजी अर्थसहित रामायण पाठ तो करते ही थे, हमें भी *'विनय पत्रिका'* के तमाम पद, *'सूरसागर'* के पद, कबीर की वाणी और मीरा आदि तमाम हिन्दी कवियों की रचनाएँ रट उठीं। जीवन में इस अभ्यास का बड़ा अद्‌भुत प्रभाव कालान्तर में देखने को मिला। परीक्षाओं में, अन्त्याक्षरी प्रतियोगिताओं में और फिर साहित्यिक दुनिया में सहज ही विचरण करने में तथा रेडियो की नौकरी में भी इन रचनाओं को कंठाग्र होने का अनायास ही लाभ मिलता रहा। अस्तु।

फैजाबाद की सामाजिक और साहित्यिक हलचलों का एक नया दौर प्रभावशाली ढंग से तब शुरू हुआ जब हिन्दी कविता के यशस्वी-मर्मज्ञ पं० श्रीनारायण चतुर्वेदी फैजाबाद में ही शिक्षा विभाग में 'इंस्पेक्टर ऑफ स्कूल्स' नियुक्त होकर आए। वे मूलतः इलाहाबाद नगर के रहने वाले थे। हिन्दी भाषा और साहित्य के अनन्य प्रेमी थे। हिन्दी साहित्य सम्मेलन की गतिविधियों से गहरे और अंतरंग स्तर पर जुड़े हुए थे। उनकी शिक्षा-दीक्षा यद्यपि विदेश में हुई थी, परन्तु वे हिन्दी की रचना भूमि से बड़े अंतरंग स्तरों पर क्रियाशील हुए थे। उन दिनों 'इंस्पेक्टर ऑफ स्कूल्स' का ओहदा बड़ा ही महत्त्वपूर्ण हुआ करता था। प्रायः विदेशी शासक ही इन पदों पर आसीन हुआ करते थे। उनका कार्य क्षेत्र बड़ा ही व्यापक और विस्तृत था। एक इंस्पेक्टर के अधीन कई जिलों के सरकारी और गैर सरकारी स्कूलों के अध्यापकों की वे नियुक्ति करते थे। इन सरकारी स्कूलों के अध्यापकों की भी बड़ी धाक हुआ करती थी। वे अपने शहर के विशिष्ट लोगों में गिने जाते थे। उनकी प्रतिष्ठा विद्यार्थियों के बीच भी आज की अपेक्षा विस्मयकारी थी। अंग्रेजी लिबास में उनका रहना शासनतंत्र के अनुरूप ही था। इंस्पेक्टर ऑफ स्कूल्स का मुआइना होना पूरे विद्यालय को एक थरथराहट में बदल देता था। वह 'इंस्पेक्टर ऑफ स्कूल्स' अध्यापकों का बड़ा से बड़ा अहित कर सकता था। ऐसे तमाम कालेज़ों से अपनी इस तरह की प्रतिष्ठा लेकर पं० श्रीनारायण चतुर्वेदी फैजाबाद मंडल के इंस्पेक्टर होकर शिक्षा जगत में उस समय सत्तारूढ़ थे। जाहिर है वे अपने हिन्दी कविता प्रेम के लिए शीघ्र ही प्रसिद्ध हो गए।

फैजाबाद का गवर्नमेन्ट इण्टरमीडिएट कालेज शिक्षा में ही नहीं कई मायनों में अकेला था। उच्च शिक्षा का केन्द्र तो था ही वहाँ की सांस्कृतिक गतिविधियाँ भी ऐसी

होती थीं, जो पूरे प्रदेश में स्तरीय हलचल मचाती थीं। खेलकूद, स्काउट रैलियाँ, जम्बूरी, रेडक्रास के आयोजन, मुशायरे और कवि सम्मेलन तथा नाटकों के मंचन—यह सब होता तो केवल कालेज के ही विद्यार्थियों के लिए था परन्तु वह पूरे नगर की सांस्कृतिक आहट का प्रतीक होता था। इन आयोजनों में भाग लेने वाले विद्यार्थियों के संस्कार बिलकुल ही भिन्न प्रकार के पड़ते रहे। पं० श्रीनारायण चतुर्वेदी ने जैसे ही अपना कार्यभार सँभाला, इन गतिविधियों में अभूतपूर्व वृद्धि हुई। हिन्दी कविता के प्रचार के लिए उन्होंने कई कार्यक्रम चलाए थे, जिनमें अन्त्याक्षरी प्रतियोगिताओं में पहले तो पूरे विद्यालय के विद्यार्थी होड़ करते थे फिर अन्तर्विद्यालय और अन्तर्मण्डलीय प्रतियोगिताएँ भी होती थीं। इनमें विजयी टीमों को चाँदी की शील्ड और दूसरी प्रकार की मूर्तियाँ आदि दी जाती थीं। लोकप्रिय कविता पुस्तकों का बंडल भी इनाम में मिलता था। उर्दू शायरी के लिए अन्त्याक्षरी की तर्ज पर बैत-बाजी भी होती थी। कवि दरबार में प्राय: प्राचीन कवियों की रचनाओं का पाठ विद्यार्थी और अध्यापक उसी प्राचीन कवि की वेश-भूषा, मुद्रा और शैली में नकल करके पढ़ते और सुनाते थे। इस प्रकार कवि दरबार में काव्य पाठ के आनन्द के साथ नाटक का भी आस्वाद श्रोताओं और दर्शकों को एक साथ मिलता था। इन कवि दरबारों में महाकवि भूषण, बिहारी, तुलसीदास, सूरदास और रत्नाकरजी और पंतजी (सुमित्रानंदन पंत) की भी नकल उतारते और उन्हीं के जैसा काव्य पाठ करते हुए विद्यार्थियों को देखा था। कवि दरबारों का यह आनन्द अब एकदम समाप्त हो गया।

चतुर्वेदीजी की प्रबल रुचि कवि सम्मेलनों के आयोजनों में थी। प्रदेशव्यापी इन कवि सम्मेलनों में किस पाए के हिन्दी कवि शामिल होते थे और जिस तरह की कविताएँ वहाँ पढ़ी जाती थीं जो साहित्यिक प्रतिमानों पर भी खरी उतरती थीं, उनसे ही कवि सम्मेलनों की प्रतिष्ठा बढ़ती थी। इन कवि सम्मेलनों के संयोजक जिस प्रकार की साहित्यिक अभिरुचि रखते थे और जिस उद्देश्य के लिए वे कवि सम्मेलन आयोजित करते थे उससे कवि सम्मेलन की और उसमें भाग लेने वाले कवियों की प्रतिष्ठा मान्य होती थी।

फैजाबाद में एक सार्वजनिक सभागृह नगर के केन्द्र स्थल चौक में ही था। उसका नाम था—*'रामयश कीर्तन सभा हॉल।'* वह मूलत: दशहरे के दिनों में तथा झूले के दिनों में रामलीला और नाटक कम्पनियों के लिए इस्तेमाल होता था। जाड़े के दिनों में उस हाल में कवि सम्मेलन आयोजित हुआ करते थे। हॉल में एक मंच था और बैठने के लिए फर्शी इंतजाम। कोई ढाई तीन सौ आदमी के बैठने की जगह थी। इस हॉल में जो भी कवि सम्मेलन हुए जिनकी मुझे याद है, वे सब अधिकांशत: पुराने ढर्रे के कवियों के जमघट होते थे। इन सम्मेलनों में समस्यापूर्ति की रचनाओं की बहुरंगी छटा देखने को मिलती थी। सवैया और घनाक्षरी छन्दों की बहार थी कभी-कभी जो विषय दिये जाते थे उन पर भी कवि लोग छन्दावली रचकर लाते थे। इन सम्मेलनों में कानपुर, लखनऊ

और बनारस के कवि अधिकांशतः होते थे। कानपुर में तो 'ईशों' की भरमार थी—करुणेशजी, मिथिलेशजी अवधेशजी आदि। सवैयों के उस्ताद लोग होते थे उसी में कभी पढ़ीस लोग होते थे, कभी देहातीजी सभी अपनी काव्य शक्ति की चमत्कारिक उक्तियाँ सुनाते थे। बेढब समस्यापूर्ति की रचनाएँ सामने आती थीं—जैसे *'चखैं चाँद की चाँदनी च्यूँटी चलीं'*। इन्हीं सम्मेलनों में जो दर्शनीय विभूतियाँ भी प्रकट होती थीं उनमें सर्वश्री अयोध्यासिंह उपाध्याय, ठाकुर गोपाल शरण सिंह, श्री हरि जू, डॉ० रसाल, मिलिंदजी, जैसे लोग जब कभी आ जाते थे, तो इन कवि सम्मेलनों की गरिमा स्वतः बढ़ जाती थी। मेरे पिताजी इस तरह के कवि सम्मेलनों में भी अपनी रचनाएँ पढ़ते थे और प्रशंसा पाते थे।

इसी तरह कवि सम्मेलन का दूसरा केन्द्र था फैजाबाद से अयोध्या के रास्ते में पड़ने वाले साहबगंज मुहल्ले में श्रीराम जानकी मंदिर का विशाल प्रांगण। इस मंदिर के भी वार्षिकोत्सव में कवि सम्मेलनों का आयोजन होता था और उनमें समस्यापूर्ति की रचनाओं पर कुछ पुरस्कार भी दिए जाते थे। अप्रने बचपने में मैं अपने पिता के साथ रामयश कीर्तन सभा और राम जानकी मंदिर के कवि सम्मेलनों में कई बार गया हूँ।

जैसा कि हमने अभी कहा पं० श्रीनारायण चतुर्वेदी के आने से कवि सम्मेलनों के माहौल में भारी परिवर्तन हुआ। चतुर्वेदीजी ने तब तक स्थानीय गवर्नमेंट कालेज के कुछ अध्यापकों की रुचि और प्रतिभा दोनों की पहचान कर ली थी। उनके सहयोग से अपनी इंस्पेक्टरी का प्रभाव इस्तेमाल करते हुए उन्होंने लगभग एक दशक तक बड़े ही कीर्तिमान कवि सम्मेलन गवर्नमेंट इण्टरमीडिएट कालेज फैजाबाद में आयोजित करवाए। फैजाबाद कालेज के कवि सम्मेलनों ने पूरे प्रदेश में अपनी ऐसी साख बनायी कि उसमें निमंत्रित होने के लिए तमाम यशः कामी कवि अपनी जुगत भिड़ाने लग गए। चतुर्वेदीजी के कारण इन सम्मेलनों में ऐसे लोग भी आए जिनको लोग पढ़ते तो थे, परन्तु जिनके दर्शन दुर्लभ थे। जहाँ एक ओर सवैया, घनाक्षरी के दिग्गज आते थे (सनेहीजी, हितैषीजी, पं० अनूप शर्मा आदि) वहीं दूसरी ओर हिन्दी की आधुनिकतम धारा छायावादी कविता के शिखर निरालाजी, शिवमंगल सिंह 'सुमन', नरेन्द्र शर्मा, विद्यावती कोकिल, बालकृष्ण राव, शम्भुनाथ सिंह, नीरज, प्रदीप आदि अनेक सुप्रसिद्ध कवि इन कवि सम्मेलनों में बराबर आने लगे। जहाँ सीतापुर के प्रसिद्ध अवधी कवि पं० वंशीधर शुक्ल इन कवि सम्मेलनों के नायक जैसे बन जाते थे वहीं वीर रस की कविता सुनाने के लिए हल्दीघाटी और जौहर सरीखे काव्य के रचनाकार पं० श्याम नारायण पाण्डेय का भी अपना जलवा था। सुरुचिपूर्ण हास्य व्यंग्य की रचनाओं के लिए कवि सम्मेलन का यह मंच बेढब बनारसी और पं० कान्ता नाथ पाण्डेय 'चोंच' को सदा निमंत्रित करता था। हास्य व्यंग्य की रचनाओं के लिए लखनऊ से श्री शारदा प्रसाद वर्मा 'भुसुंडि' भी इन सम्मेलनों में प्रायः बुलाये जाने लगे थे। लखनऊ से ही आने वाली कवित्रयी में पं० वंशीधर शुक्ल के साथ गीतकार लक्ष्मीशंकर मिश्र 'निशंक' और पं० श्रीलाल शुक्ल भी

होते थे। आज के प्रमुख उपन्यासकार श्रीलाल शुक्ल अपने शुरुआती साहित्यिक दिनों में कवि थे और 'कुरुक्षेत्र' जैसी ओजस्वी रचनाओं का पाठ करने के लिए प्रसिद्ध थे। तब मैं भी कवि सम्मेलन के मंच पर से अपनी कविताएँ सुनाने लग गया था। मेरी और पं० श्रीलाल शुक्ल की मैत्री उसी कवि सम्मेलन के मंच से शुरू हुई थी। यह संभवत: १९४०-४१ की बात है बनारस से आने वाली कवित्रयी में सर्वश्री शम्भूनाथ सिंह, मोती बी०ए० तथा महेंद्र अत्यंत सुमधुर स्वरों में कविता पाठ के लिए विख्यात थे।

इन कवि सम्मेलनों के सभापति प्राय: पं० श्रीनारायण चतुर्वेदी ही होते थे। वे ही कवियों और उनकी रचनाओं पर अपनी प्रशंसात्मक टिप्पणियाँ देकर कवियों का श्रोताओं से एक सम्यक् परिचय करा देते थे। वैसे सम्मेलन के औपचारिक संयोजक कालेज के हिन्दी विभाग के अध्यक्ष हुआ करते थे जो सभी कवियों को आगे पीछे श्रोताओं की माँग के अनुसार मंच पर बुलाते रहते थे। इन संयोजकों में सबसे लोकप्रिय थे पं० भूपनारायण दीक्षित जो स्वयं भी कवि थे और मंच पर जिन कवियों को बुलाते थे उनके बारे में उनकी विशेषताओं का उल्लेख करते हुए अपनी एक छोटी सी कविता में उनका नाम पुकारते थे। कभी-कभी यह सवैया में न होकर छोटे-छोटे दोहों में होता था और श्रोताओं को दीक्षितजी का यह उद्‌घोषक रूप बड़ा मनभावन लगता था।

मेरे पिताजी तो कवि सम्मेलनों के पुराने मंजे हुए रसिया थे ही। चाहे समस्यापूर्ति हो और चाहे स्वतंत्र विषय, चाहे ब्रजभाषा के छन्द हों और चाहे खड़ीबोली में घनाक्षरी चाहे अत्यंत गंभीर विषय की हों या चाहे उनकी काव्यात्मक विनोदी टिप्पणियों की कविताएँ। वे चतुर्वेदीजी के प्रशंसा प्राप्त कृपा भाजनों में थे। उनकी कुछ रचनाएँ फैजाबाद के कवि सम्मेलन में प्रसिद्ध थीं—

इस जीवन की है पहेली विचित्र सी
कोई उसे सुलझाते नहीं
सुख दुखमय कैसी विशेष दशा
उस मृत्यु का भेद भी पाते नहीं
यदि जीवित वर्ष अनेकों रहे तो
जीने से हैं घबराते नहीं
मरना बस एक ही रोज़ का है
फिर शौक से क्यों मर जाते नहीं?

वे लोकोक्तियाँ लिखने के लिए भी प्रसिद्ध थे—

जाके रही शिमले में कभी
कभी आके निवास किया नई दिल्ली
गोद में पिल्ली लिए फिरती
जो उड़ाती थी देशानुराग की खिल्ली

खद्दर धारि पधारी सभा में
उतारि धारी वह रेशमी झिल्ली
देखिए सत्तर चूहे उड़ाकर
आज चली करने हज बिल्ली।

उनकी कुछ अतिशय लोकप्रिय रचनाएँ मैं यहाँ दोहरा रहा हूँ—

चाखन प्रेमसुधा को चहैं
तिनको तुम देत कहाँ विष घोरी
ऊधव प्रीति की रीति यही
निर्वाहते जाइहैं जन्म करोरी
जो पै सँजोग की आस नहीं
पै सनेह को बन्धन जात न तोरी
माला गुँथी तहिकै सब फूल
गये झरि, तौहू रही बचि डोरी!

एक और छन्द जिसे स्वयं चतुर्वेदीजी मेरे पिताजी की प्रशंसा में उनका यह छन्द दोहराया करते थे—

काँटन के पथ डोलिहैं जो
तेहि घाव न लागै खरोंचि ही जइहैं
उँचे कबौ पग नीचे धरैं
यदि टाँग न टूटिहै, मोचि ही जइहैं
बाँदर हाथ परै पट जो
वह चीथ न जइहैं
तो नोच ही जइहैं
बानो कितेक बनावै कोऊ
तऊ कानौ जौं होयगो कोंच ही जइहैं।

वे अपनी कविताओं में विनोदपूर्ण रचनाओं के लिए खासे जाने जाते थे। मुझे याद है वे एक अंग्रेजी मिश्रित छन्द सुनाते थे जो कुछ-कुछ इस तरह था—

सिर में बस गोबर ही है भरा
कुछ राइटौराँग की सेन्सै नहीं
चाहे कोई मज़ाक करै कितना
सिवा खीस के कोई डिफैन्सै नहीं
औ गालियाँ कोई सुनावै हजार
तो लेते कभी ये अफ़ैंसे नहीं

हम देखते ऐसे महाशयों में
और बुद्धवों में डिफरेन्सै नहीं।

उस समय भी उन्होंने जातिप्रथा के ऊपर तीखी आलोचना करते हुए खड़ीबोली में जो कविता लिखी थी उसमें 'नेताओं की विचित्र लीला' शीर्षक से एक कविता थी जो वे कवि सम्मेलनों में भी सुनाते थे। उसके कुछ अंश—

वे पुकारा किये वर्गहीन होगा ये समाज
कोई लाला है न यहाँ पर कोई है महराज
फिर भी देखो जो है वह जात की खातिर बदनाम
बनके 'सरनेम' हुई जात ही फिर से सिरनाम
जात की पूँछ बिना नेता हैं मादूदेचन्द
जैसे राजेन्द्र हैं शास्त्री हैं या सम्पूर्णानन्द
अपने नियमों का तो नेता हैं करते खंडन
लिखते हैं नेहरू कोई पंतौं, काटजू, टंडन
इससे हिन्दू-हिन्दू में कुछ भेद बढ़ा है और
फिर हिन्दू मुस्लिम का भला भेद मिटेगा किस तौर?
तुम बना सकते नहीं जातो वर्गहीन समाज
कहने करने में जब भेद भरा इतना महराज।

कालेज के कवि सम्मेलनों में श्रीकृष्ण सहाय अस्थाना भी कवि थे जो गीत लिखते थे। वे अर्थशास्त्र के प्रोफेसर थे। उनकी कविताएँ प्रेम के रस में डूबी रहती थीं। उन्होंने श्रीमद्‌भागवत का भी पद्यबद्ध अनुवाद किया था। कालेज के ही तीसरे महत्त्वपूर्ण कवि थे बाबू कृष्ण कुमार श्रीवास्तव। वे उर्दू के टीचर थे, किन्तु हिन्दी के बड़े अच्छे कवि थे। उनके जैसा सुरुचिपूर्ण हास्य व्यंग्य लिखने वाला हिन्दी में दूसरा कवि आसानी से नहीं मिलेगा। वे स्वतंत्र रचनाएँ तो करते ही थे पैरोडी लिखने में भी बड़े कुशल थे। श्रेष्ठ लोकप्रिय कविताओं की वे इतनी सांगोपांग पैरोडी करते थे कि सुनकर मूल कविता के अनेक अर्थ सहज ही अपनी अनुगूँज पा जाते थे। उनकी एकाध रचनाएँ इतनी लोकप्रिय थीं कि श्रोताओं को याद हो गई थीं जैसे—

एक मुद्रा जेब में था वह अधन्ना हो गया।
काल से मुद्रा घिसे, दाढ़ी का छन्ना हो गया॥
भेद भाषा में नहीं है, शब्द उच्चारण पृथक।
खान था उर्दू में वह हिन्दी में खन्ना हो गया॥
प्रेम वह पीयूष है मीठी हुई हर एक वस्तु।
मुँह पे जो डंडा जमाया उसने, गन्ना हो गया॥
मिट चला संघर्ष से छोटे बड़े का भेद भाव।
युद्ध से पतलून का ढीला सुथन्ना हो गया॥

प्रेम ही निर्वाण पथ है, सूक्ष्म हो जाता शरीर।
प्रेम में मजनूँ मगन, पोथी से पन्ना हो गया॥

पं० भवानी भीख त्रिपाठी अपनी दुबली-पतली काया में घनी और खूब बड़ी मूँछों के लिए मंच पर सहज ही ध्यान आकृष्ट करते थे। वे भी अध्यापक थे। छन्द बड़े सुंदर लिखते थे और सुनाते भी बड़े सरस तरीके से थे। इसी तरह पं० रामरक्षा त्रिपाठी 'निर्भीक' सरस्वती वंदना से लेकर समस्यापूर्ति और वीररस की कविताएँ सुनाने के लिए हर सम्मेलन में प्राय: मौजूद रहते थे।

इन कवि सम्मेलनों में ऐसी हस्तियों के भी दर्शन होते थे जो सहज भाव से साहित्य से कटे हुए लोग थे परन्तु कविता के रस में गहरे डूबे हुए थे। स्वयं कविता लिखते थे और सारी रात कवि सम्मेलन में बैठकर गुजार देते थे। एक थे श्री गिरधारी लाल वैश्य। पेशे से सरकारी अस्पताल में कम्पाउण्डरी का काम करते थे। मैंने जब-जब अस्पताल में देखा वे बाँहें चढ़ाए हुए इंजेक्शन की सुई स्टोव पर गरमाते रहते थे। परन्तु जब वे कविता पढ़ते थे तो अपने छन्दों में नायिका भेद के इतने बहुआयामी छबियों का वर्णन करते थे कि सुनकर आश्चर्य होता था। नायिका भेद का जैसा विशद ज्ञान अपनी काव्य रचना में वे करते थे वह किसी भी तरह उनके दैनिक कार्य कलाप से कोई तालमेल नहीं रखता था। वे भी रामयश-कीर्तन सभा से लेकर गवर्नमेन्ट कालेज के कवि सम्मेलनों तक बरकरार रहे।

दूसरी जो अत्यंत विस्मयकारी काव्य विभूति थे वे थे कवि 'बजरंग'। सफेद तंजेब का चुना हुआ कुर्ता, उस पर उतनी ही कसी हुई दुपल्ली, लखनऊवा टोपी, कुर्ते जैसे ही झकाझक सफेद मूँछें, कान में सोने की बालियाँ, सफेद घुटने तक की धोती—वे जब अपनी कविता पढ़ने के लिए मंच पर आते तो उस सम्मेलन के मंचीय माहौल में एक चमत्कारी उत्तेजना पैदा कर देते थे। वे पेशे से हलवाई थे और रिकाबगंज चौराहे पर उनकी मिठाई की दुकान थी। उनको जब मैंने सुना तब उनकी उम्र लगभग ५० वर्ष की थी। छन्द लिखने का उनका शौक पुराना था। समस्या पूर्ति जमकर करते थे। इधर-उधर से तोड़ मरोड़कर पंक्तियाँ उठा लेने में उन्हें कोई आपत्ति नहीं थी। उस बार समस्या थी—'*देत*'। वे हमेशा बड़ी उत्तेजना के साथ राष्ट्र प्रेम की रचनाएँ पढ़ते थे और पढ़ते-पढ़ते आधे खड़े हो जाते थे। उन्होंने गाँधी को लक्ष्य करके छन्द की अंतिम पंक्ति पढ़ी—

'आज वो लँगोटीबाज लंदन हिलाये देत'

किसी मनचले कवि ने उस पर टिप्पणी जड़ी—

'लंदन हिलैहैं तब हिलैहैं वो लँगोटी बाज
आज बजरंग कवि तखत हिलाये देत'

बजरंग कवि की मिठाई की दुकान स्थानीय कवियों की बड़ी आकर्षण का केन्द्र थी। जो भी नया छन्द लेकर कवि बजरंग को सुनाने के लिए वहाँ पहुँचता उसे ताजी-ताजी

जलेबी या इमरती भर पेट खाने को मिलती, साथ में बजरंग कवि का नया नायिका भेद का एकाध छन्द घलुए में मिल जाता था। इस तरह के खिलाने-पिलाने वाले कवियों की जमात अब तो नायाब चीज हो गई।

एक और कविराज थे जो प्राय: हर कवि सम्मेलन में दिखाई पड़ते थे— पं० रामनाथ 'जोतिसी' उपनाम था। वयोवृद्ध थे—सत्तर से ऊपर। संभवत: वे 'देव पुरस्कार' से सम्मानित भी थे। वे अपनी काव्यकृति लम्बी-लम्बी बही-खातों जैसे कागजों में लिखकर लाते थे। पूरी रचनावली सुनाने का आग्रह रहता था उनका। पढ़ने में बहुत लटपटाते थे—आधा सुनाकर फिर दुबारा शुरू करते थे। अयोध्या दरबार के 'राजकवि' की पदवी प्राप्त थे। बढ़िया सुनहरा साफा, रेशमी कुर्ता, दुपट्टा, धोती यह सब राजकवि के अनुकूल ही रहता था। दुबली क्षीण काया उनकी आवाज के ही अनुरूप थी। बेहिचक छन्द पर छन्द सुनाते जाते थे। युवा श्रोता बीच-बीच में खूब देर तक तालियाँ बजा-बजाकर उनका पढ़ना बन्द करा देते थे। अकसर वे इन तालियों से ऊबकर बीच में कह उठते—'मुझे समझ में नहीं आ रहा है कि ये तालियाँ प्रशंसासूचक हैं या मुझे मंच से नीचे उतारने के लिए बजाई जा रही हैं!!' लोग हँसते रहते, परन्तु वे अपनी पूरी रचना सुनाकर ही मंच से हटते थे।

ऐसे ही कवि सम्मेलनी माहौल में मैंने अपनी पहली रचना मंच से पढ़ने का 'सौभाग्य' प्राप्त किया। संयोजकों के रूप में पिताजी की छत्रछाया थी और सभापति के रूप में थे स्वयं पं० श्रीनारायण चतुर्वेदी। सम्मेलन में उस दिन समस्या थी—*'रैन'*। बड़े-बड़े कवियों की प्रतिभा की जाँच उस कसौटी पर की जा रही थी। 'रैन समस्या' की पूर्ति में वियोगजन्य शृंगार और संयोगात्मक रस की पुष्टि के लिए संख्यातीत संभावनाओं भरी रचनाओं की भरमार थी। उक्ति वैचित्र के साथ काव्य के रस की अनुभूति को *'रैन'* के साथ निरंतर संवाहक बनाए रखना आये हुए हर कवि के लिए जिगरे का काम माना जा रहा था। इसमें पुनरावृत्ति को काव्यरसिक दोष मानते थे।

मैं इस मंच पर जब कविता पढ़ने के लिए आया तो उस समय मैं कालेज के 'थर्ड क्लास' में पढ़ता था। अन्त्याक्षरी प्रतियोगिताओं में भाग लेने के कारण मेरा धड़का खुला हुआ था और मंच से अपनी कविताएँ पढ़ने में मुझे कोई संकोच नहीं था। 'थर्ड क्लास' में इस समय अंग्रेजी के प्राथमिक ज्ञान की एक किताब टेक्स्ट बुक के रूप में चलती थी—*'किंग रीडर।'* इसमें छोटे-छोटे पाठ होते थे—एक अक्षर, दो अक्षर और तीन अक्षरों को मिलाकर बनाए गये शब्द होते थे। जैसे—CAT, HE, SAT, RAT, MAN आदि। मैंने इन शब्दों को मिलाकर उस समस्यापूर्ति के लिए एक दोहा गढ़ा। इस दोहे में मात्राओं के हिसाब में 'उस्तादी इस्लाह' मेरे पिताजी ने की। दोहा यूँ था—

'केशव' कविता क्या करे, थर्ड क्लास का मैन।
वो तो पढ़ता है अभी, कैट, सैट, ही *'रैन'*॥

इस प्रकार मैंने *'रैन'* समस्या की पूर्ति अंग्रेजी शब्द 'RAN' का इस्तेमाल करके पूरी कर दी। जाहिर है कि एक छोटे बच्चे के मुँह में इस प्रकार की समस्यापूर्ति पर तालियाँ तो बजीं हीं, शाबाशी के लिए मेरी पीठ भी ठोंकी गई। मेरे पिताजी की भी तारीफ़ की गई। इस तरह कवि सम्मेलनों में मेरा पहला पदार्पण हुआ। यह घटना १९३२-३३ की होगी। पं० श्रीनारायण चतुर्वेदी ने भी मेरे सिर पर हाथ रखकर आशीर्वाद दिया। चतुर्वेदीजी की अध्यक्षता में होने वाला कोई भी कवि सम्मेलन सामान्य नहीं होता था। काव्य की बहुरंगी छटाओं से मंच भरा रहता था। चतुर्वेदीजी स्वयं भी अच्छी कविताएँ लिखते थे। गम्भीर भी और विनोदी प्रकृति की भी। कवि सम्मेलन के अंत में लोगों के अनिवार्य आग्रह पर वे अपनी कुछ लोकप्रिय रचनाएँ अवश्य सुनाते थे। एक रचना थी—'घनश्याम देखे'

अवश्य ही वे बसते वहाँ हैं
जहाँ दया की सरिता अशेष है।
है नित्य आनन्द विराजता जहाँ
मैंने वहीं श्री घनश्याम देखे॥

छाया जहाँ नित्य पवित्र प्रेम है,
जहाँ यही एक अनन्त नेम है,
निष्काम राधा सम प्रेम है जहाँ
प्यारे वहीं श्री घनश्याम देखे।

दरिद्र के जीर्ण ज़रा कुटीर में,
किसान के श्यामल शस्य खेत में,
विश्वास में निष्ठ-प्रतिज्ञ भक्त के
प्रसन्न होते घनश्याम देखे।

दुःखी जनों की गहरी उसाँस में,
औ पीड़ितों की करुणार्द आह में
सहायतापेक्ष सनीर नैन से
है झाँकते श्री घनश्याम देखे''

यह कविता वे बड़े रोमांचक स्वरों में गाकर सुनाते थे। बिना गाये हुए वे *'वियना की सड़क'* कविता पढ़ते और *'शतदल कमल'* जैसी रचना वे अंग्रेजी बैंड की धुन पर मनोरंजक ढंग से गाकर कवि सम्मेलन के श्रोताओं को मुग्ध कर लेते थे। चतुर्वेदीजी जहाँ ब्रजभाषा के प्राचीन और अर्वाचीन कवियों के छन्द घण्टों सुना सकते थे, वहीं वे उसी काव्यरसिक भाव से निराला की *'राम की शक्ति पूजा'* भी बड़े आग्रह के साथ सुना करते थे। फैजाबाद के काव्य रसास्वादन को गहरी संवेदनाओं से परिचित कराने में पं० श्रीनारायण चतुर्वेदी का महत्त्वपूर्ण योगदान स्मरणीय है। उन्हीं दिनों में मैंने छोटे-छोटे

गीत गाकर प्रशंसा पाना शुरू कर दिया था। चतुर्वेदीजी की ही अध्यक्षता में मैंने अपने एक काव्य पाठ की शुरुआत उनको लक्ष्य करके इस दोहे से की थी—

मेरी हू कविता सुनो, सभापति महराज
पहले मम नौका चले, फेरि तुम्हारि जहाज।

अभी मैंने *'देत'* समस्या के सम्बन्ध में श्री बजरंग कवि का उल्लेख किया था। उस सम्मेलन में मैंने एक चौपदा पढ़ा था—

आय जात हैं मित्रवर, हाकी बैट समेत
खेलकूद में मगन है, दिन भर रहौ अचेत
होत साँझ ही शीश पै, चढ़त नींद को प्रेत
आँखें झपकी जाति हैं, मोको पढ़न न *'देत'*।

जैसा मैंने उल्लेख किया था कि फैजाबाद के इन प्रतिष्ठित कवि सम्मेलनों में सीतापुर के कवि पं० श्री वंशीधर शुक्ल अपनी अवधी भाषा की कविताओं को लेकर अत्यंत प्रसिद्ध और लोकप्रिय थे। उनकी अवधी भाषा की काव्य सम्पदा जैसी समृद्धि और शक्तिशाली बनकर प्रतिष्ठित हुई थी वह गोस्वामी तुलसीदास के बाद अन्यतम थी। वंशीधर शुक्ल लोकजीवन से सम्पृक्त ऐसे शब्दों और लोक मुहावरों को अपनी कविता के माध्यम से सामने लाए जो श्रोताओं के बड़े समूह को रुला सकते थे और हँसा भी सकते थे। वे गाँव की छवि को संवेदनाओं के स्तर पर जीवन्त कर देते थे। उनकी *'राममड़इया'*, या *'बिटौनी भै दहेज कै भेंट'* या *'हमार गाँव'* या *'बाढ़'*, जैसी सशक्त कविताएँ पं० वंशीधर शुक्ल को पूरे कवि सम्मेलन में अद्वितीय बना देती है। वे चतुर्वेदीजी के अत्यंत प्रिय कवि तो थे ही, मेरे पिताजी के प्रति भी उनका अतिरिक्त आकर्षण था। मैं भी उनकी काव्य प्रतिभा से और अवधी भाषा की निजी प्राणवत्ता से इतना प्रभावित हुआ कि मैंने भी अवधी भाषा में हास्य व्यंग्य की रचनाएँ करनी शुरू कर दीं। मैंने *'जाड़े की हवा'* शीर्षक से एक हास्यपरक किंचित लम्बी कविता लिखी और उसे कवि सम्मेलनों में सुनाना शुरू किया। इस *'जाड़े की हवा'* की कमाई मैंने बहुत दिनों तक कवि सम्मेलनों से वसूल की। क्रमशः इस कविता का मेरे नाम के साथ इतना तादात्म्य श्रोताओं में हो गया कि लोग कवि सम्मेलनों में मुझे और मेरे नाम से नहीं, बल्कि *'जाड़े की हवा'* के नाम से ही जानने और पुकारने लगे। उस समय मैं सम्भवतः ८वीं कक्षा का विद्यार्थी था। उस बहुश्रुत कविता *'जाड़े की हवा'* के अंश इस प्रकार थे—

जाड़े कै हवा, जाड़े कै हवा,
जब सर सर सर सर लागि बहन,
मेहररुआ हमसे लागि कहन,
बुढ़ऊ कुछ पहिर लेऊ कपड़ा

सर्दी से ऐसेन हौ जकड़ा
थैलेहैं खाँसी औ बोखार
सेखिया सारी जैहैं बेकार
करिबै हम फिर केहि केरि दवा॥ जाड़े०॥

हँसि कै हम बात उड़ाय दिहिन,
भरि कै झट चिलम तैयार किहिन,
घर से निकसेन हम दम लगाय,
पौ फाटत पहुँचउ खेत जाय,
जेहि ठौर आय लागत बयार,
काटत मानौं तीछन कटार,
मैं जन्यौ मारि दिहिस लकवा॥ जाड़े०॥

घर का भाग्यौं मैं झटपटाय,
डग मग डग मग भुँई परत पाय,
औ कट कट कट कट दाँत होय
सुध बुध सब हमरी गई खोय
हम थर थर थर थर गएन काँप
मुल घर माँ कुछ पाइस न भाँप
ऊ रोवै दैइया काव भवा॥ जाड़े०॥

बस खर खर खर खर साँस चलै,
मेहरारू बैठी तेल मलै
मुँह से नहीं हमरे बोल कढ़ै,
घिर्ररउआ मंतर लागि पढ़ै,
हम काँपेन जब फिर थर थराय,
बुद्धू बोले जिन्नाद आय,
ऊ रोवे छाती पीट पीट भगवान हमैं न किहयौं विधवा॥ जाड़े०॥

जुरि गये आय मनई हजार—
घोंघा पंडित घुरहू चमार—
वै कहैं करौं कुछ फूँक झार,
ई कहै भूत इन पै सवार,
जब यहर वहर कै बहुत सुन्यौं,
बिनु बोले भइया रहि न सक्यौं,
मोरे मुँह से झट निकस यवा......॥ जाड़े०॥

द्वितीय महायुद्ध में मित्र राष्ट्रों की विजय का उत्सव ब्रिटिश सरकार ने हिन्दुस्तान में बड़ी धूमधाम से मनाया। इमारतों पर रोशनी की गई। गाने बजाने के जलसे हुए और इसी सिलसिले में अनेक स्थानों पर 'विराट अंखिल भारतीय कवि सम्मेलन' जैसे आयोजन भी हुए। फैजाबाद नगर में भी गुलाबबाड़ी नामक विशाल फूलों का बाग था जिसमें अवध के नवाब शुजाउद्दौला की कब्र वाली बहुप्रसिद्ध इमारत थी। यह 'विराट' कवि सम्मेलन भी उसी गुलाबबाड़ी में आयोजित हुआ था। इस कवि सम्मेलन की अध्यक्षता तब तक प्रसिद्ध हो चले प्रौढ़ कवि श्री बाल कृष्ण राव आई०सी०एस० ने की थी। वे सुन्दरयष्टि के कवि थे और गाकर अपने गीत पढ़ते थे। हाथ में सिगरेट लिए हुए उन्होंने अपनी कविता—संभवतः *'रात बीत गई'* खड़ी होकर पढ़ी थी। उस सम्मेलन में हिन्दी के अनेक ख्याति नाम कवि एकत्र हुए थे। अपार श्रोताओं की भीड़ उस सरकारी कवि सम्मेलन में सारी रात कविता सुनती रही थीं। उसी मंच से अपनी वही प्रसिद्ध 'जाड़े की हवा' कविता पढ़ने का मुझे भी अवसर मिला।

कवि सम्मेलन की अध्यक्षता कर रहे श्री बाल कृष्ण राव को यह कविता इतनी रुची कि उन्होंने उसकी प्रतिलिपि तत्काल मुझसे लिखवाकर वहीं ले ली और उसे अपने साथ ले गये। इस घटना को हुए लगभग दो महीने बीते थे कि एक दिन जब मैं अपनी कालेज की कक्षा में पढ़ रहा था तभी एक पोस्टमैन ने मेरे नाम की एक छोटी सी पत्रिका मुझे लाकर दी। उस पत्रिका का नाम था *'तरुण'*। इलाहाबाद से निकली हुई उस पत्रिका में मेरी *'जाड़े की हवा'* कविता प्रकाशित थी और उसके साथ उसकी प्रशस्ति में एक संक्षिप्त टिप्पणी भी थी जिसमें श्री राव का भी उल्लेख था। जीवन में प्रथम बार अपनी रचना को छपा हुआ देखकर मुझे जितना आह्लाद और आनन्दातिरेक हुआ था वह फिर दुबारा कभी नहीं हुआ। मेरे सहपाठियों के बीच में उस रचना का इस प्रकार छपकर आना इतनी बड़ी घटना थी कि वे महीनों उसका जिक्र करते रहे। कालेज के अन्य अध्यापकों ने भी उस पत्रिका को देखा। मेरे पिताजी की भी खुशी का मुझे अन्दाज लग रहा था। वे अपना आशीर्वाद देते रहे। तब तक कालेज की मैगजीन में भी मेरी कविता छप गई।

अपनी कविता को लेकर दूसरा उत्तेजक प्रकरण तब आया जब मुझे कविता पाठ के लिए आल इण्डिया रेडियो के लखनऊ केन्द्र से पंचायतघर प्रोग्राम में कविता पढ़ने का निमंत्रण आया। उस पहले अनुबंध पत्र को मैं बीसों बरस अपनी फाइल में गौरवचिह्न की तरह दबाए हुए था। उस समय लखनऊ पंचायतघर के कार्यक्रमों के नियोजक एक पं० राम उजागिर दुबे थे जो फैजाबाद के किसी गाँव के रहने वाले थे और हिन्दी कविता के शौकीन थे। मैं जब अपनी दो कविताएँ लेकर लखनऊ रेडियो स्टेशन पहुँचा तो दुबेजी ने उन कविताओं में कुछ संशोधन की माँग की। उस समय तक मेरी काव्य रचना की प्रक्रिया यह थी कि मेरी कविता में संशोधन काट-छाँट या जोड़ घटाव करने की पूरी जिम्मेदारी मेरे पिता की थी। अब उनके वहाँ—रेडियो स्टेशन पर—मौजूद न होने से मेरी

घबराहट और उलझन बहुत बढ़ गई। कुछ समझ में नहीं आ रहा था कि जो जोड़ूँ या घटाऊँ उसकी काव्यात्मकता पर मुहर कौन लगायेगा? आखिर हिम्मत करके मैंने अपनी कविताओं में खुद ही काट-छाँट की और एकाध नये छन्द जोड़े भी। सबको वह काट-छाँट और जोड़ अच्छे लगे। मेरी कविता की वाहवाही हुई। मुझे तब पहली बार लगा कि मैं स्वयं अपने ही विवेक से अपनी काव्य रचना का विधायक हो सकता हूँ। यह मेरा आत्म विश्वास का पहला क्षण था।

फैजाबाद की एक और महत्त्वपूर्ण साहित्यिक घटना मुझे जो याद है वह पं० श्रीनारायण चतुर्वेदी के द्वारा आयोजित प्रान्तीय हिन्दी साहित्य सम्मेलन का एक ऐसा महत्त्वपूर्ण अधिवेशन जिसमें वहाँ के साहित्य प्रेमियों ने हिन्दी साहित्य की अनेक विभूतियों के दर्शन किये। इनमें जहाँ एक ओर 'पं० रामचन्द्र शुक्ल' को साक्षात मंच पर देखा, वहीं 'निरालाजी' का पुरुषोत्तम दास टंडनजी से उत्तेजक वाद-विवाद सुना। निरालाजी रूठकर सम्मेलन से चले गये। उन्हें मनाया गया और वे लौटकर आये तो उन्होंने अपनी कई लम्बी कविताएँ अत्यंत मर्माकुल कंठ से पढ़ीं। इन कविताओं में 'सरोज स्मृति' तो थी ही 'जागो फिर एक बार' भी थी। निरालाजी ने अपने ढंग से साहित्य और राजनीति के छन्द में साहित्य के वर्चस्व की प्रतिष्ठा की थी। यह सम्मेलन भी गवर्नमेण्ट इण्टरमीडिएट कालेज के प्रांगण में ही सम्पन्न हुआ था। साहित्यिक स्तर पर वैसा दूसरा आयोजन फिर फैजाबाद नगर में नहीं हुआ।

फैजाबाद नगर मेरे बाल्यकाल से लेकर प्रारम्भिक युवावस्था तक मेरी कर्मभूमि रहा। वहाँ की साहित्यिक और सांस्कृतिक गतिविधियों को जागृत करने के लिए एक कला आन्दोलन की शुरुआत की थी जिसमें सदस्यता सम्पूर्ण परिवार की होती थी, एक व्यक्ति की नहीं। यह कला आन्दोलन जिस धुरी पर घूमता था उसका केन्द्र बिन्दु था *अवध कला मंडल।* इस मंडल के अंतर्गत हम अनेक पर्वों और सांगीतिक कार्यक्रम आयोजित करते थे। इनमें लड़के-लड़कियाँ बड़े साहस के साथ काम करते थे। जन्माष्टमी, रामनवमी, होली और बसंत पंचमी आदि पर कला मंडल के कई-कई दिन तक आयोजन होते। इनमें काव्य पाठ होता और सुरुचिपूर्ण कृतियों की संगीत प्रस्तुति होती और प्रतिष्ठित लेखकों की एकांकी नाटक भी खेले जाते थे। इस कला आन्दोलन के संबंध में मैंने अपनी पुस्तक *'भारतीय नृत्य कला'* में विस्तार से एक अध्याय लिखा।

इसी कला मंडल के तत्वावधान में हमने एक बृहत सांस्कृतिक सम्मेलन का आयोजन किया जिसमें मेरे अनुनय-विनय पर राजी होकर स्वयं मूर्धन्य नेता आचार्य नरेन्द्र देव ने उसके संयोजन का दायित्व लिया था। इस सम्मेलन में भी कई सत्र हुए। देश के अनेक विद्वान इसमें पधारे और आचार्यजी के आग्रह पर एक ऐसा अनूठा कवि सम्मेलन हुआ जिसमें हिन्दी की मौलिक कविताओं के साथ विदेशी भाषाओं की श्रेष्ठतम रचनाओं का हिन्दी अनुवाद भी पढ़ा और सराहा गया। इस समय मैं अपनी क्षमता से कहीं बड़े इस आयोजन का सह संयोजक था और आचार्यजी की संरक्षकता में सारी दौड़-

धूप लिखा-पढ़ी और चन्दा उगाही कर रहा था। मैं तब उसी गवर्नमेन्ट कालेज में अपनी पढ़ाई पूरी करके एक अध्यापक के रूप में नियुक्ति पा गया था। एक साल के अंदर ही मुझे आल इंडिया रेडियो इलाहाबाद केन्द्र से पं० सुमित्रानन्दन पंत का निमंत्रण आ गया और मैंने अध्यापकी छोड़कर रेडियो की नौकरी शुरू कर दी। यह घटना १९४९-५० के आस पास की है। अपना गवर्नमेण्ट-इण्टरमीडिएट कालेज छोड़ते समय मैं बहुत भाव विह्वल था। कालेज में आयोजित उत्सव में मैंने उस विदाई के क्षण में जो कुछ छन्द पढ़े थे उनमें से एक इस प्रकार था—

प्रेम से नेम के पालन में,
इस जीवन के सुख सिंधु को थाहा।
लेकर भाग प्रत्येक विभाग में,
हर्ष से ये दस वर्ष निबाहा।
लादे हुए ऋण जा रहे हैं,
गुरुदक्षिणा भी किसी ने न उगाहा।
आज सहर्ष विदा कर दो,
फिर आ मिलेंगे यदि दैव ने चाहा॥
बस है विनती कर जोड़ यही,
क्षण एक मुझे न भुलाइयेगा।
निज शीश पै मेरे सदा कर पंकज,
छत्र-समान सजाइएगा।
उत्सवों में, सम्मेलनों में,
मुझको जो कभी बुलवाइयेगा।
तन से, मन से, धन से
मुझको हर भाँति यहाँ पर पाइयेगा॥

अपनी बी०ए० की पढ़ाई के लिए मैं इलाहाबाद बिलकुल नहीं आना चाहता था। मेरे सभी साथी-संगी इण्टरमीडिएट की परीक्षा पास करके लखनऊ यूनिवर्सिटी चले गये थे। इलाहाबाद में तो मैं चिड़िया के एक पूत को भी नहीं जानता था। सर्वथा अपरिचय और गुमनामी का माहौल था। मेरे पिताजी के अच्छे सम्बन्ध आचार्य नरेन्द्र देवजी से थे। कारण मेरे पिताजी आचार्यजी के परिवार के बच्चों के अध्यापक थे और हिन्दी की कविता से जुड़े हुए थे जिससे आचार्यजी का विशेष प्रेम था। मेरी आगे की पढ़ाई की भी चर्चा उनसे हुई। उन्होंने चूँकि मेरी कुछ तुकबन्दियाँ सुन रखी थीं, सम्भवत: उसके कारण या अपने निजी अनुभव के कारण उन्होंने मेरे पिताजी से आग्रह के साथ कहा कि मुझे आगे की पढ़ाई के लिए इलाहाबाद विश्वविद्यालय में ही भेजना चाहिए। मेरे कालेज के अध्यापकों की भी यही राय थी।

सो मेरी तुकबन्दियों की कविताई ने मुझे एक अपरिचित और 'निर्जन' इलाहाबाद में लाकर छोड़ दिया। यूनिवर्सिटी में देश के कई जाने-माने लोग अध्यापक थे। हिन्दी कवि डॉ० रामकुमार वर्मा डॉ० रमाशंकर शुक्ल रसाल, हरिवंश राय बच्चन, तो थे ही, उंर्दू के शायर रघुपति सहाय 'फिराक' भी मुझे बी०ए० में अंग्रेजी पढ़ाते रहे। मैं उनके सेमिनार में भी था जहाँ ज्यादातर हिन्दी कविता पर उनकी खुली टिप्पणियों की भरमार रहती थी। कवयित्री विद्यावती कोकिल को फैजाबाद के कवि सम्मेलन में सुन चुका था। उनसे भी मिलना जुलना शुरू किया।

अपने पी० सी० बनर्जी हॉस्टल में रहते हुए मैं वहाँ के आयोजनों में तो अपनी तुकबन्दियाँ पढ़ता ही था उसी के सहारे यूनिवर्सिटी के बड़े कवि सम्मेलनों में भी अपनी कविताएँ बेधड़क सुनाने लगा। उस समय सरोजिनी नायडू उत्तर प्रदेश की गवर्नर थीं और इस नाते यूनिवर्सिटी की चांसलर भी। वे यूनिवर्सिटी के 'कान्वोकेशन' के सिलसिले में इलाहाबाद आयीं तो हमारे पी० सी० बनर्जी हॉस्टल के आयोजन में भी सम्मिलित हुईं। पं० अमरनाथ झा हमारे मान्य वाइस चान्सलर थे। उस शाम वे और श्रीमती सरोजिनी नायडू दोनों ही थे। झा साहब के निर्देश पर मैंने अपनी एक अवधी कविता पढ़ी। आजादी को मिले साल भर हो चुका था और मैंने कविता पढ़ी—

'अब भये बेटउनू एक साल' जिसकी कुछ पंक्तियाँ इस प्रकार थीं—

तू जनम लेइके पहिलेन से
महतारी का दुई टूक किह्यौ।
कितने जन मारे जारेंगे
यहु अपने मत्थे पाप लिह्यौ।
ह्वै गई घरैं मा फूट सबै
चाहैं बन जाब बड़ा मनई।
अस नंगी नाची बर्बरता
घर मा हम काउ कही ददई।
भाई के गला कटाई मा
भइयै दिखलाइस कस कमाल?
अब भये बेटउनू एक साल

इस कविता में कई छन्द थे जिसमें आता था—

'दुनिया कै राह सुझावै का
इ देश बने भभकत मसाल' आदि।

मेरी इस कविता के कई अंश सरोजिनी नायडू ने बार-बार दुहराने का आग्रह किया तो झा साहब भी बहुत प्रसन्न हुए। कविता पाठ के क्षेत्र में इस तरह मैंने अपनी

घुसपैठ बना ली थी।

यूनिवर्सिटी यूनियन के हाल में आयोजित एक बड़े कवि सम्मेलन में मेरी एक हास्य पैरड़ी *'हम प्रलय मचा चुके'* बड़ी तालियाँ बजवाने वाली साबित हुई। उसमें छात्र क्रान्ति के नाम पर मुफ्त सिनेमा देखने का आग्रह सिनेमा हाल को कैसे फूँक देता है, कैसे मुफ्त यात्रा के लिए स्टेशन लूटता है, शहर में लगी हुई नुमाइश में तोड़-फोड़ करता है, सामान लेकर भागता है, जूतों और सैंडिलों की मार खाता है और इस तरह नेताओं के इंकलाब से अपना मुकाबला करता है, इसका हास्य व्यंग्य मय चित्रात्मक विवरण था। इसी तरह गंगानाथ झा हॉस्टल के एक कवि सम्मेलन में अपने सहपाठियों के आग्रह पर अपनी *'जाड़े की हवा'* कविता सुनाई तो 'रसालजी' ने जो उस सम्मेलन की अध्यक्षता कर रहे थे उस पर एक टिप्पणी कस दी कि यह मेरी कविता अवधी कवि वंशीधर शुक्ल की नकल की हुई कविता है!! मैंने उनकी बात को भरंपूर नकारा पर वे अध्यापक थे और मैं विद्यार्थी। लिहाजा यह चोट मेरे मन पर गहरी बैठ गई। उसके बाद से इलाहाबाद में होने वाले कवि सम्मेलन में मैंने रसालजी को निशाना बनाकर एक न एक कविता जरूर रची और सुनाई। एक कविता का अंश था—

कीटदार टोपी दिहैं

कबौ न बदलैं जौन

लटका मुँह लागै

जैस नक्शा मा लंका बना

बसंत के सिलसिले में मेरी एक कविता में यह टुकड़ा आया था—(कोकिल की आवाज सुनकर)

बुढ़ऊ रसाल का देखौ तौ

यहि का सुन कस बौराय गये

अस हरी-हरी मस्ती छाटैं

जस लोटन भंग चढ़ाय गये

इस तरह के काव्यांश जब मैं पढ़ता तो सारा विद्यार्थी समुदाय प्रसन्न होकर थपोड़ियाँ बजाता था। डॉ० अमरनाथ झा, बच्चनजी और डॉ० रामकुमार वर्मा, रसालजी की खीझ भरी मुद्रा देखकर मौज लेते थे और मुझे इस तरह के अंश दुबारा पढ़ने के लिए उकसाते थे। बाद में रसालजी भी मेरी इस बचकानी तुकबन्दियों पर खुलकर हँसने लगे।

डॉ० रामप्रसाद त्रिपाठी इतिहास के विद्वान तो थे ही यूनिवर्सिटी में इतिहास विभाग के वरिष्ठ अध्यक्ष भी थे। उनकी शिक्षा-दीक्षा और रहन-सहन काफी कुछ विदेशी था। यहाँ तक कि उन्होंने एक विदेशी महिला से विवाह कर लिया था। उनके जीवन का एक आश्चर्यजनक पहलू यह था कि वे हिन्दी कविता के अनन्य प्रेमी थे और स्वयं ब्रजभाषा में छन्द रचना किया करते थें। *'आधुनिक ब्रजभाषा'* काव्य में उनकी रचनाएँ

रसालजी ने संग्रहीत की थीं। डॉ० त्रिपाठी का मेरी कविताओं के प्रति अकारण आक़र्षण था। उन्होंने मुझे एक लम्बा-चौड़ा प्रमाणपत्र मेरी कविताओं के लिए लिखकर दिया था जबकि मैं किसी भी स्तर पर उनके विभाग का विद्यार्थी नहीं रहा।

उस बार सीनेट हाल में बड़ा ही विशालकाय कवि सम्मेलन आयोजित था। सर्वश्री मैथिलीशरण गुप्त से लेकर यूनिवर्सिटी के छात्र कवियों तक वह मंच सबको समाहित कर रहा था। इस भव्य आयोजन का सभापतित्व कर रहे थे डॉ० रामप्रसाद त्रिपाठी। लड़कों ने अपनी सहज प्रकृति के अनुसार उबाऊ कविता पाठ के लय में ऐसी तालियाँ बजाना शुरू किया कि कवियों का कविता पढ़ना दूभर हो गया। डॉ० त्रिपाठी ने छात्रों से शान्त रहने की अनुनय विनय की। कविता पाठ ज्योंही शुरू हुआ फिर उसी तरह हॉल में तालियाँ बजने लगीं। डॉ० त्रिपाठी ने पहले तो शान्त रहने के लिए फिर अपील की, लेकिन जब कोई नतीजा न निकला तब उन्होंने भी उसी ताल और लय में खुद ताली बजाना शुरू कर दिया और सब कवि भी बजाने लगे। हँसी के फव्वारे छूटने लगे। डॉ० त्रिपाठी ने पूछा—'आप लोग कविता सुनेंगे या हम लोग सारी रात ताली बजायेंगे।' लड़कों ने आवाज दी कविता सुनवाइये'। डॉ० त्रिपाठीजी के पीछे तकिये से सटा मैं बैठा हुआ उनको पान देने की ड्यूटी पर लगा हुआ था। मुझसे झुककर बोले—'पढ़िहौ'? मैंने हाथ जोड़े, उन्होंने मेरा नाम पुकारा। वही हास्य व्यंग्य की तुकबंदियाँ और *'जाड़े की हवा'* का सहारा। माहौल कुछ कब्जे में आया। फिर तो किसी न किसी तरह पूरा कवि सम्मेलन पार हो गया। यूनिवर्सिटी की डायमंड जुबिली के अवसर पर जो विशेष 'कान्वोकेशन' हुआ उसमें पं० जवाहरलाल नेहरू, मौलाना आजाद, आचार्य नरेन्द्र देव जैसे देश के शीर्षस्थ नेताओं को डी० लिट की उपाधि दी गई थी। उस अवसर पर भी 'म्योर कालेज' के विजय नगरम् हाल के पीछे वाले मैदान में बड़ा भारी कवि सम्मेलन आयोजित हुआ था। उसकी अध्यक्षता श्री पुरुषोत्तम दास टंडन ने की थी। पं० सुमित्रानन्दन पंत को उस कवि सम्मेलन में लोगों ने पहली बार सुना था। प्रतिष्ठित कवियों की उसमें इतनी भीड़ थी कि छात्र कवियों के नाम कवि सूची में होने के बावजूद टंडन जी ने सब काट दिया और हम लोगों से कहा कि आज कविता सुनने का दिन है तुम लोगों के कविता पढ़ने का दिन नहीं है।

जैसा मैंने कहा अपनी कवितानुमा तुकबंदियाँ पढ़ पढ़कर ही मैं यूनिवर्सिटी और अपने हॉस्टल में अपने को कुछ खास बताने का स्वांग किया करता था। इन तुकबन्दिगों में एक अपने ही हॉस्टल पर लिखी हुई लम्बी कविता हर साल सुनाया करता था—*'वाह रे गुम्बद वाले पी सी बी'*। यह कविता अपने सिरनामे के अलावा हर साल बदल जाती थी। दरअसल इस लम्बी तुकबन्दी में हॉस्टल की सालाना हलचलों का छन्द बद्ध व्यंग्यात्मक विवरण होता था। इसलिए यह कविता सारे विद्यार्थियों में बड़ी लोकप्रिय थी। इसमें यूनिवर्सिटी और हॉस्टल के प्रबन्धकों की बड़ी तीखी आलोचना होती थी। एक बार हॉस्टल के सालाना आयोजन में मुझे हॉस्टल के सुपरिन्टेन्डेन्ट ने

कविता पढ़ने से जबरन रोंक दिया। मेरे सहवासी विद्यार्थियों ने इतना शोर मचाया कि बाकी कार्यवाही आगे चलने ही नहीं दी। तब कुलपति पं० अमरनाथ झा ने, जो वहाँ उपस्थित थे मुझे हँसकर कविता पढ़ने की अनुमति दी और मैंने मंच से फिर *'वाह रे गुम्बद वाले पी सी बी'* कविता का नया संस्करण सुनाया। जाहिर है उसमें सुपरिन्टेन्डेन्ट के कार्यकलापों की कटु आलोचना तो थी ही, तमाम पक्षपातों का भी हवाला दिया गया था। कविता क्या थी पूरी अखबारी बुलेटिन थी। लड़कों ने तालियाँ बजायीं और मुझे दोहराकर कई छन्द पढ़ने पड़े थे। झा साहब मंद-मंद मुस्कराते रहे। *'जाड़े की हवा'* की तरह धीरे-धीरे मेरा नाम *'वाह रे गुम्बद वाले पी सी बी'* जैसी तुकबन्दी के साथ इतने सघन रूप से जुड़ गया कि वह मेरी पहचान बन गई। अभी कोई पन्द्रह-बीस वर्ष पहले जब मैं *'धर्मयुग'* जैसी लोकप्रिय पत्रिका में निरंतर छप रहा था तब मुझे अमेरिकी प्रवास में बस गये एक पुराने कुछ भूले हुए हॉस्टल के अंतःवासी का एक पत्र मार्फत धर्मयुग मिला जिसमें उस सुहृद ने पूछा था—

'क्या आप वही केशव वर्मा हैं जो *'वाह रे गुम्बद वाले पी सी बी'* लिखते थे? उन्हें मेरा स्वीकृति का पत्र जब मिला होगा और मेरे साथ जुड़ी हुई दूसरी तरह की रचनाएँ जब उन्होंने पढ़ी होंगी तब उन पर क्या गुजरी होगी इसका अनुमान मैं लगा सकता हूँ।

कुलपति झा साहब कविता के बड़े ही आस्वादपरक रसिक थे। गाहे- बेगाहे अपने जार्ज टाउन वाले निवास स्थल पर कवि गोष्ठियाँ आयोजित करते थे। जहाँ एक ओर उन गोष्ठियों में बंच्चनजी, रसालजी, रामकुमार वर्मा होते थे, वहीं हमारे जैसे छात्र कवि भी शामिल हुआ करते थे। झा साहब की गोष्ठियों में निमंत्रित होना बड़े सम्मान की बात थी। लाल झब्बे वाला साफा लगाये पीतल की चपरास डाले हुए कुलपति का अर्दली जब वाइस चान्सलर की मुहर लगी चिट्ठी लेकर हॉस्टल में आता था तो पूरे छात्रावास में एक खुशनुमा आतंक जैसा छा जाता था। अर्दली के जाने के बाद ढेरों लड़के उस निमंत्रण की चिट्ठी देखने और पढ़ने मेरे कमरे में आते थे।

उन्हीं दिनों एक घटना घटी जो काफी मज़ेदार रही। हमारे हॉस्टल में उन दिनों पानी की बड़ी दिक्कत थी। सारे बाथरूम में पानी नहीं था। बगल के सर सुन्दरलाल हॉस्टल की भी यही हालत थी। आखिर हम लोगों ने ही *'पानी दो आन्दोलन'* जैसा एक अनूठा और कौतूहल भरा मूवमेन्ट शुरू किया। खाली बाल्टी, कंधों पर तौलिया मुँह में आधा किया हुआ, दंत मंजन का ब्रश, दातून और बड़े-बड़े बैनर जिनमें पानी की किल्लत का बखान था, ये सब हाथों में लेकर हमारा जुलूस नये कटरे से जार्ज टाउन पं० अमरनाथ झा, कुलपति के आवास तक पैदल चलकर गया। इसमें आजादी के लड़ाई के नारों की तर्ज पर हमने नये नारे गढ़े—

'हमारा नारा—पानी दो'

'लोटे-लोटे की झंकार, सारे बाथरूम बेकार' आदि।

यह जुलूस इतना अनोखा और हास्य व्यंग्य की चुटकियों से भरा हुआ था कि इसे देखने के लिए पं० जवाहरलाल नेहरू भी आनन्द भवन के फाटक पर आकर खड़े हो गये थे और खुलकर हँस रहे थे। जुलूस में रास्ते भर गाने के लिए हमने और हमारे बालसखा पं० श्रीलाल शुक्ल (जो उसी हॉस्टल में अपना दाखिला ले चुके थे) ने मिलकर आजादी के एक लोकप्रिय तराने की शैली में एक कविता रची। उसके कुछ अंश इस प्रकार थे—

हम बिना बाथरूमों के मर जायेंगे
नाम दुनियाँ में अपना भी कर जायेंगे
ये न पूछो कि मरकर किधर जायेंगे
होगा पानी जिधर बस उधर जायेंगे
जून में थे नहाकर के घर से चले
अब नहायेंगे तब-जबकि घर जायेंगे
अब न साबुन की हमको जरूरत रही
फूँक दो, मैल के पर्त झर जायेंगे
ये हमारा वतन भी अरब हो गया
आज हम भी खलीफा के घर जायेंगे॥ हम०॥

यह पानी वाला आंदोलन फलदायी हुआ। विनोदी स्वभाव के झा साहब इस तरह के मौलिक हास्य व्यंग्य से इतने प्रभावित हुए कि पन्द्रह-बीस दिनों के भीतर ही एक विशालकाय हौज के अंदर इतने पाइप लगवा दिये जिनमें इतनी मोटी धार पानी की आती थी कि उसके नीचे *'चली धार धुधकार'* से प्रभावित बाल्टी बर्तन तो क्या लड़कों की पूरी देह खिसक कर इधर से उधर हो जाती थी और कोई दूसरा ही उसको पकड़कर नहला पाता था। आज भी देश के कई हिस्सों में जाने पर जो वहाँ दोनों पुराने हॉस्टलों के अंत:वासी मान्य विद्वान, वकील, हाईकोर्ट के जज और बुद्धिजीवी अकसर कहीं न कहीं मिल जाते हैं वे *'लोटे-लोटे की झंकार'* कहते ही अपनी अतिरिक्त पहचान बना लेते हैं।

कविसम्मेलनों का माहौल चलता ही रहा। मैं उत्तरोत्तर हास्य व्यंग्यपूर्ण कविताओं के लिए जाना जाने लगा था। हम सब छात्र कवियों का एक छोटा सा समूह बन गया था जिसमें सर्वश्री महेन्द्र प्रताप, श्रीपाल सिंह 'क्षेम', जगदीश गुप्त, विद्याधर कुसुम कुलश्रेष्ठ (जो वीररस की राष्ट्रीय कविताएँ लिखते थे उन्होंने ही उठो वीरों प्रलय कर दो जैसी कविता पढ़ी थी जिसकी पैरडी मैंने *'हम प्रलय मचा चुके'* लिखी थी जिसका उल्लेख मैं पहले कर चुका हूँ) और गोपीकृष्ण गोपेश तथा मैं शामिल था। जहाँ कहीं भी कवि सम्मेलन का न्योता मिलता हम सब उसमें फिट हो जाते थे। इसी गुट में जब कुछ मुड्ढ कवियों को भी रखना पड़ता था तो हम श्रीमती विद्यावती कोकिल, बच्चनजी और कभी-कभार रामकुमार वर्माजी को शामिल कर लेते थे। तब धीरे-धीरे कवि सम्मेलनों

से कुछ पैसे भी मिलने लगे थे और हमारी पढ़ाई का कुछ खर्चा उससे भी निकल आता था। कविता पाठ से पैसा वसूलने का श्रीगणेश यद्यपि निराला जी ने किया था बाद में बच्चनजी ने तो इस काव्य पाठ की कवियों के लिए 'धंधा' ही बना दिया। मैंने निरालाजी के प्रति जो श्रद्धांजलि लिखी थी उसकी कुछ पंक्तियाँ मुझे याद हैं—

हिन्दी सोती डाल रजाई जब जाड़ों की रात

तुमने पानी डाल जगाया यह कैसा उत्पात?

....

केवल एक चाय के कुल्हड़ पर जो कविता पाठ

करतें, वे भी माँग रहे हैं रुपया नौ कम साठ, आदि।

ऐसे ही एक कवि सम्मेलन में, संभवतः कानपुर के कृषि विश्वविद्यालय में मेरी सबसे पहले भेंट श्रीनरेश मेहता से हुई थी। उन्होंने गाकर एक कविता सुनाई थी—*'नीलम बंशी में से कुंकुम के स्वर फूट रहे।'* उनसे मेरा पहला परिचय वहीं हुआ। कवि सम्मेलनों में निरंतर जाने के कारण हिन्दी के तमाम कवियों से परिचय हुआ, बलवीर सिंह 'रंग', शिशुपाल सिंह 'शिशु', शंभुनाथ सिंह और तमाम अन्य लोग जिनके नाम अब स्मृति शेष हो चुके हैं।

अपनी इन तमाम पृष्ठभूमि के साथ में *'परिमल'* के शुरुआती दिनों से उसमें शामिल हुआ। हर मास होने वाली परिमल की साहित्यिक गोष्ठियों के क्रम में वह संभवतः दूसरी या तीसरी गोष्ठी थी।

परिमल की स्थापना तो हम लोगों ने दिसम्बर १९४४ में ही कर दी थी और जैसा मैंने अभी बताया मैं उसकी दूसरी तीसरी गोष्ठी से ही नियमित रूप से सदस्य बन गया। परिमल में नियमित रूप से काव्य पाठ की गोष्ठियाँ अधिक होती थीं। उन पर कुछ चर्चा और आलोचना भी हुआ करती थी। वैसे कभी-कभी उसमें भारी भरकम विषयों पर पर्चे भी पढ़े जाते थे और अकसर कहानियाँ भी सुनने को मिलती थीं, लेकिन कविता की प्रधानता तो रहती ही थी। उसके कई सदस्य ऐसे थे जो परिमल में आने से पहले ही कवि रूप में अपनी पहचान इलाहाबाद में बना चुके थे—जैसे गोपीकृष्ण 'गोपेश', जगदीश गुप्त, महेन्द्र प्रताप, श्रीपाल सिंह 'क्षेम', गीतकार विजयदेव नारायण साही और थोड़ा बहुत मैं, यानी केशवचन्द्र वर्मा। बाद में इस जमात में सर्वश्री गिरधर गोपाल, धर्मवीर भारती और सर्वेश्वर जैसे युवा कवि परिमल में आये। ये सबके सब गीत लिखते थे और मूलरूप से बच्चन, महादेवी और शम्भूनाथ सिंह से कहीं न कहीं प्रभावित थे। तो भी इन सभी के गीतों में एक नयी तरह की ताज़गी और दूसरी महक आसानी से मिल जाती थी जो परिमल की गोष्ठियों में पढ़ी जाने वाली कविताओं से शुरू से ही एक अलग पहचान बनाती जा रही थी। मैं भी गीत लिखता था, परन्तु उन्हें छिपाकर रखता था। गोष्ठियों में मैं केवल हास्य व्यंग्य प्रधान कविताएँ ही पढ़ता था। इस

विधा में भी मैंने 'पैरोडी' लिखने की कला में ही कुछ नया करने की ठानी थी। बच्चन की अनेक कविताओं की 'पैरोडी' मैंने लिखी थी। उनकी कविता—*'तीर पर कैसे रुकूँ मैं आज लहरों में निमंत्रण'* परिमल की गोष्ठियों में ये पंक्तियाँ खासी लोकप्रिय थीं। मैंने उसी की पैरोडी लिखी थी—*'प्रिय न घर पर मैं रुकूँगा आज परिमल में निमंत्रण'* मेरे बुजुर्ग विद्वान मित्र डॉ० फादर कामिल बुल्के जो बाद में परिमल के सदस्य भी बने, अपने क्रिस्तानी लहजे में मुझे 'पोरिमॉल में निमंत्रण' दुहराते हुए सदा अपने आलिंगन में बाँध लेते थे। नगर के अनेक वरिष्ठ कवि भी परिमल की इन काव्य गोष्ठियों में आते थे। हम युवा कवियों की रचनाएँ सुनते थे। अपनी कविताएँ सुनाते थे और हमें आशीर्वाद देकर चले जाते थे।

परिमल में पढ़ी गई रचनाओं की चर्चा जैसे-जैसे फैली, अनेक प्रतिष्ठित नागरिक, कलाकार और विद्वान परिमल की गोष्ठियों में आने लगे। निरालाजी के आने का विशेष प्रभाव पड़ता था। परिमल में महादेवी, पंत, सुमन, नरेन्द्र शर्मा और अज्ञेय सभी आते रहे। पं० अमरनाथ झा भी अकसर आते। परिमल की कवियों की शृंखला में बाद में सर्वश्री गंगा प्रसाद पाण्डेय, रमानाथ अवस्थी लक्ष्मीकांत वर्मा, उमाकांत मालवीय, श्रीराम वर्मा, मलयज और दूधनाथ सिंह भी जुड़े। यहाँ तक कि प्रसिद्ध लेखक पं० इलाचन्द्र जोशी भी परिमल की सर्जनात्मकता से आकृष्ट होकर उसके सदस्य बन गये। बाद में विपिन कुमार अग्रवाल भी परिमल में कवि रूप से प्रतिष्ठित हुए। परिमल में जो अन्य महत्त्वपूर्ण कविं अपनी रचनाएँ पढ़ने के लिए यदा-कदा आते रहे उनमें सर्वश्री शमशेर बहादुर सिंह, प्रभाकर माचवे, गिरिजा कुमार माथुर, नरेश मेहता और रघुवीर सहाय जैसे लोग भी खूब खुलेमन से सम्मिलित होते रहे और कवयित्री शान्ति मेहरोत्रा भी बाद में परिमल की सदस्य बनीं मूलत: वे भी तब गीत ही लिखती थीं। बाद में मुक्तछन्द में भी उन्होंने रचनाएँ कीं। लक्ष्मीकांत वर्मा, धर्मवीर भारती, जगदीश गुप्त, विजयदेव नारायण 'साही' और मलयज जैसे कवियों के परिमल में आने से कविता के छन्द विधान, भावनात्मक संवेदनाओं और विचारों के टकराव से जिस तरह कविता की प्रकृति में आन्तरिक परिवर्तन आया उसमें हिन्दी साहित्य में नयी कविता के स्वरूप को नये सिरे से व्याख्यायित और प्रतिष्ठित किया। छन्द की अनिवार्यता को बरतरफ करके तुकबन्दियों के मकड़जाल से निकालकर चालू परिपाटियों को चुनौती देकर जो कविता हिन्दी में नयी कविता के नाम से प्रतिष्ठित हुई उसके मूल आन्दोलन का जनक *'परिमल'* ही है। इस प्रवाह में मैं भी संतरण कर रहा था और उन्हीं दिनों जहाँ मेरी हास्य व्यंग्य की अवधी कविताओं का एक संग्रह *'झरबेरिया'* नाम से छपा वहीं कुछ दिनों बाद नयी कविता के विविध आयामों को समेटती हुई हास्यव्यंग्यपरक मेरी कविताओं का दूसरा संग्रह—*'वीणा पाणि के कम्पाउण्ड में'* शीर्षक से भारतीय ज्ञानपीठ के द्वारा प्रकाशित हुआ। दो तीन दशकों तक परिमल की गोष्ठियाँ कविता रचने की मेरी प्रक्रिया में बड़ी सर्जनात्मक भूमिका अदा करती रहीं।

परिमल के द्वारा हिन्दी साहित्य में जिस कविता आन्दोलन का नया सूत्रपात हुआ और जिस प्रकार अभी चर्चित कवियों की आपने संक्षिप्त चर्चा पढ़ी है, उसका विस्तार से कुछ खाका हमने अगले अध्याय में खींचने का यत्न किया है।

■

‘परिमल’ में कविता

'परिमल' में कविता

सन् १९४४ के आस-पास जब मैं इलाहाबाद यूनिवर्सिटी में बी०ए० में दाखिला लेने के लिए आया तो उन दिनों इस यूनिवर्सिटी की बड़ी धाक थी। हर क्षेत्र के बड़े-बड़े नामों का इतना बड़ा जमावड़ा था कि उनसे पढ़ने का सौभाग्य पाना तो दूर की बात थी, उनके दर्शनों के लिए ही सामान्य विद्यार्थी यूनिवर्सिटी के विभिन्न विभागों में यूँ ही चक्कर काटता रहता था। वे विद्यार्थी तो बड़े ही भाग्यशाली थे जिनको ऐसे नामी-गिरामी लोग शिक्षक के रूप में मिल जाते थे। दूसरे विद्यार्थी उन शिक्षकों के बारे में बड़े कुतूहल से जिज्ञासायें करते रहते थे। इतिहास मर्मज्ञ डॉ० बेनीप्रसाद, डॉ० ईश्वरी प्रसाद, डॉ० आर० पी० त्रिपाठी, सरशफात अहमद, दर्शन विभाग के प्रोफेसर रॉनाडे, अर्थशास्त्री प्रो० जे० के० मेहता, हिन्दी कवि बच्चन और फिराक (अंग्रेजी विभाग) प्रो० एस० सी० देव, डॉ० पी० दस्तूर, डॉ० रामकुमार वर्मा और प्रो० धीरेन्द्र वर्मा, डॉ० बाबूराम सक्सेना आदि दर्जनों ऐसे थे जो विद्यार्थियों के मन में विद्यार्जन का घनीभूत माहौल बनाते थे। कुलपति के रूप में प्रो० अमरनाथ झा तो थे ही, बाद में इतिहासविद् डॉ० ताराचन्द भी कुलपति के पद पर नियुक्त हुए। यही हाल विज्ञान संकाय का भी था। अनेक बड़े-बड़े वैज्ञानिकों के नाम वहाँ भी सहज सुलभ थे। प्रो० नीलरतन धर या प्रो० कृष्णनन जैसे वैज्ञानिकों के दर्शन वहाँ होते थे। ऐसे विश्वविद्यालय में पठन-पाठन के माहौल में शिक्षकों और विद्यार्थियों के कुछ मिले-जुले संयुक्त कार्यक्रम होते रहते थे। इन्हें संयोजित करने वाले कुछ महत्त्वपूर्ण 'क्लब' थे—'फ्राइडे क्लब' अंग्रेजियत से सराबोर था, अंग्रेजी विभाग द्वारा संचालित, अंग्रेजी साहित्य सम्बन्धी परिचय, बहसें, अंग्रेजी नाटकों की प्रस्तुतियाँ, यह सब क्रियाकलाप 'फ्राइडे क्लब' में होते थे। अंग्रेजी विभाग के डॉ० पी० दस्तूर इस क्लब के बहुत दिनों तक मुख्य सचेतक रहे।

दूसरा महत्त्वपूर्ण क्लब था—'प्रोगेसिव क्लब'! इसमें अधुनातन इतिहास विभाग और राजनीति विभाग के अध्यापक और छात्र शामिल होते थे। इस क्लब की बैठकें भी बहुत दिनों तक नियमित रूप से चलती रहीं। ज्यादातर साम्यवादी विचारधारा को अधिक प्रश्रय देने वाले इस क्लब की गतिविधियाँ कम्युनिस्ट पार्टी की दिग्भ्रमित सोच-विचारधारा के कारण बाद में कुंठित होने लग गयी। वैसे तो हिन्दी विभाग में हिन्दी परिषद् भी थी, परन्तु उसकी साहित्यिक गतिविधियाँ महत्त्वपूर्ण नहीं थीं। ड्रामेटिक क्लब लड़कों को ढूँढ़-ढाँढ़ कर साल में एकाध नाटक करवाता था। जब तक डॉ० रामकुमार वर्मा इस क्लब के अध्यक्ष रहे वे अपने ही एकांकी नाटक करवाते रहे। उसी

तरह *'कौमुदी महोत्सव'* में भी घूम-फिरकर डॉ० रामकुमार वर्मा के ही नाटक *'रेशमी टाई', 'पृथ्वीराज की आँखें',* या *'औरंगजेब की आखिरी रात'* जैसे नाटक होते रहते थे।

ज़ाहिर है कि ऐसे माहौल में विश्वविद्यालय के विद्यार्थियों का एक छूटा हुआ खासा महत्त्वपूर्ण वर्ग अपनी अभिव्यक्ति के लिए कहीं न कहीं कोई मंच ढूँढ़ने का सार्थक कोशिश कर रहा था। इस वर्ग में साहित्य चिंतन करने वाले और सर्जनात्मक स्तर पर अपने को प्रकाशित करने की कोशिश में लगे साहित्य रसिक अपने समानधर्मा युवकों को संयोजित करना चाहते रहे होंगे। यह घटना अकस्मात १० दिसम्बर, १९४४ को घट गई जब कुछ युवकों ने अपनी सहज काव्य पाठ एवं चर्चा की बैठक का नामकरण 'परिमल' किया। सम्भवत: तब किसी को भान भी नहीं था कि *'परिमल'* नाम की यह संस्था हिन्दी साहित्य के इतिहास में इतनी क्रान्तिकारी भूमिका अदा करेगी जिससे साहित्य की अनेक विधाओं में आमूल-चूल परिवर्तन होता रहेगा।

तब साहित्य में कविता का ही बोलबाला था। खड़ीबोली की कविता अपने पाँव जमा चुकी थी। छायावाद के अनेक महत्त्वपूर्ण कवियों ने अपनी रचनाओं का काफी बड़ा हिस्सा हिन्दी साहित्य में भर दिया था। प्रसाद, निराला, पंत, महादेवी वर्मा, माखनलाल चतुर्वेदी, नवीन, दिनकर आदि तमाम श्रेष्ठ कवि अपनी बहुआयामी प्रतिभा के द्वारा हिन्दी साहित्य के क्षितिज पर नये-नये रंगों के साथ उदय हो रहे थे। यद्यपि प्रेमचंद जैसे यशस्वी कथाकार भी साहित्य में अपना वर्चस्व प्रमाणित कर चुके थे परन्तु तो भी साहित्य की गतिविधियों की मुख्य धारा कविता के बीच से ही अपनी पहचान बनाते हुए चलती थी। परिमल भी मुख्यत: कवियों की ही जमात थी। जैसे-जैसे परिमल की गोष्ठियों का क्रम नियमित होकर विस्तृत होने लगा, इसके सदस्यों में कविता लिखने वालों की संख्या उत्तरोत्तर बढ़ती ही रही।

परिमल में दो तरह के कवि थे एक वे जो घोषित रूप से कविता लिखते थे, मंच पर कवि सम्मेलनों में शामिल होकर कविता पाठ करते थे और यदा-कदा उस समय की पत्र-पत्रिकाओं में अपनी कविता छपवाते भी थे। दूसरी तरह के वे हिन्दी रसिक थे जो अघोषित रूप से कभी-कभी कविता भी लिखते थे। उनकी संख्या अपेक्षाकृत कम अवश्य थी परन्तु विवश किये जाने पर अपनी कविता परिमल की गोष्ठियों में सुनाते भी थे। उनकी कविताएँ भी बड़े सम्मान के साथ एवं पूरी औपचारिकता के साथ सुनी जाती थी। घोषित और अघोषित दोनों किस्म के कवियों का यह जमघट कई वर्ष तक जीवंत रूप में सक्रिय रहा। इस तथ्य को दोहराना फ़िजूल है कि परिमल के तत्कालीन अधिकांश कवियों ने काल के प्रवाह में न केवल अपनी पहचान बनाई वरन् उन्होंने हिन्दी साहित्य पर अपनी गहरी छाप भी लगाई। वस्तुत: परिमल के उन कवियों ने कालान्तर में 'प्रयोगवाद' के चिप्पड़ को उखाड़ फेंका और हिन्दी में छायावाद के बाद 'नयी कविता' के आन्दोलन को प्रतिष्ठित किया। इन कवियों ने छन्दयुक्त और मुक्त छन्द दोनों तरह की कविताओं से हिन्दी के काव्य जगत को एक नये आस्वाद की परख दी।

जिन्होंने 'परिमल' की काव्य गोष्ठियों में कभी भी हिस्सा लिया है उन्हें वहाँ पढ़ी जाने वाली वैविध्यपूर्ण और गहरे अर्थों को अनुभव के कई स्तरों पर प्रतिध्वनित होने वाली कविताओं से साक्षात्कार हुआ था। इन गोष्ठियों में हिन्दी काव्य जगत की साहित्यिक मान्यताओं पर प्रश्नचिह्न लगाने वाली यादगार चर्चाओं की हिन्दी साहित्य जगत में बहुत काल तक प्रतिध्वनि होती रही। परिमल की गोष्ठियों में अपनी नवीनतम रचनाएँ पढ़ने के लिए अनेक स्तरीय कवि इच्छुक रहने लगे थे। उनकी नवीनतम कृतियों का पाठ 'परिमल' की गोष्ठियों का विशेष आकर्षण था। परिमल के ही कवियों ने कालान्तर में ऐसी महत्त्वपूर्ण कृतियों को जन्म दिया, जिन्होंने हिन्दी साहित्य में अभूतपूर्व यश अर्जित किया और मानक कीर्तिमान स्थापित किए—अंधा युग, मछलीघर और साखी, कनुप्रिया, शम्बूक, अतुकान्त, कुआनो नदी, नंगे पैर और उज्ज्वल नीलरस, जैसी अनेक महत्त्वपूर्ण काव्यकृतियाँ परिमल के मंच द्वारा ही सामने आयीं। विश्व के साहित्य के इतिहास में परिमल जैसी साहित्यिक मित्र-मण्डली सम्भवत: इक्का-दुक्का ही रही होंगी जिन्होंने आपसी सद्भाव सौजन्य पारिवारिकता के साथ ठहाकों के बीच इतनी महत्त्वपूर्ण रचनाएँ एक साथ एक ही कालखण्ड में रची हों।

परिमल के शुरुआती दिनों में हम सबके बीच जो अधिक प्रसिद्ध और जाने हुए कवियों में थे उनमें श्री गोपीकृष्ण 'गोपेश' का नाम काफी ऊँचा था। वे परिमल में तो अपनी कविताएँ सुनाते ही थे, इधर उधर के कवि सम्मेलनों में भी काफी चक्कर मारते थे। उनकी पहुँच जहाँ एक ओर पं० श्रीनारायण चतुर्वेदी (जो भइया साहब के नाम से प्रसिद्ध थे) के दरबार में थी, वहीं वे दूसरी ओर पं० अमरनाथ झा के यहाँ भी बड़ी सहजता से अपनी कविताएँ सुनाने के लिए उपलब्ध रहते थे। अपने सहज विनोदी और आत्मीय स्वभाव के कारण वे बच्चनजी, रघुपति सहाय फिराक, रसालजी और डॉ० रामकुमार वर्मा आदि के भी निकट थे। इस बात का एहसास वे परिमल की गोष्ठियों में गाहे बेगाहे सबको कराया करते थे। उनकी कविता *'मुझसे मेरा नाम न पूछो काम बढ़ेगा काम न पूछो'* काफी प्रसिद्ध थी। *'क्यों सितारे बोलते हैं रात भर'* या 'कलकत्ते के फुटपाथों पर अपने लक्ष्मी गणेश देखो' भी वे अकसर गोष्ठियों में पढ़ा करते थे। कालान्तर में वे अपनी जीविका के लिए आकाशवाणी के इलाहाबाद केन्द्र में ग्रामीण कार्यक्रम के संचालक के रूप में नियुक्त हो गये। कुछ वक्त बीतने के बाद उसी केन्द्र पर मेरी भी नौकरी लग गयी। उस दौरान इनसे मेरा अधिक निकट का आत्मीय सम्बन्ध बना। वे मूलत: बड़े भावुक व्यक्ति थे और सहृदय कवि थे। अपने हँसमुख स्वभाव के कारण 'गोपेशजी' अपने ऊपर किये हुए मजाकों को बड़े प्रेम से सुनाया करते थे। उनका जन्म एक निचले मध्यवर्गीय परिवार में हुआ था, परन्तु उन्होंने अपनी आर्थिक विपन्नता से बड़ी लम्बी लड़ाई लड़ी। वे अच्छे से अच्छे कपड़े पहनते थे और किसी को अपनी आर्थिक मजबूरियों की हवा भी नहीं लगने देते थे। 'गोपेश' ने नौकरी करके अपनी अधूरी शिक्षा पूरी की और बाद में इलाहाबाद के विश्वविद्यालय में ही रूसी भाषा के

शिक्षक हो गये। कई प्रसिद्ध पुस्तकों का उन्होंने हिन्दी में अनुवाद किया। उनके तीन काव्य संग्रह भी छपे जिनमें 'किरण' और 'तुम्हारे लिए' प्रसिद्ध हुए। गोपेशजी को 'परिमल' का हर सदस्य अपने ढंग से स्नेह देता था। जिन लोगों को गोपेशजी परिमल में लाये उनमें उनके ही मोहल्ले चौक के रहने वाले-धर्मवीर भारती थे जिनकी प्रतिभा परिमल में आकर कालान्तर में अतिशय विकसित हुई और हिन्दी साहित्य में चर्चा का केन्द्र भी बनी।

उस समय परिमल में जो सबसे आगे मेधावी और आकर्षक कवि व्यक्तित्व था वह था हमारे मित्र श्री महेन्द्र प्रताप का। वे अपने ढंग के बड़े रसीले और गरिमायुक्त गीत लिखा करते थे। वे किशोरावस्था से ही उत्तर प्रदेश के कवि सम्मेलनों में बड़े लोकप्रिय थे। मूलतः बनारस के रहने वाले महेन्द्र प्रताप अपनी यूनिवर्सिटी की शिक्षा के लिए इलाहाबाद आये थे। बनारस के प्रसिद्ध गीतकार शम्भुनाथ सिंह और मोती बी०ए० (जो कालान्तर में एम०ए० होने के बावजूद बी०ए० के नाम से चलते रहे) के साथ महेन्द्र का भी नाम जुड़ा रहता था। यह त्रयीप्राय हर कवि सम्मेलन में एक साथ पहुँचती थी और अपने गीतों के लिए अलग-अलग लोकप्रिय थी। *'परिमल'* की गोष्ठियों में महेन्द्र जिस तरह उन्मुक्त स्वरों में अपने गीत गाते थे उसके सुनने का यह प्रभाव था कि उस गोष्ठी के अन्य लोग भी उन गीतों को उसी तर्ज पर गुनगुनाने लगते थे। उनके प्रसिद्ध गीतों में *'प्राण वाणी माँगता हूँ'* तथा *'आज तुम मिल गयी और मैं खो गया'* जैसे कई गीत थे। आज भी परिमल के पुराने लोगों को वे गीत याद हैं। महेन्द्र प्रताप स्वयं एक अच्छे वक्ता भी थे। अपनी कविताएँ सुनाने के लिए वे कुलपति झा साहब के निवास स्थान पर भी निमंत्रित होते थे। अपनी कविताओं के अतिरिक्त वे दूसरे महत्त्वपूर्ण गीतकारों की भी रचनाएँ सुमधुर कंठ से भाव विह्वल होकर सुनाते थे—चाहे वे शम्भुनाथ सिंह के गीत *'तुमने मान ली क्या हार?'* या जानकी वल्लभ शास्त्री का *'बांसुरी बजायी किसने बाँसुरी बजायी?'* हो आदि गीतों को मैं महेन्द्र, साही (विजय देव नारायण) और 'क्षेम', यूनिवर्सिटी की सड़कों पर रात के सन्नाटे में एक हॉस्टल से दूसरे हॉस्टल तक चक्कर काटते हुए गाया करते थे। महेन्द्र उस समय परिमल के उन प्रतिभाशाली लोगों में गिने जाते थे जिनकी अनुपस्थिति परिमल की गोष्ठियों में खटकती थी। इलाहाबाद का यह दुर्भाग्य ही रहा कि कवि महेन्द्र प्रताप को अपनी व्यापक प्रतिभा के बावजूद इलाहाबाद विश्वविद्यालय के हिन्दी विभाग में जगह नहीं मिली और वे मुरादाबाद के एक डिग्री कालेज में अंततः हिन्दी अध्यापक हो गये जहाँ बाद में वे प्रिंसिपल भी हुए। महेन्द्र के सशक्त और बहुआयामी गीतों के बावजूद उनका कोई काव्य संकलन नहीं छपा। वे कवि सम्मेलनों तक ही सीमित रह गये। कालान्तर में वे साहित्य की जीवन्त समस्याओं से असम्पृक्त होते चले गये। सम्भावनाओं से भरा एक महत्त्वपूर्ण कवि इलाहाबाद से छूटकर भटक गया।

महेन्द्र से मेरी घनिष्ठ मित्रता थी। वे मेरे सहपाठी भी थे और मेरी दिनचर्या में

काफी वक्त उनके साथ व्यतीत होता था। वे कायस्थ पाठशाला यूनिवर्सिटी हॉस्टल में रहते थे और मैं पी०सी० बैनर्जी हॉस्टल में। विजयदेव नारायण साही भी के०पी०यू०सी० हॉस्टल में थे। परिमल की अनेक गोष्ठियाँ के०पी०यू०सी० के (कायस्थ पाठशाला यूनिवर्सिटी हॉस्टल) हॉल में ही हुआ करती थी। अकसर बड़े साहित्यकार भी उसी हाल में आयोजित गोष्ठियों में सम्मिलित हुआ करते थे। 'साही' भी बनारस के थे और महेन्द्र के बड़े ही प्रशंसकों में से थे। साही की शुरुआती कविताएँ महेन्द्र की तर्ज पर लिखे हुए गीतों से मिलान करती थी। सर्वेश्वर भी बनारसी शिक्षा दीक्षा से आये थे और महेन्द्र से मूलतः जुड़े हुए थे।

महेन्द्र की काव्य प्रतिभा से उस समय परिमल के ही नहीं कवि सम्मेलनों से जुड़े हिन्दी के अनेक कवि प्रभावित थे। ये लोग इलाहाबाद आते जाते महेन्द्र के पास रुककर अपनी यात्राएँ पूरी करते थे। जिन कई लोगों से मेरी पहली भेंट महेन्द्र के कमरे में ही हुई उनमें से एक थे, श्री नामवर सिंह। खद्दर का कुर्ता धोती पहने साथ में एक खुरदरे सफेद कम्बल का बण्डल लिये हुए एक दुबला-पतला अजीब नाम वाला युवक। ऐसे एक नामवर सिंह की मुझे अब भी याद है जो साहित्य की चौहद्दियों पर अब भी मंडरा रहे थे और छन्दों में कविताएँ लिख रहे थे—*'घूमना-घूमना-घूमना-घूमना'* (बाद में नई कविता में प्रकाशित) पहले महेन्द्र के कारण फिर बाद में विजयदेव नारायण साही के कारण नामवर सिंह परिमल की गोष्ठियों में कई बार आये और परिमल के रचनाधर्मी और विचारोत्तेजक स्वरूप से साक्षात्कार करते रहे।

परिमल में महेन्द्र की ही तरह दूसरे गीतकार कवि थे, मेरे सहपाठी श्रीयुत श्रीपाल सिंह 'क्षेम'। वे मूलतः जौनपुर के थे और अपनी पढ़ाई के लिए इलाहाबाद आये थे। 'क्षेम' बड़े सुरीले और सूक्ष्म अभिव्यक्ति वाले गीत लिखा करते थे। 'परिमल' की गोष्ठियों में क्षेम बराबर अपने गीत पढ़ते रहे और उन्होंने कवि सम्मेलनों के साथ-साथ अपने गीतों के कई संग्रह प्रकाशित कराये। उन्होंने हिन्दी कविता में छायावाद पर शोध ग्रन्थ भी लिखा। वे जौनपुर के डिग्री कालेज में बाद में अध्यापक हो गये। 'जीवनतरी' नाम से उनका शुरुआती काव्य संग्रह हिन्दी में काफी सराहा गया। 'क्षेम' अपनी नौकरी के बीच भी कई बार प्रयाग आते रहे और परिमल की गोष्ठियों में भाग लेते रहे। अपनी अभिव्यक्ति का माध्यम काव्य चेतना के बदलते हुए युग में भी उन्होंने गीतों और छन्दों में ही रखा। कवि सम्मेलनों से भी उनका सम्बन्ध निरन्तर बना रहा। वे छायावादी चेतना से भीतर ही भीतर प्रभावित रहे। इन्होंने खण्ड काव्य भी रचा। 'क्षेम' की काव्य प्रतिभा की पहचान को रेखांकित करने के लिए उन्हें साहित्य भूषण का पुरस्कार भी मिला।

परिमल गोष्ठी के माध्यम से नये गीतकारों में श्री गिरिधर गोपाल सहसा बड़े ही सशक्त ढंग से उभर कर सामने आये। वे जिस तरह के गीत लिखते थे वह निश्चय ही बच्चन, शम्भुनाथ सिंह, नीरज या गोपाल सिंह नेपाली और बलवीर सिंह रंग के गीतों से

सर्वथा नये अन्दाज की और बिलकुल अलग रचनाएँ थीं। उनका पाठ भी वे निराले ढंग से करते थे। गिरिधर गोपाल इतिहास के विद्यार्थी थे और परिमल के बड़े ही खुश मिजाज दोस्तों में गिने जाते थे। वे इलाहाबाद के कटरा मोहल्ले में बेली रोड पर रहते थे। अकसर उनको मैं और धर्मवीर भारती देर रात घर से बाहर खींचकर साइकिलों पर घूमने के लिए निकाल लाया करते थे। उनके बूढ़े बाबा हमारी आंवाज सुनकर अकसर उन्हें डाँटते—'गोपालजी आपके मुलाकाती आपको १२ बजे रात में लेने के लिए आते हैं?' हम और भारती भाग खड़े होते, गिरिधर पीछे से आकर अपनी साइकिल लिए हुए हमसे मिल जाते थे। कविताएँ गाते हुए हम लोग घूमते, किसी सड़क छाप ढाबे में चाय पीते और परिमल की आगामी गोष्ठियों की योजना बनाते। गिरिधर कविताएँ तो पहले भी लिखते ही थे, परन्तु अकस्मात वे ऐसे गीत लिखने लग गये जो वियोग श्रृंगार की चरमतम कारुणिक अभिव्यक्ति के गीतों की श्रृंखला में गिने जाने योग्य बनकर उभरे। गिरिधर जैसे प्राणवान गीतों की रचना अन्य कवियों में दुर्लभ थी। वे उन गीतों के कारण बहुत प्रसिद्ध भी हुए। जहाँ एक ओर गीतों की स्तरीय गोष्ठियों में डॉ० रामकुमार वर्मा, विद्यावती कोकिल या बच्चन जी आदि शामिल होते उसमें गिरिधर गोपाल की भी उपस्थिति सहज ही अनिवार्य थी। उनके अनेक गीत बड़े लोकप्रिय हुए जिनमें—*'प्यासा रहा जाता नहीं अब बादलों की छाँव में'*, या *'आज अकेला मैं जलता, जलता दीपक सिरहाने'*, या *'विपरीत दिशाओं के राही हम आज मिले तो क्या विस्मय।'* 'दो बार न फूल खिला करते, चाहे जितनी हो मुग्ध मलय' आदि गीत इतनी गहराई से अपने श्रोताओं को पकड़ते थे कि लोगों की आँखें डबडबा आती थीं। परिमल के सभी कवि अकसर गिरिधर गोपाल के गीतों को गुनगुनाया करते थे। इन गीतों का एक संग्रह 'अग्निमा' नाम से प्रकाशित हुआ था जो तत्कालीन कविताओं की भीड़ में अपनी दूसरी पहचान बनाये बिना ही खो गया। उनके अंतरंग मित्र बताते थे कि गिरिधर गोपाल को किसी प्रेम प्रसंग में इतना गहरा आघात लगा कि उनकी कविताओं का रंग विशादमय और कारुणिक बन गया। इससे उबर पाने के लिए गिरिधर ने गद्य लेखन भी किया। *'चाँदनी के खंडहर'* उनका बहुचर्चित लघु उपन्यास प्रकाशित हुआ था। वे स्थानीय अखबार की नौकरी छोड़कर सरकारी सूचना विभाग में लखनऊ चले गये। वहाँ भी वे कहानियाँ और उपन्यास लिखते रहे जिसमें *'कुहाँसे'* और *कंदीले'* उपन्यास उसी काल खण्ड में आया। गिरिधर की काव्य प्रतिभा लखनऊ जाकर पूरी तरह विकसित नहीं हो सकी। वे अपेक्षाकृत कम उम्र में ही काल के हाथों हम सबसे छिन गये। परिमल का जो आंतरिक पारिवारिक वातावरण था उसमें गिरिधर गोपाल का अभिन्न स्थान था। वे सभी जगह भरपूर स्नेह के भागीदार थे। गिरिधर गोपाल अभिनय में भी बड़ी रुचि रखते थे। 'प्रसाद' के चन्द्रगुप्त नाटक में भी उन्होंने हम सबके साथ *'शकटार'* की भूमिका प्रस्तुत की थी। गिरिधर अपनी अनूठी प्रतिभा के लिए परिमल के बीच सदा जीवन्त रहेंगे।

इन कवियों के बीच श्री जगदीश प्रसाद गुप्त 'विश्व' परिमल में एक ऐसे कवि के रूप में आये जो अपने विद्यार्थी जीवन से ही अपने ढंग के कवि के रूप में प्रतिष्ठित थे। वे ब्रजभाषा के जाने माने आधुनिक शिक्षा प्राप्त रसिक कवि के रूप में अपनी पहचान बना चुके थे और समस्यापूर्ति से लेकर चमत्कारिक उक्तियों वाले छन्द लिखने में माहिर थे। वे कानपुर स्कूल की काव्य शिक्षा और परम्परा में दीक्षित थे। अपने छन्दों के लिए जगदीश जी की धाक जमी हुई थी। *'आँखिनि से अँसुआँ छलके परैं, आनन सो छलकी परैं आँखें'*, जैसे छन्द 'विश्वजू' की पहचान थी। वे कवि सम्मेलनों में भी जाया करते थे। मेरा उनका साथ कई बार हुआ। वे भी परिमल के शुरुआती सदस्यों में अग्रणी थे। जगदीश ने परिमल में रहकर क्रमशः ब्रजभाषा की रूढ़िबद्ध काव्य अभिव्यक्ति से अपने को मुक्त कर लिया और खड़ीबोली के गीत लिखने लग गये। कालान्तर में जगदीश ने खड़ीबोली की गीतात्मकता से ही अपने को धीरे-धीरे अलग कर लिया और वे जिस छन्द विहीन नव काव्य आन्दोलन में शामिल हुए वह नयी कविता के नाम से जाना गया। इस छन्द मुक्त काव्य विधा के अभियान में परिमल के ही सदस्यों ने *'नई कविता'* नाम से एक पत्रिका भी निकाली जो हिन्दी काव्य साहित्य में मील का पत्थर बन गयी। इसके सम्पादकों में जगदीश को तो रखा ही गया, विजयदेव नारायण साही भी काफी अर्से तक इस पत्रिका से जुड़े रहे। इस पत्रिका के प्रकाशन से हिन्दी में 'छायावादी युग' का एक तरह से अघोषित अंत मान लिया गया। और काव्य का सजग नया आन्दोलन शुरू हुआ। जगदीश ने समस्यापूर्ति से लेकर काव्य की रीति परिपाटी तथा छन्द को आत्मसात करके नई कविता की 'अर्थ की लय' तक काव्य की परिक्रमा की—कवि सम्मेलनों से लेकर काव्य गोष्ठियों तक और कविता की वाचिक परम्परा से लेकर उसकी मुद्रित अभिव्यक्ति तक विभिन्न कालखण्डों में रहकर यात्रा की। उनका बहुचर्चित लेख 'किसिम-किसिम की कविता' इस बात की साक्षी है। वे परिमल की गोष्ठियों में अपनी कविताओं के माध्यम से निरन्तर सक्रिय रहे। उनके कई काव्य संग्रह प्रकाशित हुए—*'नाव के पाँव'*, *'शब्द दंश'*, *'युग्म'*, तो प्रसिद्ध हुए ही *'शम्बूक'* जैसे खण्डकाव्य भी काफी चर्चित हुए। काव्य रचना की लम्बी निरंतरता के लिए उन्हें कई सम्मान भी प्राप्त हुए। इलाहाबाद विश्वविद्यालय में हिन्दी का अध्यापन करते हुए अंततः उस विभाग के अध्यक्ष हुए। उनके संयोजकत्व में परिमल का विशिष्ट *'परिमल रजत जयन्ती पर्व'* मनाया गया जिसमें अनेक शीर्षस्थ रचनाकारों ने हिस्सा लिया था। स्व०श्री मैथिलीशरण गुप्त के जन्मदिन को राष्ट्रीय कवि दिवस मनाये जाने की शुरुआत भी जगदीश जी ने की। अद्यतन नये कवियों के संग्रह प्रकाशित करने की भी उन्होंने एक योजना चलाई थी। परिमल के कविता इतिहास में जगदीश की बड़ी महत्त्वपूर्ण भूमिका रही है। इसका समुचित मूल्यांकन बाद में हो सकेगा।

हिन्दी कविता के क्षेत्र में जिन नई कविता के कवियों की चर्चा अनिवार्य रूप से होती रही उनमें सर्वश्री धर्मवीर भारती, विजयदेव नारायण साही और सर्वेश्वर दयाल

सक्सेना प्रमुख थे। तीनों की कविताएँ अलग-अलग ढंग से विकसित हुईं और तीनों की पहचान भी क्रमशः अलग ही बनी। तीनों ही अपने प्रारम्भिक दिनों में *'परिमल'* में अपनी कविता के लिए पहले ये अपनी कोई विशेष पहचान अलग से नहीं बना पाये थे। परन्तु वे समय के साथ इतनी महत्त्वपूर्ण रचनाएँ करने में समर्थ हुए कि बाद में वे अपनी गहरी अनुभूतियों और उनके विलक्षण अभिव्यक्तियों के कारण हिन्दी जगत पर आज तक छाये हुए हैं। ये तीनों ही 'अज्ञेय' के द्वारा सम्पादित नये कवियों की पहचान बनाने वाले सप्तकों में शामिल भी किये गये। साही, सर्वेश्वर और भारती की तिकड़ी ने नयी कविता के अनेक कीर्तिमान स्थापित किये। उनकी रचनाओं ने काव्य की तमाम पुरानी अवधारणाओं को तोड़कर सामान्य मनुष्य के अनुभव को काव्यात्मक प्रतिष्ठा दी। उनकी नकल में लिखने वाले नवयुवक कवियों की बहुत बड़ी जमात पीछे-पीछे आई। यह कहना संभवतः आगे के हिन्दी साहित्य के इतिहासकारों का दायित्व बनेगा कि परिमल जैसी एक साहित्यिक मित्र मंडली ने एक ही कालखण्ड में कितनी शलाका कृतियाँ देकर कविता के नये क्षितिज खोल दिये।

धर्मवीर भारती जितने दिन इलाहाबाद में रहे (यानी लगभग सन् १९६० के आसपास तक) परिमल मण्डली में सबसे सक्रिय और जाने-माने कवि और लेखक रहे। पहले उन्हें कोई भी साहित्यकार के रूप में जानता नहीं था। उन्हें गोपीकृष्ण 'गोपेश' परिमल में लाये। अपने अतिशय मिलनसार और विनोदी स्वभाव के कारण वे बहुत जल्दी परिमल के अधिकांश सदस्यों के परिवार के घनिष्ठतम अंश बन गये। भारती से मेरी मित्रता हर दिन उत्तरोत्तर इतनी गहरी बढ़ी कि बिना आपस में सलाह किये हुए हम परिमल की कोई गोष्ठी योजना बनाते ही नहीं थे। भारती परिमल में अपने शुरुआती गीत बड़े भावुक ढंग से गाकर सुनाते थे। उनका बड़ा लोकप्रिय गीत था—*'तुम अभी सुकोमल बहुत सुकोमल अभी न सीखो प्यार'* इन गीतों में उन्होंने कुछ नये प्रयोग भी किये। पहली बार प्रेयसी के *'फिरोजी होंठों'* की उपमा दी जो उन दिनों खासी चर्चा का विषय रहा। इसी तरह *'चुम्बन'* को भारती ने जब *'बाँसुरी रखी हुई ज्यों भागवत् के पृष्ठ पर'* कहा तो भी वह काव्य रसिकों के लिए अनूठा अनुभव बना रहा। वैसे तो भारती कहानियाँ भी लिखते थे और आलोचना भी। नाटक भी भारती ने लिखे किन्तु उनकी ख्याति कवि रूप में ही सर्वोपरि रही। *'सात गीत वर्ष', 'ठंडा लोहा',* जैसे काव्य संग्रह भी मान्य हुए। उनका खण्ड काव्य *'कनुप्रिया'* भी प्रेमकाव्य की एक अनूठी कृति है। परिमल के दिनों में ही उनके लिखे हुए काव्य नाटक *'अंधा युग'* ने हिन्दी की नयी कविता और रंगमंच के क्षेत्र में अभूतपूर्व उथल-पुथल मचा दी। महाभारत की सम्पूर्ण मिथकीय योजना को धर्मवीर ने *'अंधा युग'* में अधुनातन विशृंखलता और विभीषिकाओं से जोड़ने का जो काव्यात्मक कौशल दिखाया, वह उनके समकालीन किसी और कवि ने नहीं किया। कविता के पारखी उसे प्रसाद की कामायनी के बाद एक महत्त्वपूर्ण कृति मानते हैं।

भारती यहाँ रहे तो पं० इलाचन्द्र जोशी के साथ *संगम* साप्ताहिक (लीडर प्रेस) में उपसम्पादक के रूप में काम करते रहे। *संगम* साप्ताहिक हिन्दी साहित्य जगत में बड़ी ललक और उत्साह से पढ़ा जाता था। उसके लेख उद्‌भट विद्वानों द्वारा लिखे जाते थे और हिन्दी क्षेत्र के सभी महत्त्वपूर्ण रचनाकारों की कृतियाँ *संगम* में ही छपती थीं। हर हफ्ते उसकी प्रतीक्षा घर-घर में होती थी। जोशीजी और भारती ने *'परिमल'* में पढ़ी हुई मेरी पचासों रचनाएँ संगम के रंग व्यंग्य स्तम्भ में कई वर्षों तक छापीं। सच कहा जाये तो उसी प्रकाशन के बल पर मैं हिन्दी साहित्य की दुनिया में थोड़ा-थोड़ा घुस सका। फिर भारती का विवाह हुआ और उसका दुखद अंजाम यह रहा कि उस विवाह सम्बन्ध का विच्छेद हो गया। भारती बम्बई चले गये-धर्मयुग में सम्पादक होकर। विवाह प्रकरण को लेकर हम दोनों मित्रों के बीच सम्बन्धों में बड़ा तनाव आ गया। भारती की दूसरी शादी हो गई। मेरा दकियानूसी परम्पराओं में बँधा हुआ मन पहले झटके में यह सब स्वीकार नहीं कर पाया। बाद में मेरी पत्नी के अथक प्रयत्नों से हमारी मैत्री किसी कदर फिर जुड़ी।

धर्मयुग में पं० इलाचन्द्र जोशी और उनके भाई डॉ० हेमचन्द्र जोशी सबसे पहले बम्बई जाकर सम्पादक बने थे। उन्होंने मेरा पहला हास्य व्यंग्य का नाटक *'रस का सिरका'* उसमें छापा था। बड़ी तड़क-भड़क और रंग-बिरंगे चित्रों से संयुक्त फोटो ग्रेवर मशीन से छपा। धर्मयुग का जब पहला अंक आया तो हिन्दी पत्रकारिता में क्रान्ति मच गयी। बढ़िया लेख, सचित्र कविताएँ, सजीव फोटोग्राफ, हास्य व्यंग्य, सिनेमा, खेलकूद, सब कुछ समेटकर धर्मयुग में हिन्दी साहित्य की मानसिकता-बनाने में जैसा लोकप्रिय योगदान किया वैसा किसी अन्य पत्रिकाओं के द्वारा सम्भव नहीं हुआ। जोशीजी मुझे निरन्तर छापते ही रहे। फिर उनके बाद भी सत्यकाम विद्यालंकार आये। उन्हें भी मेरी व्यंग्य रचनाओं के प्रति अजब सा आकर्षण था। वे इलाहाबाद भी आये थे। मैंने अपने मित्रों से उन्हें मिलवाया भी था। कुछेक की रचनाएँ भी मैंने धर्मयुग में भिजवाईं। विद्यालंकार के कुछ समय बाद फिर धर्मवीर भारती उसी धर्मयुग में सम्पादक होकर पहुँचे।

भारती लगभग दो दशकों से कुछ ऊपर ही *'धर्मयुग'* के अत्यंत यशस्वी सम्पादक रहे। इस अवधि में भारती ने धर्मयुग की प्रतिष्ठा बनाने में अपनी जान लड़ा दी। भारती के पास *'अभ्युदय'* और *'संगम'* जैसे पत्रों के सम्पादन का अनुभव था, इलाहाबाद में रहकर तत्कालीन साहित्य जगत से मित्रताओं और दुश्मनियों की गहरी पूँजी थी, इलाहाबाद यूनिवर्सिटी के हिन्दी विभाग के अध्यापक की प्रतिष्ठा थी, स्वयं अपनी कलम में धार थी, और अपनी कृतियों के बल पर वे किसी बैसाखी के मोहताज नहीं थे। भारती ने धर्मयुग की पत्रकारिता के द्वारा हिन्दी-साहित्य की यशगाथा और उसके उत्कृष्ट रचनाकारों को हिन्दी भाषी और गैर हिन्दी भाषी दोनों ही क्षेत्रों में घर-घर तक पहुँचाया। उसकी साज-सज्जा और रंग-बिरंगी धजा सहज ही चित्ताकर्षक थी। धर्मयुग के

जरिये भारती किसी सीमा तक साहित्य की राजनीति भी करते रहे। लेखकीय गुटों की आपसी प्रतिस्पर्द्धा का भारती ने जमकर लाभ उठाया नौबत यहाँ तक पहुँची कि उनके चारों ओर उनके प्रशंसकों का एक प्रभामंडल बन गया।

बहुत कुछ तो भारती ने इसलिए भी किया क्योंकि वे अपने विवाह प्रकरण को लेकर हमसे बहुत खिन्न या नाराज थे। हमसे-माने केशव चन्द्र वर्मा, विजयदेव नारायण साही और उन्हीं के साथ शेष सब। परिमल का कुछ ऐसा सौहार्दपूर्ण पारिवारिक गठन हुआ था जिसमें हर व्यक्ति साहित्यकार होते हुए भी उस समय के रचनाकारों में प्रचलित तमाम तरह के आचरणमूलक लाइसेंस लेने के विरोध में ही जैसे खड़ा था। जैसे मैंने अभी पहले कहा है कि भारती के विवाह विच्छेद से हम सबको बड़ा धक्का लगा था फलस्वरूप बहुत दिनों तक परिमल के लोग धर्मयुग में लिखने का एक तरह से बॉयकाट करते रहे। समय ने धीरे-धीरे मतभेदों को सुलझाया। धर्मयुग में हम सब लोग क्रमश: फिर लिखने ही लग गये। भारती ने मेरी लिखी हुई इण्टरव्यू के माध्यम से संस्कृति पर धारावाहिक विचारोत्तेजक बहस प्रकाशित की जो *'शार्टकट की संस्कृति'* के नाम से पुस्तक रूप में भारतीय ज्ञानपीठ से बाद में प्रकाशित भी हुई। केशव कालीधर के नाम से मेरी अनेक गम्भीर कविताओं को भारती ने ही लम्बे अर्से तक ऐसा प्रकाशित किया कि वह कवि नाम कविता के क्षेत्र में अपनी पहचान बना सका। बाद में मेरी ऐसी कविताओं का संग्रह जब *'उज्ज्वल नील रस'* के नाम से प्रकाशित हुआ तो उसकी विस्तृत आलोचना भी धर्मयुग में ही हुई।

पिछले दिनों की जब याद करता हूँ तो अकसर इस सिंहावलोकन में मुझे लगता है कि मेरे भीतर के रचनाकार को स्थापित करने में धर्मवीर भारती की भूमिका अप्रत्यक्ष रूप से ऐसी रही है जिसे नकारना इस मैत्री के मूलभाव के प्रति अकृतज्ञ होना होगा। विगत दो तीन वर्ष पहले जब भारती को भीषण हॉर्ट अटैक हुआ और प्राणों का संकट आ खड़ा हुआ तो मैं दौड़कर बम्बई पहुँचा। प्रभु ने उनको बचा तो लिया पर वे कुछ लिखने पढ़ने से कट गये। मेरा आक्रोश घुलकर सहज ग्लानि में जैसे डूबता उतराता रहा। उनका नया कविता संग्रह आया *'सपना अभी भी'*। उसके लिए उन्हें सम्मानित भी किया गया। हिन्दी में भारती की जैसी प्रतिभा और कर्मठशीलता वाले लोग बहुत ही कम हुए होंगे। लगता है कि इलाहाबाद से हुई उनकी दूरी उनका बहुत कुछ छीनकर चली गयी।

विजयदेव नारायण साही ने जब परिमल में कवि रूप में अपनी पहचान बनाई तो वे बनारसी गीतकाव्य से प्रभावित होकर लिख रहे थे। उनके गीतों पर शम्भुनांथ सिंह और महेन्द्र की कविताओं की अनुगूँज साफ दिखायी पड़ती थी। वे जो रचनाएँ गोष्ठियों और कवि सम्मेलनों में पढ़ा करते थे उनमें *'कहीं गा रहा दूर कोई प्रभाती'* जैसे गीत प्रमुख थे। साही का परिमल से सम्बन्ध दो किस्तों में जुड़ा। पहला तब, जब वे हम लोगों के साथ यूनिवर्सिटी में विद्यार्थी थे और के०पी०यू०सी० में रहते थे। उसके बाद अंग्रेजी में एम०ए० करके काशी विद्यापीठ में अध्यापक होकर चले गये। उन्होंने अपने

परिवार के सभी सदस्यों के विपरीत यानी सिविल सर्विसेज को छोड़कर राजनैतिक जीवन अपनाया और समाजवादी आन्दोलन से घनिष्ठ रूप से जुड़े। वे छात्र आन्दोलन में जेल भी गये थे और बनारस के कालीन उद्योग के बिखरे मजदूरों को एकत्र करके उन्होंने उनकी सशक्त यूनियन भी बनाई थी। एक दो साल के भीतर ही साही बनारस छोड़कर पुनः इलाहाबाद यूनिवर्सिटी में अंग्रेजी के अध्यापक होकर लौट आये। परिमल में उनकी इस वापसी का अत्यन्त क्रान्तिकारी दौर था जहाँ वे राजनीति से विमुख होकर हिन्दी कविता के नये आन्दोलन से जुड़ गये। साही मूलतः अरबी फारसी के छात्र थे बाद में अंग्रेजी और फ्रेंच की भी पढ़ाई उन्होंने पूरी की। उर्दू, हिन्दी की विधिवत कोई शिक्षा उन्होंने कभी नहीं पाई। विडम्बना यह थी कि वे बाद में हिन्दी के ही महत्त्वपूर्ण कवि सिद्ध हुए। उन्होंने उर्दू में गजलें भी खूब लिखीं। वे *'नयी कविता'* पत्रिका के जब सम्पादक हुए उसके बाद उनकी कविताओं की आन्तरिक प्रकृति में बड़ा जबर्दस्त बदलाव आया। साही अपनी राजनीतिक विचारधारा को साहित्य से बराबर अलग रखने की कोशिश करते रहे। इस तरह के घालमेली दृष्टिकोण को उन्होंने कम्युनिस्ट पार्टी के साथ जोड़कर इसके दूरगामी भयावह परिणामों की ओर इशारा किया। साही अध्ययनशील चिंतक और मौलिक विचारों वाले कवि थे। वे *'आलोचना'* पत्रिका के सम्पादक मण्डल में भी जुड़े रहे। साही की बहुमुखी प्रतिभा के सम्बन्ध में मैंने अपनी पुस्तक *'ताकि सनद रहे'* में *'चकाचौंध से परे एक रोशनी'* में एक विस्तार से लिखा है।

साही मेरे सहपाठी थे और जैसा मैंने पहले कहा हम लोग छात्र के रूप में यूनिवर्सिटी के सड़कों पर आधी-आधी रात में कविताएँ गाते हुए घूमा करते थे। फिर वे लौटकर जब अध्यापक हुए तब हम दोनों टैगोर टाउन में ही अगल-बगल के घरों में काफी समय तक एक साथ रहते रहे। भारती के बम्बई चले जाने के बाद हमारी त्रयी टूट गयी, फिर हम दोनों ही बचे। मैं अधिकांश परिमल के आयोजनों की रूपरेखा बनाता और साही के ना नुकुर करने के बावजूद उन्हें मजबूर करता कि वे मेरे साथ आयोजन के लिए चन्दा माँगने चलें, हाल का प्रबन्ध करें और हमारी आपसी बातचीत के आधार पर उन आयोजनों में मुख्य पर्चा भी पढ़ें—चाहे 'साहित्य क्यों' की बहस हो या हिन्दी कहानियों पर गर्मागर्म चर्चा हो या चाहे राज्य और लेखकीय स्वतंत्रता की बात क्यों न हो।

बहुत सी घटनाएँ ऐसी हुईं जिन्होंने मुझे और साही को भीतर से बहुत हिला दिया। इस तरह की चोट हमारी अभिन्न मित्र मण्डली ही बराबर देती थी। परिमल के उस अंतरंग निजत्व पर जब-जब चोट पड़ती थी तब हम दोनों ही उद्विग्न हो जाते थे। साही ने उस मनोभूमि में कई कविताएँ लिखी थीं, लिखी मैंने भी। उन कविताओं में तमाम काँट-छाँट के बाद *'मछली घर'* नाम से जो पहला कविता संग्रह प्रकाशित हुआ वह चुनौतियों से भरा अनासक्त तेवर का अप्रतिम काव्य संकलन था। साही के इस काव्य संकलन की बहुत दिनों तक हिन्दी काव्य जगत में अनेक स्तरों पर चर्चाएँ होती रहीं।

(इसी पुस्तक में *'मछली घर'* पर प्रकाशित मेरी टिप्पणी अन्यत्र देखिए।)

इस अवधि में मेरा मन चैतन्य दर्शन में ऐसा रमा कि मुझे कई बार वृन्दावन की यात्रा पर जाने का सुयोग हुआ। चैतन्य सम्प्रदाय के षड् गोस्वामियों के साहित्य को थोड़ा बहुत पढ़ा उलटा-पुलटा। *नारद भक्ति सूत्र* की अनेक टीकाएँ पढ़ीं। यह सब मैं प्रयाग लौटकर साही के साथ-साथ आपसी सम्वाद में बाँट लेता था। साही को धीरे-धीरे मेरे उन यात्रा विवरणों में आनन्द आने लगा। उन दिनों की मेरी लिखी हुई अधिकांश कविताएँ *'उज्ज्वल नीलरस'* में संग्रहीत हुई जिन पर सर्वेश्वर ने *'दिनमान'* में लम्बी टिप्पणी लिखी। साही ने भी एक अधूरी समीक्षा उस पर लिखी थी। साही की सोच में एक ऐसा आन्तरिक बदलाव आया जहाँ समाज और इतिहास व्यक्ति की अनन्त सम्भावनाओं में अपनी नयी सार्थकता खोजते हैं। साही की काव्य चेतना और आलोचना में निपट साफगोई ने साहित्य के भरमजाल के बीच एक नई धमक पैदा कर दी। वे कविताएँ लिखते थे और उसी हालत में स्कूटर पर बैठकर बैंक रोड वाले अपने निवास स्थान से मेरे पास सीधे उसे सुनाने के लिए बेचैन दौड़े चले आते थे। वे अब एकदम नयी भाव भूमि पर अपनी कविताओं से साक्षात्कार कर रहे थे। मैंने उन्हें अपना नया संग्रह प्रकाशन में देने का जब आश्वासन माँगा तब उन्होंने मेरी नई कविताओं का संग्रह भी साथ-साथ प्रकाशित करने की शर्त लगायी। वे दिल के दौरे में अकस्मात फँसकर दिवंगत हो गये। उनका लिखा हुआ बहुत कुछ यूँ ही पड़ा रह गया। मरणोपरान्त मैंने उनकी उस मनोभूमि की कविताओं को एकत्र करके *'साखी'* नाम से प्रकाशित कराया। यह कविता संग्रह एक ऐसी काव्य मनोभूमि को उजागर करता है जो भारतीय दर्शन की गहराइयों को घुलाकर अपने में जज्ब कर लेती है। इस संग्रह के बाद ही साही की अन्तिम इच्छा के अनुसार मैंने भी उसी काल में लिखी हुई अपनी नयी कविताओं का संग्रह *'सर्मथारति'* नाम से प्रकाशित किया। साही को कबीर के बैरागीपन ने पकड़ लिया था और मैं *'सर्मथारति'* में लीला के रहस्यों से जूझ रहा था। साही ने हिन्दी आलोचना के क्षेत्र में बड़े मौलिक चिंतन का परिचय दिया। महाकवि जायसी पर उनकी पुस्तक इस मौलिक सोच का विशिष्ट उदाहरण है। ऐसे ही *'लघु मानव के बहाने हिन्दी कविता पर एक बहस'* भी साहित्य की समझ के नये दरवाजे खोल देता है। साही ने बहुत लिखा। वह सब कुछ धीरे-धीरे प्रकाश में आ रहा है। वे भारतीय संस्कृति के बारे में व्याख्यान देने के लिए विदेशों में भी घूम रहे थे। यह भी साही की ही अपनी विशेषता थी कि वे अपने लेखों या व्याख्यानों में अपनी इन उपलब्धियों या परिचयसम्पन्नता का कोई अनावश्यक उद्धरण कभी नहीं देते थे जैसा कि आज के आम हिन्दी लेखक करते हैं।

साही ने अपने अन्तिम दिनों से कुछ पूर्व ही यह बात कही थी कि अब हमें *परिमल* संस्था को भंग कर देना चाहिए क्योंकि अब उसमें नयी प्राणवत्ता आने की गुंजाइश नहीं रही। उस वक्त तो उनकी बात हँसी में उठा दी गयी, लेकिन हुआ यही कि कालान्तर में परिमल का क्रमश: इतिहास में चले जाना स्वत: सिद्ध हो गया। साही

के न रहने पर मेरी रचनाओं का पहला पाठक आलोचक और सलाह देने वाला सहसा गुम हो गया। वे एक तरह से गोष्ठियों में मेरे प्रवक्ता के रूप में उभर कर आते थे। मुझे लगता था कि मैंने उनसे जो बातें या मुद्दे अपनी अंतरंगता के गपशप के बीच कही थी उन्हें वे बड़े सुचारु और तार्किक पद्धति से सबके सामने रखने में सक्षम हो जाते थे। अब साही के न रहने पर गोष्ठियों में सिर्फ सन्नाटा रहता है। इलाहाबाद की आवाज अब कोई हड़कम्प नहीं मचाती।

जैसा कि उन दिनों सामान्य परिपाटी थी उसी के अनुसार सर्वेश्वर दयाल सिंह सक्सेना जब बनारस में अपनी पढ़ाई छोड़कर इलाहाबाद यूनिवर्सिटी में दाखिला लेने के लिए आये तो वे भी छोटे-छोटे रूमानी गीत लिख रहे थे। परन्तु सर्वेश्वर के गीतों की ताजगी कुछ अलग ही थी। अपनी शुरुआती रचनाओं को लेकर सर्वेश्वर जब परिमल में आये तो उन्हें भी सहज रूप से स्वीकार कर लिया गया। परिमल में वे बहुत दिनों तक उसके संयोजक के रूप में बने रहे। सर्वेश्वर जितनी ताजगी के साथ अपनी नई रचनाएँ प्रस्तुत करते थे उससे कहीं अधिक गहराई के साथ वे परिमल की गोष्ठियों की रिपोर्ट लिखा करते थे। अपने उन साहित्यिक रिपोर्टों में सर्वेश्वर सामान्य साहित्य चर्चा और काव्य पाठ को जिस ऊँचाई से लिखते थे उसे सुनने के लिए परिमल का हर सदस्य अगली गोष्ठी के लिए आतुर रहता था।

सर्वेश्वर के भीतर के कवि का स्पन्दन बड़ा मार्मिक था। वे छन्द के विधा का भी ऐसा उपयोग करना जानते थे जिसमें नयी कविता के तमाम बीज अपना उगना सहज ही घोषित करते रहते थे। *'देहरी का दीप तेरा याद आने लग गया'* या *'जब-जब सर उठाया अपनी चौखट से टकराया'* या *'दो अगर की बत्तियाँ'* आदि तमाम कविताएँ थीं जो परिमल की गोष्ठियों पर अपना गहरा प्रभाव डालती थीं। सर्वेश्वर का पहला काव्य संग्रह 'बाँस का पुल' जब छपा तो उसकी अनेक कविताओं ने जैसे बँधे हुए ताल में कंकड़ियाँ फेंकना शुरू कर दिया। कविता में उन हलचलों ने सर्वेश्वर की ख्याति बढ़ाई।

वे इलाहाबाद से दिल्ली चले गये। रेडियो में रहे, *'दिनमान'* में प्रभावशाली उपसम्पादक रहे फिर बच्चों की पत्रिका पराग के सम्पादक होकर उन्होंने सहसा अपनी इहलीला समाप्त की। सर्वेश्वर की कविताओं ने कई रंग बदले। परन्तु उनकी मूल संवेदनाओं से सामान्य मनुष्य कभी हटा नहीं। इसलिए मुक्त छन्द में भी होकर सर्वेश्वर की कविताएँ एक विराट लय में बँधी हुई लगती थीं। सर्वेश्वर की कविताएँ याद रह जाने वाली कविताएँ थीं। सर्वेश्वर के कई कविता संग्रह बाद में आये और यह भी एक आश्चर्य था कि हिन्दी काव्य संकलनों में कविवर बच्चन के बाद सर्वेश्वर ही सबसे ज्यादा बिकने वाले कवि साबित हुए। सर्वेश्वर की काव्य चेतना उनके व्यक्तित्त्व और उनसे अपनी निजी एकांतिक मैत्री का विस्तृत विवरण मैंने अपनी संस्मरणों-वाली पुस्तक *'ताकि सनद रहे'* में किया है। सर्वेश्वर ने अपनी अतिरिक्त सुविधाओं के लिए न तो कहीं नाक रगड़ी और न ही कहीं समझौता किया। इनका रचनाधर्मी संकल्प ही

उनकी निजी स्वायत्तता की एक लक्ष्मणरेखा बना कर उनकी रक्षा करता था। वे दिल्ली की रपटन में भी फिसले नहीं। सर्वेश्वर ने बाद में *'बकरी'* नाटक से भी प्रसिद्धि पाई और *'सोया हुआ जल'* तथा *'पागल कुत्तों का मसीहा'* दो लघु उपन्यास और *'लड़ाई'* जैसी सशक्त कहानियाँ भी लिखीं। सर्वेश्वर दिल्ली चले गये, लेकिन वे तन और मन से इलाहाबाद के ही बने रहे। उन्होंने मुझे लिखा था *'इलाहाबाद जिन्दा है तो मैं भी जिन्दा हूँ—इलाहाबाद मरा तो मैं ही नहीं तमाम लोग मर जायेंगे।'* सर्वेश्वर की कविता निश्चित रूप से नयी कविता के आन्दोलन की एक उपलब्धि बन गई। परिमल की गोष्ठियों से विकसित हुए कवियों में सर्वेश्वर अन्यतम हैं। सर्वेश्वर हम सबके अत्यंत अंतरंग और पारिवारिकता के अंश थे। उनका दिल्ली में रहना दिल्ली के लोगों को बराबर इलाहाबादी तेवर की याद दिलाता रहता था।

कवि लक्ष्मीकांत वर्मा परिमल में काफी विलम्ब से आये। वे अपनी पढ़ाई बीच में ही छोड़कर गाँधीजी के स्वतंत्रता आन्दोलन में शमिल हो गये थे। वे वर्धा में काफी दिन तक रहे फिर इलाहाबाद लौटे और फिर पढ़ाई शुरू की। तब मेरा लक्ष्मीकांत से परिचय हुआ। लक्ष्मीकांत लिखते-पढ़ते तो थे परन्तु उन्हें परिमल के विशिष्ट सदस्य परिमल की गोष्ठी में सदस्य के रूप में लेने को तैयार नहीं थे। परिमल का एक विशिष्ट नियम यह भी था कि यदि कोई सदस्य किसी नये बनने वाले सदस्य का विरोध करे तो वह व्यक्ति परिमल का सदस्य नहीं हो सकता था। इस परम्परा के अनुसार मुझे लक्ष्मीकांत को परिमल का सदस्य बनवाने के लिए काफी जद्दोजहद करनी पड़ी थी। मेरे घर पर उस बार गोष्ठी थी और मैंने लक्ष्मीकांत की साहित्यिक अभिरुचि की भरपूर वकालत की थी। अंततः मेरी बात मान ली गई और लक्ष्मीकांत वर्मा परिमल के सदस्य बन गये। यह भी सही है कि परिमल की सदस्यता ग्रहण करने और उनकी अंतरंग पारिवारिकता में लक्ष्मीकांत बहुत जल्दी ही घुलमिल गये। लक्ष्मीकांत भी बहुमुखी प्रतिभा के लेखक साबित हुए। उपन्यास, नाटक, कहानी, आलोचना और कविता सभी विधाओं में लक्ष्मीकांत कुछ न कुछ लिखते रहे, परन्तु कविता में उनकी पैठ और गतिमयता सबसे अधिक रही। नयी कविता के आन्दोलन में लक्ष्मीकांत वर्मा का योगदान आगे चलकर स्थायी महत्त्व का बना। उन्होंने कविता में सामान्य दैनंदिनि जीवन को आज की विषमताओं के बीच रखकर जिस तरह प्रस्तुत किया, उस दृष्टि ने हिन्दी कविता के मुहावरे में आमूल-चूल परिवर्तन किया। उनका *'अतुकांत'* नाम से प्रकाशित पहला काव्य संग्रह उनकी पहचान को रेखांकित करता है। वे इस तरह की कविताओं के अगुआ ही बन गये। वे हिन्दी के युवा पीढ़ी के कवियों के विशेष आकर्षण बने। जहाँ एक ओर उन्होंने *'ताजा कविता'* का आन्दोलन हिन्दी कविता में खड़ा किया, वहीं 'लघु मानव' की प्रासंगिक चेतना भी लक्ष्मीकांत ने ही व्याख्यायित की। उनकी पुस्तक 'नयी कविता के प्रतिमान' नयी कविता का 'न्यूटेस्टामेंट' ही बन गयी और काफी दिनों तक हिन्दी कविता की बहस का केन्द्र बनी रही। लक्ष्मीकांत के उपन्यास भी प्रसिद्ध हुए। परिमल

द्वारा आयोजित सुप्रसिद्ध अखिल भारतीय कहानी गोष्ठी में लक्ष्मीकांत वर्मा ने हिन्दी साहित्य में परिमल की उपलब्धियों पर जैसा जबर्दस्त पर्चा पढ़ा था वह जितना विवादास्पद बना, उतना ही लक्ष्मीकांत वर्मा को हिन्दी साहित्य के इतिहास में कहीं जगह भी दे गया। लक्ष्मीकांत ने 'नये पत्ते' और 'निकष' जैसी उच्चकोटि की साहित्यिक पत्रिकाओं का भी सम्पादन किया। जिनमें परिमल की ही अनेक प्रतिभाओं की रचनाएँ और बहसें छपती रहीं। लक्ष्मीकांत वर्मा ने परिमल का संयोजन भी बहुत दिन किया। उनकी रचना प्रक्रिया का मैं उन गोष्ठियों से लेकर अन्त तक साक्षी रहा हूँ। और उनकी सहज करुणा और ममत्व से भरी संवेदनाओं का भागीदार भी हूँ।

उन दिनों कवयित्रियों के नाम पर यद्यपि श्रीमती विद्यावती कोकिल ही परिमल की गोष्ठियों में यदा कदा आती थीं, परन्तु श्रीमती शान्ति मेहरोत्रा ही एक ऐसी कवयित्री थीं जो अपने पति श्री बैकुण्ठ नाथ मेहरोत्रा के साथ परिमल की नियमित सदस्या थीं। वे काफी पहले से कविताएँ लिख रही थीं और अपने गीतों को वे यत्र-तत्र कवि सम्मेलनों में सुनाती भी थीं। उनके कई गीत संग्रह प्रकाशित हुए थे। गीतों में ही उन्होंने *'चाणक्य'* जैसे खण्डकाव्य की रचना भी की थी। बाद में वे भी नई कविता से जुड़ीं। *'वासना का सीमेंट'* उनकी एक प्रसिद्ध रचना थी। शान्तिजी रेडियो स्टेशन में मेरे साथ कुछ समय काम करती रहीं उस समय उनकी नाटक लेखन में भी रुचि जागृत हुई और उन्होंने कई मंचीय नाटक भी लिखे। शान्तिजी ने व्यंग्य लेखन भी प्रचुर मात्रा में किया। *'सुर्खाब के पर'* कहानी चर्चित रही। अपने मिलनसार स्वभाव के कारण शान्ति मेहरोत्रा दम्पति परिमल के सभी सदस्यों से सहज प्रीति व्यवहार बनाये रख सकीं।

अच्छी काठी के अधेड़ नौजवान श्री गंगाप्रसाद पाण्डेय परिमल में सहज मित्र और कवि के रूप में ही जाने जाते थे। वे मध्य प्रदेश के कोठी जैसी एक छोटी रियासत के रहने वाले थे। और उनमें रियासत की वह ठसक कवि होने के बावजूद मौजूद थी। खाने खिलाने, मौज मस्ती लेने, कविता सुनने सुनाने और परिमल की गोष्ठियों में नियमित रूप से आने के लिए श्री गंगाप्रसाद पाण्डेय प्रसिद्ध थे। वे महिला विद्यापीठ में पढ़ाते थे और अधिकतर महादेवीजी की सन्निकटता में रहते थे। पहले 'एडल्फी कालोनी' में फिर वे साहित्यकार संसद में रहने लगे थे। उनके पास एक छोटी सी मोटरगाड़ी थी जिसके बारे में कहा जाता था कि वह महादेवीजी की है। पाण्डेयजी के साथ परिमल में पं० इलाचन्द्र जोशी और रमानाथ अवस्थी भी रहते थे। एक तरह की यह अविभाज्य त्रिमूर्ति थी। पाण्डेयजी ने छायावादी गीतों की तरह अनेक रचनाएँ कीं, जो उनके संग्रह *'बसंतिका'* और *'पर्णिका'* में है। 'नवीना' नाम से जो उनका काव्य संकलन आया उसमें उन्होंने भी नयी कविता की मुद्रा अपनायी। पाण्डेयजी कवि तो थे ही उनकी प्रसिद्धि हिन्दी आलोचना के क्षेत्र में भी मान्य हुई। *'महाप्राण निराला'* या *'महीयसी महादेवी'* उन दिनों बड़ी चर्चा में थी। *'निबन्धिनी'* में संग्रहीत उनके निबन्ध भी पाण्डेयजी के चिंतन को उजागर करते हैं। पाण्डेयजी से मेरे आत्मीय सम्बन्ध हो गये

थे। उसके पीछे संगीत में तथा काव्य में मेरी गहरी अभिरुचि थी। पाण्डेयजी मुझे इसी कारण से साहित्यकार संसद के उत्सवों में और बाद में ताकुला शिविर (नैनीताल) में बार-बार निमंत्रित करवाते रहे। महादेवीजी से सघनतम रूप से जुड़े होने के कारण पाण्डेयजी निराला और महादेवी के बारे में कट्टरपन्थी रुख रखते थे और अपने विरोधियों के प्रति बहस में असहिष्णु भी हो जाते थे। पाण्डेयजी का भी असमय ही देहावसान हो गया।

कुछ-कुछ लक्ष्मीकांत की ही तरह श्रीनरेश मेहता का भी हाल हुआ। नरेश से मेरा पहला परिचय विद्यार्थी काल में कानपुर कृषि महाविद्यालय में आयोजित एक कवि सम्मेलन में हुआ था। जहाँ उन्होंने अपना गीत *'नीलम बंशी में से कुंकुम के स्वर फूट रहे'* वाला गीत सुनाया था। इसका उल्लेख मैं पहले कर चुका हूँ। फिर मेरा उनका साथ आल इण्डिया रेडियो के इलाहाबाद केन्द्र पर हुआ जहाँ हम दोनों कुछ समय एक साथ नौकरी करते रहे। फिर नरेश मेहता का तबादला नागपुर हो गया। वहाँ ग० मा० मुक्तिबोध आदि से उनका सम्पर्क बढ़ा। वे कम्युनिस्ट पार्टी में चले गये। इस दरम्यान उनकी कविताओं का झंडा कम्युनिस्ट आलोचकों ने खूब लहराया। अंततः वे रेडियो से हट गये। फिर वे दिल्ली आकर रहे। नौकरी के लिए इधर-उधर हाथ पैर मारते रहे। कुछ बात बनी नहीं। दिल्ली में मेरी भेंट उनसे *'कृति'* के कार्यालय में हुई, जहाँ श्रीकान्त वर्मा भी काम करते थे। नरेश मेहता का विवाह इलाहाबाद में हुआ और उनकी पत्नी एक स्थानीय स्कूल में अध्यापिका हो गयीं। तब नरेश मेहता ने इलाहाबाद में बसकर अपनी नयी साहित्यिक यात्रा शुरू की।

नरेश मेहता से मेरा पूर्व परिचय धीरे-धीरे प्रगाढ़ होता रहा। नरेश की आर्थिक स्थिति को किंचित अधिक आत्मनिर्भर रहने के लिए भारती भण्डार (लीडर प्रेस) के अत्यन्त सुहृद अग्रज कथाकार पं० वाचस्पति पाठक से उनकी रचनाओं को छपवाने का मैंने आग्रह किया था। पाठकजी बड़े गुणग्राही थे। उन्होंने नरेश के भीतर प्राणवान रचनाकार को पहचानकर उनकी बड़ी सहायता की।

नरेश खूब लिख रहे थे और अच्छा लिख रहे थे। कविताएँ, उपन्यास, नाटक और कहानियाँ भी। मैं चाहता था कि नरेश भी अपनी इस प्रतिभा के साथ परिमल में शामिल हो जाये। इसके लिए उनके प्रति एक सहानुभूतिपूर्ण जमीन तैयार करना मेरे लिए काफी मुश्किल हो रहा था। परिमल के मेरे मित्रगण कम्युनिस्ट लेखकों को सदा संदेह की ही दृष्टि से देखते थे। कब पलटा खा जाये कब क्या वक्तव्य देने लगे। यह सब सुविधाजीवी करिश्मे प्रगतिशील लेखकों के लिए बायें हाथ का खेल था। नरेश मेहता कम्युनिस्टों के उछाले हुए लेखक भी थे। परन्तु वे अब उनके धन्ध-फन्द से छूट चुके थे। नरेश के सहज मैत्री भाव से मैं प्रभावित था। घण्टों हम लोग साथ घूमा करते थे। काफी बहस के बाद मैंने नरेश मेहता को भी परिमल का सदस्य बनवा ही लिया। नरेश जी मूलतः गीत विधा से ही जुड़े हुए थे और उत्तरोत्तर उससे मुक्त होकर नयी कविता की ओर जा रहे

थे। नरेश की काव्य चेतना वैदिक सूत्रों से जुड़ी हुई थी जिसकी प्रतिच्छाया उनकी बाद की तमाम कविताओं में प्रचुरता से मिलती है। उन्होंने *'काव्य का वैष्णव व्यक्तित्व'* शीर्षक अपनी पुस्तक में कविता की इस अभिव्यक्ति की विस्तृत व्याख्या की। उनके कई काव्य संकलन प्रकाशित हुए। उन्होंने *'महाप्रस्थान'* जैसे खण्ड काव्य भी लिखे और *'संशय की एक रात'* जैसे काव्य नाटक भी। नरेश मेहता की कवि रूप में बड़ी प्रतिष्ठा हुई। उन्हें *'ज्ञानपीठ पुरस्कार'* भी मिला। नरेश ने उपन्यास भी लिखे—*'यह पथ बन्धु था', 'दो एकांत', 'प्रथम फाल्गुन', 'उत्तरकथा',* आदि उनके प्रसिद्ध उपन्यास हैं। अपनी कविताओं में जहाँ अकसर नरेश मेहता एक मुद्रा या—'विशिष्ट ठवनि' के कवि बन जाते हैं और एकरसता के चक्रव्यूह में कभी-कभी फँस भी जाते हैं वहीं वे गद्य लेखन में अपनी पीढ़ी के कथाकारों में कोई सानी नहीं रखते। नरेश का गद्य बड़ा सशक्त है। नरेश मेहता ज्यों-ज्यों बड़े होते गये त्यों-त्यों उनसे मेरी दूरी कुछ बढ़ती गयी। उनकी छवि एक इनामशुदा रचनाकार की बनकर अधिक उभरी। कई आधुनिक आत्म-प्रचारक लेखकों की भाँति प्रशंसकों का एक गोल अपने चारों तरफ बनाये रखना नरेश मेहता को भी अच्छा लगता था। उनमें चुनौती देने वाले लेखकीय तेवर का अभाव खटकता है। उन्होंने अपने लिए स्वयं जैसे एक मुहावरा सा गढ़ लिया। परिमल की जो अंत:सलिला मूल काव्य चेतना थी उससे नरेश मेहता का तालमेल कभी चौचक नहीं बैठ पाया। उनकी समस्त रचनाओं का मुख्य स्वर 'निर्वेद' का है। इसीलिए वे एक न एक स्तर पर सबको ग्राह्य भी होते रहे, जो एक तरह से अर्थहीन ही रहा।

हिन्दी की नई कविता आन्दोलन से जुड़ी परिमल में ही जो नई पीढ़ी आयी—वह लक्ष्मीकांत वर्मा की कविता की नई मुहावरेबन्दी से प्रभावित थी। इनमें सर्वश्री श्रीराम वर्मा, मलयज और दूधनाथ सिंह तथा प्रमोद सिन्हा थे। ये नौजवान कवि अपनी अभिव्यक्ति के लिए बेहद शौकीन थे। कविता में सामान्य दैनन्दिनी को सशक्त ढंग से लाना चाहते थे और छायावादी प्रकृति के रहस्य रोमांच को चुनौती दे रहे थे। बाद में श्रीराम वर्मा और मलयज के अलग काव्य संकलन भी प्रकाशित हुए। उसी तरह प्रमोद सिन्हा का भी संग्रह आया। दूधनाथ सिंह की कविताएँ बाममोर्चे की नारेबाजी में उलझती गईं और काफी दिनों तक परिमल की संयोजकी करने के बाद उन्होंने अपने को परिमल से अलग मान लिया। कवियों की इसी पंक्ति में शिवकुटीलाल वर्मा भी आए। उनकी कविताओं की अंतर्ध्वनि रघुवीर सहाय की काव्य प्रकृति के आस-पास मँडराती रहीं। उनका एक काव्य संकलन आया *'मैं हारूँगा नहीं'*।

परिमल के साथ जुड़े कवियों में ऐसे भी थे जो अपने प्रारम्भ से लेकर अंत तक केवल गीत विधा से ही जुड़े रहे और उसी में अनेक प्रयोग करते रहे। इनमें सर्वश्री उमाकान्त मालवीय और रमानाथ अवस्थी थे। उमाकान्त मालवीय ने तो गीत विधा में स्वतंत्र रचनाएँ करने के साथ खण्ड काव्य भी लिखे। वे सहज सरल व्यक्तित्व वाले-हँसमुख स्वभाव के व्यक्ति थे। कवि गोष्ठियों से लेकर कवि सम्मेलनों तक उमाकांत

मालवीय सहज ही अपने गीतों के साथ विचरण करते थे। उमाकांत मालवीय की अपेक्षा रमाकान्त अवस्थी ने कम लिखा, परन्तु उनका भी प्रमुख मंच कवि सम्मेलन ही रहा। वे सुप्रसिद्ध आशुकवि पं० जगमोहन अवस्थी के सुपुत्र थे। अत: अपने शुरुआती कविता के दिनों में रमानाथ अवस्थी भी *'आशुकविता'* करने का *'चमत्कार'* कवि सम्मेलनों में दिखाया करते थे। रमानाथ अवस्थी परिमल में ही नहीं, कवि सम्मेलनों में भी लोकप्रिय रहे। उनका गीत *'सो न सका कल याद तुम्हारी आयी सारी रात।* और *रात भर बजी कहीं शहनाई सारी रात'* बड़ा प्रसिद्ध था। बाद में 'रात और शहनाई' शीर्षक उनका संकलन भी प्रकाशित हुआ। श्रीहरि भी परिमल के एक ऐसे ही और कवि थे जो सम्भवत: सबसे अधिक लिखते थे और दैनिक अखबारों में खूब छपते भी थे। 'सामयिक समस्याओं पर अधिक लिखने के कारण उनकी कला में पत्रकारिता का प्रवाह भी आ जाता था।' (सर्वेश्वर की रपट से उद्धृत)।

कुछ जो इतने घोषित रूप से 'कवि' नहीं थे, परिमल के सदस्य होने के नाते कविताएँ वे भी लिखते थे और अकसर गोष्ठियों में सुनाते भी थे। इनमें सर्वश्री इन्द्रनारायण टण्डन, डॉ० ब्रजमोहन गुप्त या रामचन्द्र वर्मा, डॉ० हरदेव बाहरी और कृष्ण सहाय चौधरी जैसे कई लोग थे। कुछेक के नाम यूँ भी मुझे विस्मृत हो गये, क्योंकि उनका लिखना जितना अकस्माती था, उसका बंद हो जाना भी उतना ही अनजाना रहा। हाँ रामचन्द्र वर्मा एक समय बहुत लिखते थे। कविताएँ भी और कहानियाँ भी। उनको लेकर परिमल में चुहलबाजी होती रहती थी *'मीत मेरे! क्या सुनोगे सौ कहानी और दो सौ गीत मेरे?'* रामचन्द्र वर्मा परिमल के सक्रिय सदस्यों में से थे। बाद में वे पटना चले गये और उन्होंने वहाँ भी 'पटना परिमल' की स्थापना की थी। श्री सुरतदास (बाद में आई०ए०एस०) भी कविताएँ लिखते थे। उनकी रचनाओं में 'स्केच' का आनन्द आता था।

केशवचन्द्र वर्मा परिमल के प्रारम्भिक सदस्यों में से एक थे। वे हिन्दी में विशेषत: अवधी भाषा में हास्य व्यंग्य विधा की कविताओं के लिए जाने जाते थे और उनकी हास्य व्यंग्य विधा की कविताएँ विभिन्न पत्र-पत्रिकाओं में इधर-उधर छपती भी रहती थीं। वे कवि सम्मेलनों में भी जाते थे और 'बेढब' (बनारसी) की ही भाँति सुरुचिपूर्ण संस्कारी हास्य के लिए पहचाने जा रहे थे। उस समय की प्रचलित घटिया हास्य व्यंग्य की तुकबन्दियों पर केशवचन्द्र वर्मा की हास्यपरक कविताएँ भारी पड़ीं। उन्होंने हास्य व्यंग्य की हर प्रचलित साहित्यिक विधा में लिखा, अवधी भाषा की कविताएँ, नाटक, कहानियाँ, निबन्ध, नई कविता से जुड़कर नई हास्य कविताएँ, यह सब कुछ केशव ने अपने लेखन का क्षेत्र बनाया और इन सभी विधाओं की रचनाओं का पाठ केशवचन्द्र वर्मा परिमल की अनेक गोष्ठियों में लम्बे समय तक करते रहे। *'जाड़े की हवा'* शीर्षक अवधी भाषा में उनकी काव्य रचना बहुत काल तक उनका जैसे दूसरा नामरकण ही हो गया था। बाद में *'झरबेरिया'* शीर्षक से अवधी कविताओं का संग्रह छपा। नई कविता

की विधा में लिखी हुई नये अन्दाज की हास्य व्यंग्य रचनाएँ *'वीणापाणि के कम्पाउण्ड में'* शीर्षक संग्रह से छपीं। परिमल में ही रचनाएँ सुनाते हुए उन्होंने *'काठ का उल्लू और कबूतर'*, *'आँसू की मशीन'*, *'मुहब्बत मनोविज्ञान'* और *'मूँछ दाढ़ी'* जैसे व्यंग्य उपन्यास लिखे। *'प्यासा और बेपानी के लोग'*, *'अफलातूनों का शहर'* तथा *'बृहन्नला का वक्तव्य'* जैसे निबन्ध और कहानी संग्रह और *'चिड़ी के गुलाम'* जैसे हास्य नाटक लिखे। उन्होंने *'तुंग-शृंग'* नामक हास्य व्यंग्य की अनूठी पत्रिका भी सम्पादित करके निकाली। कालान्तर में केशवचन्द्र वर्मा ने गम्भीर रचनाएँ करनी प्रारम्भ कर दीं और उनके दो नए काव्य संग्रह— *'उज्ज्वल नीलरस'* और *'सर्मथारति'* नाम से प्रकाशित हुए जो वैष्णव चिंतन में धँसी हुई आधुनिक संवेदनाओं का संकलन है। ऐसी काव्य कृतियाँ केशव कालीधर के कवि नाम से प्रकाशित होती रहीं। परिमल द्वारा परिचालित अनेक आंदोलनों में केशवचन्द्र वर्मा की भूमिका बड़ी सक्रिय रही और वे आल इंडिया रेडियो जैसी सरकारी संस्था से जुड़े रहकर अपनी साहित्यिक कृति की जैसी आजादी बचाए रख सके वह परिमल के सदस्यों की पारिवारिक भावनाओं के कारण ही सम्भव हो सका। उन घटनाओं की जानकारी फिर कभी। केशव ने संगीत पर भी कई पुस्तकें लिखीं और उ० प्र० संगीत नाटक अकादमी की पत्रिका *'छायानट'* भी दस साल तक सम्पादित की।

परिमल से जुड़े कवियों की चर्चा अधूरी ही रहेगी जब तक विपिन कुमार अग्रवाल का नाम न लिया जाय। विपिन इलाहाबाद यूनिवर्सिटी में भौतिक विज्ञान के अध्यापक थे। वे जब परिमल में शामिल हुए तब तक परिमल की गोष्ठियाँ साहित्यिक हलचलों में प्रतिष्ठित हो चुकी थीं और विपिन में उसका बड़ा आकर्षण था। विज्ञान और साहित्य के साथ-साथ विद्यार्थी होने के नाते विपिन की साहित्य में उपस्थिति अपने में अनूठी थी। वे 'आधुनिकता' के जबर्दस्त हामी थे और उसकी वकालत में आलोचनात्मक लेख भी लिखते रहते थे। उनकी कविताएँ सहज हास्य से उत्पन्न होकर ऐसी अद्वितीय और गहरी संवेदनात्मक स्तर पर जाकर ठहरती थीं जो अपने पाठक या श्रोता को अभूतपूर्व ढंग से चमत्कृत कर देती थी। वे कविता और नाटक में समान गति से संचरण करते थे। विपिन ने हिन्दी में पहली बार सार्थक *'विसंगत'* नाटक लेखन की शुरुआत की। *'तीन अपाहिज'* उनका विशिष्ट नाटक खासा चर्चित हुआ। जैसा हमने कहा विपिन की सोच उनके दिमाग की विलक्षण वैज्ञानिक एवं तार्किक प्रक्रिया में उपजती थी। उनकी रचनाओं में अंर्तनिहित तर्क स्वत: ही अपने उक्ति वैचित्र को गलाकर संवेदनाओं के गहरे धरातलों को स्पर्श करने लगता था। विपिन के कई काव्य संग्रह आए। *'नंगे पैर'* काफी प्रसिद्ध हुआ। विपिन आधुनिक चित्रकला में भी विलक्षण गति रखते थे। उनके चित्रों की कई नुमाइशें हुईं जो कलाप्रेमियों द्वारा सराही गयीं। उनका अकाल ही देहान्त हो गया। परिमल की गोष्ठियों में विपिन की उपस्थिति तमाम बहसों को हमेशा एक चमत्कारी आयाम देने में समर्थ थी। हिन्दी में विपिन एक अलग ढंग के निराले कवि थे। इस तथ्य

का साक्षात्कार उनकी कविताओं के संकलन पढ़े बिना नहीं हो सकता।

छायावादी युग के लेखकों में वरिष्ठ और महत्त्वपूर्ण पं० इलाचन्द्र जोशी जो बाद में हिन्दी में विशिष्ट प्रकार के उपन्यासकार के रूप में प्रतिष्ठित हुए, वे भी मूलत: कवि ही थे। उनका काव्य संग्रह *'विजनवती'* जब प्रकाशित हुआ था तो अपने समय में बहुचर्चित रहा। जोशी जी यदि अपनी काव्यानुभूति का विस्तार करते और निरन्तर कविताएँ ही लिखते रहते तो छायावादी कवियों की चतुष्टयी में कहीं न कहीं वे अपनी जगह जरूर बना लेते, परन्तु उन्होंने अपने को बहुविधि उपन्यासों और गहरी आलोचना में ही बाँध लिया। *'संन्यासी', 'निर्वासित'* और *'जहाज का पंछी'* जैसे उपन्यास तो बड़े विख्यात हुए। इनके साथ ही दर्जनों दूसरे ढंग के कथा साहित्य भी हिन्दी जगत में प्रतिष्ठित हुईं। जोशीजी जब परिमल में आए तब तक वे हिन्दी के लब्धप्रतिष्ठ लेखक हो चुके थे। जोशीजी ने अपने समय के महत्त्वपूर्ण लेखकों की संस्मरणात्मक जीवनियाँ लिखीं—*'संगम'* और *'धर्मयुग'* और बाद में *'साहित्यकार'* जैसी पत्रिकाएँ निकाल कर हिन्दी में साहित्यिक पत्रकारिता के नये कीर्तिमान स्थापित किए। परिमल के तो वे आजीवन सदस्य रहे। हर गोष्ठी में युवा रचनाकारों के साथ उनकी अंतरंग गपशप देखी जा सकती थी। जोशीजी ने नये से नये लेखकों को सदा प्रोत्साहित किया और अपने समकालीन पुराने पड़ रहे रचनाकारों से वैचारिक संघर्ष किया। परिमल की गोष्ठियों में जोशीजी का रहना इनकी टिप्पणियों में उनका रचनाधर्मी आलोक उनकी साहित्यिक चेतना और सब पर भारी पड़ता। उनका गांभीर्य और उन्मुक्त अट्टहास यह सब कुछ मिला जुलाकर परिमल को अनूठी गरिमा में मंडित करता था। उनकी अर्द्धवार्षिकी पर परिमल ने उपन्यासों पर एक भव्य आयोजन किया था जिसमें गुजराती के श्रेष्ठ उपन्यासकार एवं तत्कालीन उ०प्र० के राज्यपाल श्री कन्हैयालाल माणिकलाल मुन्शी ने पधार कर समारोह में भाग लिया था और जोशीजी के उपन्यासों की प्रशस्ति की थी।

आज बहुत से हिन्दी पाठकों को यह जानकर आश्चर्य होगा कि हिन्दी में *'नवलेखन'* और 'अज्ञेय' की रचनाधर्मिता के आलोचक श्री रामस्वरूप चतुर्वेदी जब परिमल में आए थे तब वे भी रूमानी गीत लिखा करते थे और उन गीतों को गोष्ठियों में सुनाया भी करते थे। उनकी कविताएँ *'संगम'* जैसी प्रतिष्ठित पत्रिकाओं में जोशीजी ने प्रकाशित की थी। इन्हीं रामस्वरूप चतुर्वेदी के ही साथी-संगी सर्वश्री अजित कुमार और श्री ओंकारनाथ श्रीवास्तव ने कविताएँ लिखना बंद ही कर दिया। *'कालसुंदरी'* नाम से उनकी कहानियों का एक संग्रह भी छपा। परिमल में इन दोनों का आना जाना था।

वैसे तो परिमल के सदस्य कवियों की यदि सांख्यिकी बनायी जाये तो उसमें छायावाद के शीर्ष पर कविवर सुमित्रानन्दन पंत का नाम भी गिनाना पड़ेगा। जब पंतजी दुबारा प्रयाग आकर रहे तो परिमल की गतिविधियों की जानकारी मिलने पर उससे जुड़ने के इच्छुक हुए। पंतजी की कविता रचना का वह कालखण्ड था जब वे मार्क्सवादी फँसाव से अपने को मुक्त कर चुके थे और वे श्री अरविंद के दर्शन से बेहद प्रभावित थे।

उनके नए काव्य संग्रह *'स्वर्णधूल'* और *'स्वर्णकिरण'* नाम से प्रकाशित हो रहे थे जो अरविंद दर्शन का ही एक ढंग का उल्था था। पंतजी काफी समय तक परिमल से सक्रिय रूप से जुड़े रहे। परिमल के 'रजतपर्व' पर पंतजी ने परिमल की साहित्यिक गतिविधियों को लेकर जो वक्तव्य दिया था वह अपने में एक ऐतिहासिक भाषण था। वह प्रकाशित भी है। परिमल की गोष्ठियों में जहाँ पंतजी का होना उन गोष्ठियों की साहित्यिक सार्थकता एवं उपस्थिति वैचारिकता को स्तरीयता देती थी—वहीं तीखी और गरम बहसों को भी जन्म देती थी। पंतजी के सहज सरल व्यक्तित्त्व का यह प्रभाव था कि वे हिन्दी के उस युवा परिमल पीढ़ी में इस कदर घुल-मिल गये थे कि वे परिमल के आपसी मित्रभाव, खान-पान दावतें, हँसी-मजाक में बराबर की शिरकत करते थे। उनका यह स्वभाव नए युवा रचनाकारों को चकित कर देता था। पंतजी और जोशीजी की परिमल में उपस्थिति अविस्मरणीय थी। उन दिनों पंत जी, *'बरसो हे-ज्योर्तिमय जीवन'* नामक गीत बड़े ही मधुर स्वर में गाकर सुनाया करते थे। पंतजी का संगीत का ज्ञान भी उनकी कविता की अलग से पहचान और उसकी छाप छोड़ता था। पंतजी सरकारी संस्थानों से जुड़ गये थे। ऑल इंडिया रेडियो के इलाहाबाद केन्द्र पर मैंने कई वर्ष उनके साथ बिताए। अपने जीवन के अन्तिम दिनों में पंतजी परिमल से खिन्न और उत्तरोत्तर उदासीन हो गए। उनको लगा कि उस समय परिमल की सामूहिक आलोचनात्मक चेतना ने उनके रचना संसार को वह मान और सम्मान नहीं दिया जो वे सम्पूर्ण हिन्दी जगत से पाने की अभिलाषा रखते थे। वे हिन्दी में रवीन्द्रनाथ टैगोर की तरह प्रतिष्ठित होना चाहते थे और इसके लिए वे सदैव 'प्रयत्नशील' रहे। 'परिमल' से हटकर वे अपने काव्य जगत पर प्रगतिशील आन्दोलन से मुहरबन्दी की याचना सी करने की मुद्रा में आ गए थे। परन्तु हुआ कुछ नहीं, पंतजी जहाँ थे, वहीं रहे। वे जैसे आदर के पात्र थे, उतने ही आदरणीय बने रहे। काल की यह विडम्बना थी कि जब उनका देहावसान हुआ तो जाड़े की ठिठुरती कँपकँपाती सुबह में उनकी अन्तिम महायात्रा में उसी परिमल के वही कवि इकट्ठा हुए जिनसे पंतजी अपने अन्तिम समय में खिन्न और उदासीन थे। यूँ तो गिनाने के लिए यह भी सच है कि स्वयं श्री सच्चिदानंद हीरानंद वात्स्यायन 'अज्ञेय' भी अपने दुबारा इलाहाबाद प्रवास की अवधि में 'परिमल' के सदस्य कवि रहे। परन्तु उनकी सदस्यता की मान्यता परिमल के सदस्यों के बीच सदा संदिग्ध बनी रही। कारण यह भी था कि परिमल की सदस्यता प्राप्त करने का न तो कोई प्रवेश फार्म था और न उन सदस्यों की मान्य उपस्थिति के बाद उनके निकाले जाने का कोई प्रावधान लागू था। ऐसे तरल संगठन में कोई भी व्यक्ति अपनी सदस्यता बरकरार रखने या उससे कटा ताल्लुक-संबंध विच्छेद की घोषणाएँ करते हुए कहीं भी विचर सकता था। अज्ञेय बहुत बार परिमल की सामान्य गोष्ठियों में शामिल होते रहे। कविताएँ सुनते और सुनाते रहे और बहसों में हिस्सा लेते रहे। 'परिमल' ने जब भी कोई आन्दोलन छेड़ा तो अज्ञेय की उपस्थिति हमेशा देखी गयी थी। *'सप्तकों'* के प्रकाशन में

अज्ञेय ने परिमल के कई कवियों को शामिल करके उन्हें हिन्दी साहित्य में आगे आने में सहायता की। जब वे इलाहाबाद में रहे तब परिमल की गोष्ठियों में खूब आये। उन्हीं के समकालीन कवियों ने परिमल के साथ उनका नाम 'नेता' के रूप में उपहास करके जोड़ा भी। परन्तु इस तथ्य को परिमल के सदस्यों से अधिक स्वयं अज्ञेय भी समझते थे कि वे परिमल की काव्य चेतना के साथ थे भी और नहीं भी थे। अज्ञेय परिमल के युवा रचनाकारों से जैसा समर्पण भाव चाहते थे, वह न मिलने पर उनका अलग-थलग हो जाना सहज स्वाभाविक ही था।

इस तरह की बुजुर्ग कवियों की सूची में बालकृष्ण राव का भी नाम बहुत बाद में परिमल में शामिल हुआ जब वे सिविल सर्विस की अफसरी से रिटायर होकर इलाहाबाद आ बसे। बालकृष्ण राव उत्तर छायावादी काल के कवियों में थे और बच्चन, सुमन तथा नरेन्द्र शर्मा आदि के हमउम्र और सहयात्री थे। वे परिमल की गोष्ठियों में अतिथि रूप में आने लगे फिर क्रमशः सदस्य हो गये। वे हिन्दी प्रेमी आई० सी० एस० अफसर होने के नाते अंग्रेजी जमाने से ही ख्यात हो गये थे। उनको सैकड़ों कविताएँ कंठस्थ थीं। कवि सम्मेलनों के मंच से श्री बालकृष्ण राव ने बड़ी प्रसिद्धि पाई थी। वे भी पहले गीत ही लिखते थे, बाद में नई कविता से प्रभावित होकर मुक्तछंद में रचनाएँ करने लगे। *'रात बीती'* नाम से उनका एक संकलन चर्चित हुआ था। उन्होंने *'माध्यम'* नामक साहित्यिक पत्रिका का सम्पादन भी प्रयाग से ही किया जिसमें परिमल के कवियों को प्रकाशन का एक सक्रिय मंच उपलब्ध हुआ।

हिन्दी कविता ने 'परिमल' की अभूतपूर्व गोष्ठियों, उत्तेजक और स्थायी महत्त्व की साहित्यिक मुद्दों वाली बहसों-अपने समय की अत्यन्त सार्थक मौलिक रचनाओं के प्रकाशनों, नई चेतना की वाहक पत्रिकाओं के माध्यम से छायावाद के अंतिम कालखण्ड से लेकर नई कविता के उद्भव, विकास और उसकी महत्त्वपूर्ण उपलब्धियों तक की यात्रा की। ऐसी चेतना और कृतित्व देने वाला देश के किसी साहित्यिक आन्दोलन में दुर्लभ है। इस साहित्यिक सर्जनशील यात्रा में अनेक स्वनामधन्य और गुमनाम हुए व्यक्ति शामिल हुए। कुछ थोड़ी दूर चले फिर ठहर गये : कुछ काफी दूर चलकर भटक गये : कुछ लकीर पीटते रह गये और कुछ अपनी मंजिलों की तरफ कदम बढ़ाते गये। इन कवियों ने जितनी विभिन्न दिशाओं में काम किया वह अपने में आश्चर्यजनक है। इनमें कई रचनाकार ऐसे भी हुए जिन्होंने हिन्दी साहित्य में क्रान्तिकारी परिवर्तनों की सहज ही शुरुआत कर दी।

नई कविता की विधा में ऐसे विषयवस्तु-कथ्य और शिल्प दोनों का ही पहली बार परिमल के रचनाकारों-विशेषतः कवियों द्वारा प्रयोग हुआ जिसमें पुराने पड़ चले प्रतिमानों को नई चुनौती दी गई। प्रयोग की सार्थकता मात्र कुतूहल तक ही सीमित नहीं थी जैसा कि उसी समय चलाये गये कविता के अजूबा आन्दोलन *'नकेनवाद'* या *'लिंग्वादल मोतवाद'* या *'सूर्योदयी-सनातन कविता'* किस्म की चीजें सामने लाई जा

रही थीं। परिमल के कवि रचनाकारों ने भारतीय कविता की एक नई पहचान बनाई, उसे परम्परा से जोड़ते हुए और उससे हटकर ऐसी कृतियाँ सामने आईं जिनसे सार्थक और कालजयी साहित्य की प्रतिष्ठा हुई। इस तथ्य को प्रयत्न साध्य होकर भी सहज नकारा नहीं जा सकता।

कविता के विस्तृत संसार में नए भावबोध की पहचान के इतने व्यापक आन्दोलन नई से नई प्रतिभाओं को सामने लाने और उन्हें मंच प्रदान करने का श्रेय, उनके द्वारा रचे गये नूतन और विशिष्ट काव्य संग्रहों की पहचान, काव्य की नई कसौटियों की स्थायी मूल्यों वाली स्थापनाएँ और जागरूक पाठक और रसिक भावक की रूढ़ि चेतना में नये रसबोध का स्फुरण एवं जागरण—साहित्य का यह इतिहास केवल परिमल के कविता आन्दोलन को साक्ष्य रख कर ही बनाया जा सकेगा।

इसमें महत्वपूर्ण बात यही है कि 'परिमल' के मंच से जो समर्थ कवि उभर कर आए, वे इस पृष्ठभूमि से जुड़े रहने में अपनी सार्थकता महसूस करते रहे। उन्होंने इस बात का कभी गुमान भी नहीं किया कि उन्होंने कविता का एक नया इतिहास अपने समय में रचा। यही परिमल की काव्य चेतना की सहज उपलब्धि है। यही चेतना उन्हें कोई विशिष्ट नहीं, वरन 'सहज मानव' के रूप में प्रतिष्ठित कर सकी।...

■

[illegible]

[illegible]

[illegible]

अब कविता में संगीत लौटाना मुश्किल है

अब कविता में संगीत लौटाना मुश्किल है

शब्दों को एक खास तरतीब में सजाने की उच्चतम कला ही कविता बन जाती है। तरतीब में सजे हुए वे शब्द अकसर ऐसे अर्थों की अनुगूँज देते हैं जो सामान्यतः अपनी स्वतन्त्र सत्ता की इकाई में देने में असमर्थ रहते हैं। अर्थ की यह अनुगूँज अकसर स्वयं कविता लिखने वाले के लिए भी अपरिचित होती है। वह इन शब्दों के द्वारा अपना आकार या स्वरूप ग्रहण करने के बाद ही अपरिचय के अनेक लोकों का साक्षात्कार करा देती है।

परन्तु शब्द की यह सत्ता पुनः अपना अस्तित्व खोकर एक जीवन्त अनुभव में परिवर्तित हो जाये यह किसी भी सार्थक कविता के लिए चुनौती ही है। इस रासायनिक प्रक्रिया को प्राप्त करने के लिए शब्दों की इस तरतीब को गलाकर उसे और भी सूक्ष्म अर्थात् स्वर के किसी छन्द-बन्ध में चक्राकार करना आवश्यक होता है। इसीलिये शिखर स्पर्श करने वाले कवियों की रचनाएँ संगीत की इस रासायनिक प्रक्रिया से गुज़रकर ही कालजयी भूमिकायें प्राप्त करती रही हैं।

तुलसी, मीरा, सूर, कबीर की काव्यकृतियाँ संगीत के भीतर इतनी धँसी हुई हैं कि उत्कट प्रयास करने पर भी उनकी पदावली को गद्य की तरह पढ़ना कठिन हो जाता है। यह भी कहा जा सकता है कि इन कविताओं पर यदि संगीत का इतना काल निरोधी मुलम्मा चढ़ा न होता तो समय ने उन कविताओं को भी बहुत कुछ बरतरफ कर दिया होता।

हिन्दी साहित्य में कविता का स्वर्णयुग भक्तिकाल ही माना जाता रहा है। इस काल के कवि—चाहे वे कृष्ण-गाथा के गायक हों या चाहे रामकथा के—वे चाहे निर्गुण और निराकार उपासना पद्धति के भीतर अपनी अभिव्यक्ति कर रहे हों या चाहे सूफियाना कलाम में अपनी सार्थकता की खोज कर रहे हों—उनके आध्यात्मिक लगाव की भिन्नता के बावजूद संगीत की घुलाव वाली रासायनिक प्रक्रिया के बीच उन सबकी सजगता लगभग एक जैसी ही थी। विद्यापति से लेकर रहीम और रसखान तक काव्य की संगीतात्मकता के प्रति अपनी गहरी जानकारी का परिचय देते हैं। कृष्ण काव्य के कवि गायकों में महाप्रभु वल्लभाचार्य के अष्टछाप शिष्यमंडली में कुछेक तो मूलतः संगीतकार ही थे, जिन्होंने लीला वर्णन की कविताएँ भी लिखीं। कवि घनानन्द जैसे गहरी अनुभूति के रचनाकार स्वयं अच्छे गायक थे। लोक श्रुति के अनुसार वे अपने वृन्दावन-प्रवास में मन्दिरों में लीलापद और आरती स्वयं गाते थे। आज भी वे पद प्राप्य

है और गाये जाते हैं। घनानन्द स्वयं भक्ति और रीतिकाल के सेतु के रूप में पहचाने गये हैं।

आधुनिक हिन्दी के शुरुआती दिनों में स्वयं भारतेन्दु हरिश्चन्द्र संगीत में पगे हुए रचनाकार थे। उनकी कृतियों में गेय पदों की भरमार है, चाहे नाटक हो या अन्य रचनावली। वे भक्ति पदों में भी संगीतात्मकता का विशेष ध्यान रखते थे। लावनी स्वयं गाते भी थे और उस छन्द में लिखते भी थे। भारतेन्दु के रचे हुए पद अब भी आज के आधुनिक गायक बड़े उछाह के साथ गाते हैं (यह बात दूसरी है कि उन्हें गाते समय आज के गायकों को यह पता भी नहीं चलता कि वे किसकी बंदिश गा रहे हैं!) खड़ीबोली के जो कवि कालान्तर में सामने आये उनमें इतिवृत्तात्मकता ऐसी छायी रही कि वे शब्द तक ही अपने को सीमित रख पाये—स्वर से उनका साक्षात्कार गहरे स्तरों पर हुआ ही नहीं—वे चाहे कविवर मैथिलीशरण गुप्त हों या पं० श्रीधर पाठक या पं० रामनरेश त्रिपाठी। संगीत की दुनिया में ये सबके सब एक तरह के 'ऊजड़ग्राम' ही रहे। राजनैतिक माहौल का बोलबाला था। उसमें गेय कविताओं का लिखना-पढ़ना ऊँची नजरों से कभी देखा नहीं गया, फिर भी *'विजयी विश्व तिरंगा प्यारा'* तो गाना ही पड़ता था और *'वन्दे मातरम्'* भी!

हिन्दी कविता में छायावाद के कवियों ने संगीत की मूल शक्ति से गहरे स्तरों पर साक्षात्कार किया। छायावादी कवियों की रचना प्रक्रिया और कवि मानस निर्मित करने का काम बहुत कुछ रवीन्द्रनाथ टैगोर की कार्यशैली से प्रतिबिम्बित होती रही है। टैगोर स्वयं अत्यन्त महत्त्वपूर्ण कवि तो थे ही वे भारतीय संगीत के समर्थ ग्रहणशील प्रेमी भी थे। वे अपनी कविताओं का गान बड़े कौशल से करते थे जिसका आकर्षण संगीत रसिकों में भी बढ़ा हुआ था। रवीन्द्रनाथ ने अपने गीतों के गायन की एक विशिष्ट शैली ही विकसित कर दी जो 'रवीन्द्र-संगीत' के नाम से प्रचलित हुई और आज भी उसके विशिष्ट कलाकार उस गायन के लिए मान्य है। अपने द्वारा स्थापित संस्था *'शान्ति निकेतन'* में उन्होंने कविता और संगीत की यह अन्योन्याश्रित शैली उत्तरोत्तर विकसित की जो ध्रुपद गायन से लेकर बंगाल के बाउलों के संगीत के मिश्रण से निर्मित थी। इसमें कई लोक धुनें भी यदा-कदा सम्मिलित हुईं जैसे— *'भटियाली'* या *'कीर्तन पदावली'* के अंश। छायावादी कवियों में प्रमुख पं० सूर्यकान्त त्रिपाठी 'निराला' बंगाल के प्रभाव को हिन्दी में सबसे अधिक लेकर आये। उन्होंने अपनी रचनाओं को स्वयं गाकर पढ़ने का अनूठा प्रयोग चलाया जो उस समय बड़े ही अचरज और कौतूहल का विषय था। पाँच-छः दशक पूर्व मैंने अपने विद्यार्थी काल में अपने पैतृक निवास फैजाबाद के एक विद्यालय में उन्हें डेस्क पर हारमोनियम रखकर स्वयं अपनी कविता को गाते हुए सुना था। फिर तो कई बार प्रयाग में 'निरालाजी' के दर्शन हुए और ऐसे कई अविस्मरणीय क्षण याद आते हैं जब वे अपने मृदुमन्द वृत्तात्मक स्वरों में विभिन्न रागों का नाम लेकर उसमें अपनी रचनाएँ गाते थे। यह बात दीगर है कि वे उन रागों में स्वरों के लगाव के

कठिन अनुशासन का पालन नहीं भी करते थे। परन्तु वे गाते थे और संगीत की यह अनुगूँज उनकी तमाम रचनाओं में बड़ी सहजता से देखने को मिल जाती है। अकसर वे अपने शब्दों को इस तरतीब में सजाते ही थे कि गाये जाने पर ही उस रचना का अर्थ उद्घाटित हो सके। फिर तो निरालाजी जब अपने अन्तिम दिनों में लगभग आत्मलीन हो गये थे तब तो वे प्रायः केवल गुनगुनाते ही रहते थे। अच्छा संगीत सुनने का भी उनमें जबर्दस्त शौक था।

उन्हीं के समकालीन पं० सुमित्रानन्दन पंत छायावाद के दूसरे महत्त्वपूर्ण कवि थे। उन्होंने संगीत की प्रारम्भिक शिक्षा भी प्राप्त की थी। उनकी कविताओं में संगीत का तत्त्व अत्यंत वाचाल रूप में विद्यमान रहा। वे अपनी कविताओं को बड़े सुन्दर ढंग से गाकर प्रस्तुत करते थे—*'बाँध दिये क्यों प्राण प्राणों से'* या *'बरसो हे ज्योतिर्मय जीवन'* का सस्वर गायन उनके ही मुख से सुनना एक रोमांचक अनुभव की स्मृति है। इलाहाबाद रेडियो स्टेशन पर और उससे पहले भी उनसे मेरा लगभग २०-२५ वर्षों का सम्बन्ध रहा। उनके संगीत प्रेम की अनेक यादें हैं। अपने संगीत प्रेम के कारण ही वे प्रख्यात आधुनिक नर्तक पं० उदयशंकर की नृत्य मण्डली में शामिल हुए और उनके साथ मिलकर पंतजी ने 'कल्पना' जैसी संगीत-नृत्यबहुल पहली कला—फिल्म बनाई। हमने इलाहाबाद में जब 'राग-रंजन' नाम से रसिक संगीत श्रोताओं का एक केन्द्र बनाया तो पंतजी एक लम्बे अर्से तक उस संगीत मंडल के नियमित श्रोता के रूप में हर बैठक में आते थे। कुमार गन्धर्व का गायन उन्हें काफी प्रिय था। पंतजी ने भी चाहा था कि उनके गीत रवीन्द्र संगीत की शैली में स्वरबद्ध किये जायें। ऑल इंडिया रेडियो में अपने कार्यकाल में उन्होंने कुछ गीतों को नये ढंग से बनवाने का प्रयत्न भी किया—स्वयं श्रीमती लता मंगेशकर ने पंतजी के गीत उस्ताद अली अकबर खाँ के निर्देशन में गाये भी। पुराने वक्तों में जैसी डिस्क रिकार्डिंग हुआ करती थी, उन गीतों की भी वैसी रिकार्डिंग हुई। उसकी नकल डिस्क हर केन्द्र पर बजाने के लिये भेजी भी गयी थी। यह घटना लगभग चार दशक पहले की है, परन्तु अपनी समस्त कलात्मकता के बावजूद उन गीतों ने लोकमानस को नहीं पकड़ा। पंतजी ने टैगोर की ही शैली में (बतर्ज शान्तिनिकेतन) 'लोकायतन' नाम से कला और साहित्यधर्मी संस्था चलाने की एक महत्त्वाकांक्षी योजना प्रस्तावित की थी। धन की कमी और समुचित सरकारी संरक्षण के अभाव में वह योजना रूपायित नहीं हो सकी। उस योजना में भी साहित्य और संगीत के अन्तर्सम्बन्धों के लिए काफी कुछ सोचा गया था। संगीत की भूमिका में पंत ने काव्य नाटकों की भी रचना की थी। वे अपनी रचनाओं को रागमयता के साथ बड़ी विलम्बित लय में स्वरों को खींचकर गाते थे। आकाशवाणी के कुछ केन्द्रों पर उनकी गायी हुई कविताएँ सम्भवतः अभी पुरातात्त्विक विभागों में पड़ी हों।

संगीत से अत्यन्त घनिष्ठ सम्बन्ध रखने वाली छायावाद की प्रमुख कवयित्री श्रीमती महादेवी वर्मा थीं। उनकी समस्त रचनावली स्वरों की आधार भूमि पर अपने

अर्थ खोलती हैं। महादेवी के गीत जितने अधिक गेय हैं उतने ही उनके पाठकों को अनुभव समृद्ध श्रोता बनाने में सक्षम हैं। वे संगीत जगत से अत्यन्त घनिष्ठ रूप से सम्बद्ध थीं। उन्हें संगीत के कान्फ्रेंसों और महफिलों में लगातार कई घण्टे बैठे हुए देखा जा सकता था। उन्हें मैं सन् १९५० से निजी तौर पर जानता था। पं० गंगा प्रसाद पाण्डेय की निकटता के कारण मैं कुछ-कुछ अपने संगीत से जुड़े होने का प्रमाण उन्हें दे सका था। प्रयाग में ही पचास के दशक में जब महादेवीजी ने गंगा तट पर 'साहित्यकार संसद' की स्थापना की अखिल भारतीय योजना बनाई तो उसमें उन्होंने मुझे प्रभाकर माचवे और गंगा प्रसाद पाण्डेय की सिफारिश पर तीन घण्टे का एक सांगीतिक कार्यक्रम प्रस्तुत करने की जिम्मेदारी सौंपी। मेरा पूरा परिवार उसमें लगा हुआ था। उसमें महादेवी वर्मा के गीतों पर एक नृत्य नाटिका भी हमने प्रस्तुत की—*'शलभ मैं शापमय वर हूँ।'* उक्त नृत्य नाटिका इलाहाबाद यूनिवर्सिटी की विख्यात म्यूजिक कान्फ्रेंस में पहला स्थान प्राप्त करने का गौरव पा चुकी थी। अस्तु, साहित्यकार संसद के अधिवेशन में वह कार्यक्रम देश के महान साहित्यकारों ने सराहा। महादेवीजी ताकुला (नैनीताल) में भारतीय लेखकों का एक सद्भाव-शिविर चलाती थीं। वहाँ पर भी नियमित रूप से संगीत के कुछ कार्यक्रम निष्पादित करने के लिए महादेवी जी ने फिर मुझे अपनी संगीत मण्डली के साथ ताकुला चलने का आदेशनुमा आमंत्रण दिया। वहाँ भी मैं सपरिवार गया और कई संध्यायें, संगीत और काव्य के परस्पर जुड़ाव को लेकर आयोजित हुई। महादेवीजी का संगीत के प्रति इतना गहरा लगाव था इसकी प्रत्यक्ष अनुभूति मुझे तब हुई जब वे पं० जसराज का गायन सुनकर कुछ देर तक अश्रु विह्वल स्पर्श से उनका माथा सहलाती रहीं। पं० जसराज ने गाया था—*'चितवन रोके हु ना रही'*।

कुछ समय बाद मैंने निराला की बादल सम्बन्धी रचनाओं को लेकर रेडियो पर *'बादल-राग'* शीर्षक से एक कार्यक्रम किया जिसमें मेरे मित्र श्री रघुनाथ सेठ से मैंने संगीत रचना करवाई। उक्त कार्यक्रम अपने अनूठेपन के लिए रेडियो के रोजमर्रा कार्यक्रमों से अलग एक छाप छोड़ गया। संयोग से वह कार्यक्रम महादेवीजी ने भी सुना। किसी अन्य प्रसंग में बातें करते हुए उन्होंने मुझसे कहा कि क्या तुम बादल राग की ही तरह मेरी कविताओं पर एक सम्पूर्ण कार्यक्रम इसी तरह नहीं बना सकते? तत्काल मैंने उनसे स्वीकृति में हाथ जोड़े। परिस्थितियों वश वह वचन पूरा न हो सका। अभी कुछ दिन पहले जब उत्तर प्रदेश हिन्दी संस्थान ने प्रयाग में महादेवी जी की मूर्ति स्थापित की तो मुझसे भाई लक्ष्मीकांत वर्मा ने मेरी उस वचनबद्धता की याद दिलायी। उस समय मैंने अपने जामाता युवा गायक श्री गिरीश वझलवार की सहायता से महादेवीजी के गीतों पर 'आलोक पर्व' शीर्षक से एक कार्यक्रम प्रस्तुत किया जिसे विशिष्ट संगीतज्ञों और हिन्दी के मूर्धन्य कवियों ने एक साथ बैठकर बहुत पसंद किया। महादेवीजी को मैंने कभी गाते हुए नहीं सुना। बहुत दिन पहले वे किसी सार्वजनिक काव्यपाठ की सभा में वहाँ की अशिष्टता से क्षुब्ध होकर भविष्य में काव्यपाठ न करने की प्रतिज्ञा ले चुकी थीं। उन्होंने

आजीवन उस प्रतिज्ञा का पालन किया। फिर भी एकाध अवसर ऐसे आए जब उन्होंने अपने ही गीतों में यति के गलत-सलत उच्चारण पर उन्हें गुनगुनाकर गीत की सही डोर पकड़ा दी। महादेवीजी भी 'राग रंजन' की आजीवन सदस्या रहीं और संगीत की बैठकों में अपनी उपस्थिति निरन्तर दर्ज कराती रहीं। इसी तरह निरालाजी के गीतों पर उनकी शताब्दी महोत्सव के अवसर पर एक संगीतमय कार्यक्रम मैंने प्रयाग में किया।

बनारस का आम आदमी यूँ भी अपने सहज रूप में कजरी, चैती, लावनी, होरी आदि लोकसंगीत से जुड़ा ही रहता है। कुछ ज्यादा अभिरुचि बढ़ी तो वह ठुमरी, दादरे में भी गति रखता है। छायावाद के मुख्य स्तम्भ कविवर जयशंकर प्रसाद भी संगीत की इस परम्परा को बड़े मनोयोग से रुचि लेकर सुनते थे—ऐसा उनके अभिन्न मित्र स्व० पं० वाचस्पति पाठक ने बताया था। उनके काव्य में गीतात्मकता अनुस्यूत है। स्वयं प्रसादजी गाते थे या नहीं—इसकी जानकारी तो नहीं है, किन्तु उनके नाटकों में जो गीत आये हैं उनकी संगीतात्मकता इस बात का प्रत्यक्ष प्रमाण है कि प्रसादजी इस विधा में कितनी दखल रखते थे।

छायावाद से निकलती हुई पीढ़ी में जहाँ सर्वश्री नरेन्द्र शर्मा, बच्चन, दिनकर, सुमन, अंचल आदि तमाम सार्थक कवि सामने आये उनमें कुछेक की ही संगीत में गहरी रुचि होने के तत्त्व मिले हैं। विशेष रूप से बच्चन जी के काव्य गायन की अनेक धुनें और तर्जें स्वयं उन्हीं की बनाई हुई होती थीं—*'मधुशाला'* से लेकर *'इसीलिए खड़ा रहा'* तक और उसके बाद भी उनकी हर कविता काव्यगायन के अपने आप में अनूठे उदाहरण हैं। उन्हें ताल और लय का तथा लोक धुनों की भी अच्छी सम्पदा विरासत में मिली थी। पं० नरेन्द्र शर्मा भी संगीत के अच्छे प्रेमी और पारखी थे। आकाशवाणी एवं फिल्म जगत से जुड़ने पर उनकी यह अभिरुचि और प्रतिभा कई स्तरों पर विकसित हुई। दुर्भाग्य है क्रि संगीत की पृष्ठभूमि में उनके काव्य संसार का मूल्यांकन और जैसी प्रतिष्ठा होनी चाहिए थी वह नहीं हुई। बकिया लोग तो अपनी कविताओं को गद्य में ही खींच ले गये। इसी पीढ़ी के उत्तरार्द्ध में शम्भुनाथ सिंह भी एक ऐसे कवि के रूप में सामने आये जिनको लयात्मकता और विभिन्न छन्दों के गायन अपने ढंग से प्रस्तुत करने की अभूतपूर्व क्षमता प्राप्त थी। उनकी रचना *'समय की मधुर शिला पर मधुर चित्र कितने...'* से लेकर *'टेर रही प्रिया तुम कहाँ'* तक में उनकी बहुआयामी पकड़ देखने को मिलती है।

नयी कविता से जुड़े तमाम कवियों में संगीत से कटे हुए लोगों की भरमार है। स्वयं नयी कविता के अगुआ स० ही० वात्स्यायन 'अज्ञेय' संगीत को अपनी कविता की शक्ति के रूप में विकसित नहीं कर सके। अपनी इस असमर्थता को उन्होंने तो काव्य में संगीत के विरोध का एक सिद्धांत जैसा ही बना दिया। उनके सप्तकों में संग्रहीत अधिकांश कवियों की यही धारणा जकड़ बन्द होती चली गयी। कविता अंततः केवल ऐसे शब्दों तक ही सीमित हो गयी जिन्हें न तो गलाया जा सकता था और न उनके अर्थों

से अपरिचित अनुगूँज ही निकाली जा सकती थी। आश्चर्य है कि नयी कविता के महत्त्वपूर्ण कवि आज के भारतीय संगीत से रसिकों के रूप में जुड़े हुए रहे जिनमें स्वयं घनिष्ठ रूप से रघुवीर सहाय, नरेश मेहता, जगदीश गुप्त, गिरिजा कुमार माथुर या राम विलास शर्मा और मंगलेश डबराल तक के नाम सहसा याद आ रहे हैं। औरों के बारे में मेरी जानकारी कम है तो भी कुछ ऐसे भी हैं जो संगीत की अपनी अभिरुचि को अपनी सौंदर्यपरकता का अतिरिक्त आयाम दिखाने की मुद्रायें रखते हैं। इनमें कवि भी हैं और आलोचक भी।

■

'तार सप्तक' की अर्द्धशती

‘तार सप्तक’ की अर्द्धशती

‘तार सप्तक’ छायावादी कविता के दौर में तत्कालीन काव्यधारा को चुनौती देता हुआ एक काव्य संग्रह स० ही० वात्स्यायन ‘अज्ञेय’ के सम्पादन में प्रकाशित हुआ था। इस *‘तार सप्तक’* के प्रकाशन को पचास वर्ष हो गये। इसमें कुल जमा सात कवि थे। उनके नाम यूँ हैं—सर्वश्री रामविलास शर्मा, नेमिचन्द्र जैन, प्रभाकर माचवे, गजानन माधव ‘मुक्तिबोध’, भारतभूषण अग्रवाल, गिरजा कुमार माथुर और स्वयं अज्ञेय। कालान्तर में आलोचकों ने यह पाया कि इन कवियों की संकलित कविताओं में उतना काव्य-गुण नहीं था जितना महत्त्वपूर्ण उनका अपनी कविताओं के बारे में वक्तव्य। इन कवियों को ‘राहों में अन्वेषी’ की संज्ञा दी गयी। दावा यह किया गया था कि ये कवितायें छायावादी मानसिकता से भिन्न हैं, लेकिन खोजने पर उन सबके भीतर मूल बीज छायावादी कविता के ही मिले। इसमें संग्रहीत कुछ कवियों ने बाद में कविता का माध्यम ही छोड़ दिया। पहले इन पर जो ‘रूपवादी’ और बाद में ‘प्रयोगवादी’ होने का आक्षेप लगाया गया, उन्हें नकारकर अधिकांश प्रगतिशील खेमे में शरणार्थी हो गये!

इलाहाबाद में जब *‘तार सप्तक’* प्रकाशित होकर आया तब मैं इलाहाबाद में ही था। हम लोगों का साहित्यिक उन्मेष *‘परिमल’* के द्वारा आन्दोलित था। कविता के क्षेत्र में उस समय इलाहाबाद के जो मूर्धन्य शिखर थे उनके बीच इस संकलन की कोई खास प्रतिक्रिया हुई हो—ऐसा मेरी जानकारी में नहीं है। वस्तुत: इस तरह की नई काव्य चेतना की प्रतिष्ठा व्यापक रूप से तब हुई जब *‘परिमल ग्रुप’* ने ‘नई कविता’ के शीर्षक से एक काव्य-पत्रिका का नियमित प्रकाशन प्रारम्भ किया। पिछले दिनों इसी इलाहाबाद में *‘तार सप्तक’* के प्रकाशन की अर्द्धशती के अवसर पर कई साहित्यिक गोष्ठियाँ आयोजित हुईं जिनमें कई मूर्धन्य कवि और आलोचकों ने हिस्सा लिया। जैसा कि होना था—*‘तार सप्तक’* में संकलित कवियों की रचनाओं पर अधिक चर्चा न होकर बहस का केन्द्र अज्ञेय की काव्य संरचना पर जाकर टिक गया। ‘तार सप्तक’ के प्रकाशन ने अज्ञेय को हिन्दी साहित्य में प्रयोगवादी कविता के प्रवक्ता के रूप में मान्यता दिलाने में सहायता जरूर की, लेकिन जैसा हमने अभी उल्लेख किया कि हिन्दी में उस नयी काव्यचेतना की अवधारणा उसकी अभिव्यक्ति और उसका आकर्षण *‘नई कविता’* पत्रिका के निरन्तर कई अंक प्रकाशित होने से ही बनी। इन नये कवियों ने छायावाद के बाद की ऐसी सघन कवि-पीढ़ी को *‘प्रोजेक्ट’* किया जो सर्वथा अपरिचित काव्य-भूमि को तोड़कर कविता की नई पहचान बना रहे थे। यह कविता न तो सामान्य मनुष्य के भीतर पैठी हुई

रहस्यवादी चेतना को अपना कच्चा-माल मानती थी और न साधारण *'प्रगतिशील नारेबाजी'* को अपनी अभिव्यक्ति का बाजारू साधन बनाती थी। उन्होंने प्रयोगवाद के साइनबोर्ड को भी उतार फेंका।

अज्ञेय के *'तार सप्तक'* में जो भी कवि संकलित हुए वे आपसी मैत्री की विवशता या अन्य कारणों से उसमें शामिल किये गये थे! (इस तरह की बातें *'तार सप्तक'* से सम्बन्धित विवादों से बाद में प्रकाश में आई हैं!)। इसलिए भी साफ दिखता है कि अज्ञेय की कविताएँ अन्य संकलित कवियों की अपेक्षा ज्यादा भारी पड़ती हैं। अज्ञेय की पसंद से बाद में दूसरा, तीसरा और चौथा सप्तक प्रकाशित हुए। उनमें संकलित कवियों की रचनायें अधिक प्रौढ़ हैं और वस्तुतः नयी कविता की समस्त प्रकृति को रेखांकित करती हैं। इस तरह बाद के सप्तक *'तार सप्तक'* की पंक्ति में आते भी हैं और नहीं भी आते!

'तार सप्तक' के प्रकाशन के समय कई कवि जो छायावादी चेतना से भिन्न थे और अपनी रचनाओं के बल पर हिन्दी के पाठकों और श्रोताओं के बीच अपनी श्रेष्ठता की छाप लगा चुके थे, उनकी *'तार सप्तक'* में कोई शिरकत नहीं बनी। उनको बरतरफ़ करके *'तार सप्तक'* ने जिन कवियों को प्रतिष्ठित करना चाहा वे असमय ही चुक गये और कइयों ने कविता की विधा ही छोड़ दी।

जिस समय *'तार सप्तक'* का प्रकाशन हुआ, उस समय छायावाद के बाद की पीढ़ी में दिनकर, बच्चन तथा नरेन्द्र शर्मा आदि ऐसे महत्त्वपूर्ण कवि थे जिनकी साहित्यिक मान्यताओं पर *'तार सप्तक'* के प्रकाशन ने प्रकारान्तर से प्रश्नचिह्न ही लगाया। नयी-कविता पत्रिका में यदि विजयदेव नारायण 'साही' ने 'लघु मानव के बहाने हिन्दी कविता पर एक बहस' जैसे महत्त्वपूर्ण लेख में उपर्युक्त कवियों की सार्थकता को पूरे काव्य-प्रवाह में स्थान न दिया होता तो इनके जैसे कवि *'तार सप्तक'* और नयी-कविता की आँधी में विलुप्त ही हो गये होते।

'तार सप्तक' का पुनर्मूल्यांकन जब भी हिन्दी कविता का पुराना पाठक/श्रोता करेगा, उसके सामने यह तथ्य उभरकर आयेगा कि कविता की गेयता का गुण इस तरह के संकलनों ने क्रमशः छीन लिया। कविता को गाकर पढ़ने वाले लोग घटिया कवि माने जाने लगे। उनको 'गलेबाज़' कवि कहा जाने लगा! उनकी साहित्यिक गरिमा पर प्रश्नचिह्न लग गया।

कविता की प्रकृति ही ऐसी है कि वह अपने रचनाकार की निजता से ही जन्म लेती है और तमाम तरह की सार्वजनिक यात्रा करती हुई अन्ततः पाठक/श्रोता के निजी एकांत में जाकर ऐसे बीज रूप में समा जाती है जहाँ से वह उस रसिक भावक के मन में उसी के द्वारा निर्मित अनेक लोकों को जन्म देती है। इसीलिए सही कविता अपने रचनाकार से मुक्त हो जाती है और वह उस भावक की निजी-पूँजी बन जाती है। इस

निजी-पूँजी बनने की प्रक्रिया में कविता की गेयता अत्यन्त सक्षम माध्यम का कार्य सिद्ध करती है। वह निजी गुनगुनाहट के साथ ही अन्तर्मन में अपनी पैठ बनाती है। वहीं वह उस भावक के सुख-दुख को आन्दोलित और नियमित करती है। कविता से छन्द का निर्वासन एक बड़ी दुर्घटना है और वह जो विकल्प देती है वह छापे के अक्षरों से पूरा नहीं हो पाता। यह काम *'अर्थ की लय'* से भी पूरा नहीं हो सकता। *'तार सप्तक'* के प्रकाशन के बाद कविता का यह गुण छीजता चला गया। *'तार सप्तक'* के और बाद के कवियों की रचना सम्बन्धी अपनी कविता की वकालत करने का जो व्यामोह खड़ा किया गया वह निश्चित ही, अकसर उनकी रचनाओं से अधिक सशक्त और तर्कसंगत था। किन्तु जो कुछ उनकी रचनाओं से सहज ही प्राप्तव्य नहीं था वह भी इन भूमिकाओं के द्वारा उन कवियों ने अपनी रचनाओं में आरोपित कर दिया! कहीं-कहीं तो ऐसा भी हुआ है कि अपने बयान को अधिक सुप्रमाणित बनाने के लिए बाद में कविताओं में भी रद्दोबदल की गयी है। छायावादी कवियों ने भी पंत, निराला और महादेवी वर्मा ने अपनी कविताओं की लम्बी भूमिकाएँ लिखकर यह काम किया था। किन्तु उन भूमिकाओं और इन वक्तव्यों में यह अन्तर है कि वे भूमिकाएँ हिन्दी साहित्य के व्यापक फलक को भारतीय मानस में प्रस्तुत करने का संकल्प करती हैं, जबकि यह बयानबाज़ी संकलित कवियों के आत्ममोह की जहाँ वकालत करती हुई सी आती हैं—वहीं वे कुछ एक चमत्कारिक सूत्र देने भर के लिए लिखी गयी लगती हैं। इस बयानबाज़ी से जिन नयी *'राहों का अन्वेषण'* हुआ उसमें कविता की रचना-प्रक्रिया से अनुभूतिपरकता छूटने लगी और वह धीरे-धीरे वकालती बहस की गिरफ़्त में आने लग गयी। इन कवियों के पास ऐसे तर्कातीत-अनुभवों का अभाव था जो अपनी रचना प्रक्रिया से उस अपरिभाषित सत्य को नई सार्थकता और प्रासंगिकता दे सकते हों! हुआ यह कि वे उस तरह के अभारतीय संदर्भों से जुड़कर ऐसे तर्क औरं नजीरें हिन्दी मानस पर आरोपित करने लगे जो अमरबेल की तरह ऊपर ही ऊपर फैलती रहीं। इनमें जड़ों की न तो सक्षमता थी और न उनमें नये कल्ले फूटने की सम्भावनाएँ! वे केवल एक रचना तर्क प्रस्तुत करती रही हैं। आज की हिन्दी कविता विचारों के जिस चौखटे में बँध गयी है वह हिन्दी के सामान्य श्रोता से कटी हुई है। इसकी शुरुआत भी *'तार सप्तक'* के प्रकाशन से ही मानना चाहिए।

हमारी भाषा का यह दुर्भाग्य ही है कि हम अपनी कविता के साथ आज अपना जीवन नहीं जी सकते! या तो ये कविताएँ सोच विचार के भँवरजाल में ले जाकर फँसा देती हैं या वे हमें किसी आन्तरिक नपुंसकता के दबाव में छोड़ जाती हैं। आज की कविता उस रसायन को निर्मित करने में निष्फला ही रहती है जो हर रचना को आन्तरिक तर्क को गलाकर उसे अनुभवातीत रससिद्धि में परिवर्तित कर देता है। कविता की वही एक मात्र उपलब्धि हो सकती है। इसके लिए काव्य के केन्द्रीय प्रवाह की पहचान बड़ी जरूरी है।...

उपाख्यान

सेवा में,

डॉ० सत्यप्रकाश मिश्र,

सम्पादक, 'अज्ञेय और तार सप्तक'

(इला० संग्रहालय द्वारा प्रकाशित)

प्रियवर,

पिछले सप्ताह मेरे पास दिल्ली से एक सज्जन आए जो सम्भवतः अज्ञेय पर कुछ काम कर रहे हैं। उनके हाथ में *'अज्ञेय और तार सप्तक'* नामक पुस्तक थी जो कि इलाहाबाद संग्रहालय में हुई गोष्ठी पर आधारित है और आपके द्वारा सम्पादित है।

उन सज्जन ने मुझसे प्रश्न किया कि मैंने उस गोष्ठी में अज्ञेय के बारे में क्या कहा था जिसका उल्लेख प्रो० राजेन्द्र कुमार वर्मा के लेख में और फिर श्री जगदीश गुप्त के लेख में कई बार हुआ है।

मुझे सहसा ध्यान नहीं आया कि मैंने उस गोष्ठी में वस्तुतः क्या-क्या कहा था। इतना जरूर याद आया कि मैंने *'तार सप्तक'* के प्रकाशन को लेकर इलाहाबाद और तत्कालीन हिन्दी काव्य जगत की कालान्तर में होने वाली निषेधात्मक स्थितियों का उल्लेख अवश्य किया था और अज्ञेय की रचना प्रक्रिया में संगीत से उनके कटे हुए रिश्ते की बात भी सम्भवतः कही थी। यह भी याद है कि मेरे उस संक्षिप्त वक्तव्य को लेकर बड़ी उत्तेजना हुई थी और कई लोगों की प्रतिक्रियाएँ उसी गोष्ठी में इस प्रसंग में आई थीं।

यह भी याद है कि उसी समय *'राष्ट्रीय सहारा'* नामक अखबार में मेरा एक छोटा सा लेख *'तार सप्तक'* की अर्द्धशती, मुख पृष्ठ पर प्रकाशित हुआ था और संग्रहालय से मेरे पास श्री कृपाशंकर पाण्डेय संस्था के निदेशक श्री गोविन्द चन्द्र पाण्डेय का यह आग्रह लेकर आए थे कि मैं उसी लेख को इस पुस्तक में शामिल करने की अनुमति दे दूँ। मैंने उसकी भी स्वीकृति दे दी थी।

दिल्ली से पधारे हुए उन सज्जन की कृपा से मुझे उपरोक्त पुस्तक आद्योपान्त पढ़ने का 'सौभाग्य' मिला। यह देखकर किंचित क्षोभ तो हुआ ही कि न तो वह लेख ही पुस्तक में है और न वह प्रसंग ही जिसमें मैंने उपरोक्त बातें कही थीं।

यदि ऐसा किसी लापरवाही के कारण हुआ हो तो वह संग्रहालय के प्रकाशन की प्रतिष्ठा के अनुरूप नहीं है और यदि वे प्रसंग क़िसी सम्पादकीय नीति के कारण काटा, छाँटा गया हो तो फिर श्री राजेन्द्र वर्मा एवं श्री जगदीश गुप्त के लेखों से भी मेरा नाम और मेरे वक्तव्य का उद्धरण भी पूरी तरह से काटना चाहिए था। मैं नहीं जानता कि पृष्ठ (१४३, १४४, १४६ तथा १३९) पर मेरे मूल वक्तव्य को नदारद करके उस पर टिप्पणी जड़ने की 'सदाशयता' किसलिए इस पुस्तक में दर्शायी गयी है। इस समूचे प्रकरण से खिन्न होना मेरे लिए न तो असहज है और न अस्वाभाविक।

भवदीय,

केशव चन्द्र वर्मा

टिप्पणी—पत्र उन्हें यथासमय मिल गया था। मौखिक सफाई सुनी कि मेरा उपरोक्त लेख सम्पादक को प्राप्त नहीं हुआ। दुर्भाग्यवश कोई औपचारिक पत्र मुझे आज तक (१६.११.९६) नहीं भेजा गया। के०चं०व० ■

प्रगतिवादी कविता इस घाट क्यों लगी?

प्रगतिवादी कविता इस घाट क्यों लगी?

उर्दू के प्रसिद्ध शायर रघुपति सहाय 'फ़िराक-गोरखपुरी' को एक ज़माने में प्रगतिशील आन्दोलन ने अपने एक प्रमुख प्रवक्ता के रूप में पेश किया था। वे शायरी तो अपने ही ढंग की ऐसी करते रहे जो उस वक्त भी उर्दू शायरी का माहौल से सर्वथा भिन्न थी, किन्तु वे हिन्दी को अनाप-शनाप गालियाँ देने के लिए काफी 'कुख्याति (?) अर्जित कर चुके थे। प्रगतिशील आन्दोलन के कर्णधारों ने जिनमें अधिकांश उर्दूपरस्त लोग थे—फ़िराक़ साहब को काफी दिनों तक अपने गोल में बाँधकर उछालना चाहा था। फिर जैसा कि प्राय: सभी लेखकों का हुआ उनका भी कम्युनिस्ट पार्टी और तथाकथित प्रगतिशील आन्दोलन से मोह भंग हुआ। फ़िराक़ साहब को जब भारतीय ज्ञानपीठ का पुरस्कार मिला तो उनका एक सजीव इन्टरव्यू उस समय की *'दिनमान'* साप्ताहिक पत्रिका में प्रकाशित हुआ जो ख़ासा चर्चित हुआ। उसमें फ़िराक़ साहब ने साहित्य में प्रगतिशील-आन्दोलन का प्रभाव आँकते हुए कहा था—

"प्रगतिवादी आन्दोलन की आँधी तो कम्युनिज़्म की तरफ़ से साहित्य को एक हथियार बनाने को आयी थी। अब तमाशा देखिए कि आज तक पूरा प्रगतिवादी आन्दोलन एक भी ऐसी कविता या रचना नहीं लिखवा सका कि आखिर उसकी कल्पना का आदमी या उसकी दुनिया कैसी होगी? अरे! उस पर तो महाकाव्य लिखा जाना चाहिए था। लेकिन वह कर नहीं सकते थे। गाली देना आसान था, बस वही बकते रहे। इन्तिज़ाम आदमी को नहीं बनाता, आदमी को बनाते हैं उसके मूल्य-'वैल्यूज'। कर्ण, अर्जुन, तानसेन, बीथोवन, इन्हें किसी इन्तिज़ाम ने पैदा किया था या वैल्यूज़ ने?"

पच्चीस तीस बरस पहले कही हुई फ़िराक़ साहब की यह उक्ति आज भी दुर्भाग्य से—प्रगतिशील आन्दोलन द्वारा संचालित हिन्दी साहित्य की अवधारणा में न तो क्रान्तिकारी बदलाव ला सकी और न तो उसने कोई महत्त्वपूर्ण कृति ही साहित्य में प्रस्तुत की जिस पर व्यापक क्षेत्र में चर्चा हो सकती हो। नारों और वादों-विवादों की लफ़्फ़ाजियों से घिरा हुआ प्रगतिशील आन्दोलन लँगड़ाती हुई रचनाओं को जितने परिश्रम के साथ खड़ा करने की कोशिश करता रहा, उतनी ही उन रचनाओं और कृतिकारों की विसंगतियाँ उजागर होती गयीं।

हिन्दी में—खासतौर से कविता में, इतिवृत्तात्मकता से मुक्ति लेते हुए छायावाद या रहस्यवाद की जो अवधारणा आई वह किसी संगठित प्रयास से सम्भव नहीं हुई। भारतीय दर्शन-प्रकृति और मानव जीवन की संवेदनाओं से जुड़ा हुआ था। वह अदृश्य से

जुड़कर भी भारतीयता की पहचान का प्रमुख अंश बना रहा और उसी कारण हिन्दी कविता का मूलाधार भी बन सका। यह भी संयोग ही है कि छायावाद या रहस्यवाद का नाम स्वयं उस धारा के रचनाकारों का दिया हुआ नाम नहीं है वरन् उसका विश्लेषण करने वालों ने उसकी पृथकता को वर्गीकृत करने के लिए यह नामकरण किया था।

प्रगतिवाद का नामकरण जिस तरह कम्युनिस्ट विचारधारा के लेखकों ने स्वयं अपनाया उसकी कई विसंगतियाँ स्वतः ही उभरने लगीं। जिस तरह राजनीति में मुहम्मद अली जिन्ना ने नवनिर्मित इस्लामी देश को *'पाकिस्तान'* का नाम देकर अन्य देशों को अपरोक्ष ढंग से *'नापाक'* घोषित कर दिया कुछ उसी तरह इस आन्दोलन ने अपने को *'प्रगतिशील'* कहकर शेष समस्त साहित्य को अप्रत्यक्ष रूप से ग़ैर-प्रगतिशील के खाने में डाल देने का दुस्साहस (!) किया। अपनी हैसियत और वजूद को अलग घोषित करने के लिए इस तथाकथित प्रगतिशील आन्दोलन को साहित्य के क्षेत्र में अनेक शीर्षासन करने पड़े। समय-समय पर राजनीति के बदलते हुए दाँव पेंच पर आधारित रहकर उसने अपने रचनाकर्म की जैसी मजबूरी ओढ़ी उसने उस आन्दोलन को उत्तरोत्तर हास्यास्पद बना दिया। लुभावने नारों के कारण जिस 'यूटोपिया' समाज का वे एकांगी प्रचार करते थे उसके भरमजाल में फँसकर हिन्दी और उर्दू के ही नहीं अन्य भाषाओं के भी अच्छे लेखक उस आन्दोलन में शरीक होने के लिए आकृष्ट हुए थे। परन्तु आगे-पीछे उन सब का मोह भंग हुआ—'गॉड दैट फेल्ड!' (वह 'ईश्वर' ही पराजित हो गया!)। केवल दोयम दर्जे की प्रतिभाएँ उस संगठन के नाम पर यदा-कदा बची रह गयीं जो राजनीति की खपच्चियाँ लगाकर साहित्य में भी इधर-उधर मँडरा रही थीं। इस आन्दोलन के सूत्रधार स्वयं श्री सज्जाद ज़हीर (बन्ने भाई) इसके अच्छे उदाहरण हैं।

प्रगतिवाद के शुरुआती दिनों में उस आन्दोलन के प्रवक्ताओं के द्वारा जिस तरह 'प्रगति' की व्याख्या की जाती रही है उसमें बहुत कुछ ऐसा नहीं था जिसमें खाँचेबन्दी की ही मात्र वकालत की गयी हो। उस समय के मान्य आलोचक श्री शिवदान सिंह चौहान ने 'काव्यधारा' (१९५५) के सम्पादकीय में प्रगतिवादी कविताओं की चर्चा करते हुए लिखा है—

''किसी गहरी अनुभूति की कलात्मक अभिव्यंजना के बिना भी, कविता में यदि सही मानववादी दृष्टिकोण या 'सही' वामपक्षीय राजनीतिक विचार पद्यबद्ध हैं, तो उन हल्की-फुल्की तुकबन्दियों को 'नये युग' की कविता घोषित करने में हमारे कतिपय प्रगतिवादी आलोचक संकोच नहीं करते, और समझते हैं कि कोरे साधारणीकृत विचारों, सिद्धान्तों और वक्तव्यों में 'आगे बढ़ते जाने' या 'लड़ते जाने' के गर्वोक्तिपूर्ण उद्गारों और 'अँधेरा सवेरा' की टकसाली चित्र कल्पनाओं को यान्त्रिक ढंग से जोड़कर तुकों की बन्दिश में बाँध देने या मुक्त छन्द के रूप में लिख देने भर से ही कविता में 'प्रगति तत्त्व' पैदा हो जाता है। ऐसी स्थिति में काव्य की किसी भी सौन्दर्य-परक कसौटी पर इन पद्यात्मक रचनाओं को परखने का प्रश्न नहीं रहा, क्योंकि अमूर्त, विचारवस्तु शुष्क और

यथातथ्य नीरस व्यंजना भी उनकी दृष्टि में स्पृहणीय दिखायी देती है!! 'सही' सिद्धान्त कथन ही इन रचनाओं का जैसे औचित्य हो। गत पन्द्रह वर्षों में प्रगतिवादी कवियों की कविताओं के अनेक संग्रह छपे हैं। उनमें कुछ श्रेष्ठ और सशक्त कविताएँ भी हैं, किन्तु अधिकतर ऐसी हैं जिन्हें पढ़कर यह धारणा ही पक्की होती है कि इन कवियों ने काव्य के रूपाकार (फार्म) को विकृत और सतही बनाने में जैसे एक दूसरे से होड़ लगा रखी है।''

आगे श्री चौहान कहते हैं—

''हिन्दी कविता इस प्रकार दोनों दिशाओं से एकांगी बनती जा रही है। 'प्रगति' और 'प्रयोग' के समर्थकों की काव्य दृष्टियों में और भी अनेक मौलिक भेद हैं; किन्तु यहाँ केवल इतना सूचित कर देना ही हमें अभीष्ट है कि 'प्रगति' या 'प्रयोग' के नारे उठाकर हमारे तरुण कवियों ने कविता के साथ गत वर्षों में जैसा खिलवाड़ किया है, वह हिन्दी पाठकों को दायित्वहीन और एक सीमा तक उच्छृंखल भी लगा है। इन कविताओं में उन्हें न रस मिलता है न कोई गहरा व्यापक अनुभव ही, जो उनकी मूक भावनाओं और वस्तु सत्य की अरूप अनुभूतियों को वाणी और रूप देकर प्रकाशित कर दे। यहाँ कविता की सरलता और दुरूहता का प्रश्न नहीं है। न कवि के समष्टिवादी या व्यष्टिवादी दृष्टिकोण का, न पुरानी या नयी पद्धति का, और न बहुसंख्यक पाठकों में रुचि की गिरावट या समान-धर्मा अभिजात वर्गीय पाठकों की अल्प संख्या का ही। यह सब प्रश्न तभी उठते हैं, जब कविता वास्तव में 'कविता' हो-अमूर्त विचारों की तुकबन्दी या वाग्वैचित्र्य न हो।''

उसी महत्त्वपूर्ण सम्पादकीय में उन्होंने फिर लिखा है—

''प्रगतिवादी कवि केवल वर्ग-संघर्ष में भाग लेने वाले कार्यकर्ताओं तक ही अपनी उत्तेजित मनोदशा में इन पद्यबद्ध वक्तव्यों को पढ़कर पुलकित होते हैं। उन्हें कविता या साहित्य से कोई स्थायी मूल्य या अनुभव पाने की अपेक्षा नहीं रहती। इसलिए वे अभिव्यक्ति के सौन्दर्य के प्रति प्रायः उदासीन होते हैं। उन्हें तो अधिकतर काम चलाऊ चीजें चाहिए, जिनका उपयोग वे तुरन्त किसी मंच पर कर सकें। इस तात्कालिक आवश्यकता की पूर्ति करके ही 'प्रगति' का समर्थक कवि अपने को पाँच सवारों में गिनने लगता है, चाहे साधारण पाठक (जो अधिकांशतः शोषित वर्गों के ही हैं) स्वतंत्र रूप से उसकी रचनाओं को पढ़कर द्रवित और रस विभोर न होते हों। इन कवियों के अहंकार को प्रोत्साहन देने और साधारण पाठकों के सहज विवेक और सौन्दर्यबोध को कुंठित करने के लिए 'प्रगति' के वकील (ऐपॉलोजिस्ट) आलोचकों और सम्पादकों का एक गिरोह पैदा हो गया है। उनका तर्कजाल इन कवियों को भी गुमराह करता है और पाठकों में भी हीन भावना पैदा करके एक विकृत और छिछली कला-रुचि फैलाता है। उनके तर्कों का सार यह है—तुम्हें (साधारण या प्रबुद्ध पाठकों को) ये प्रगतिवादी कविताएँ पसन्द नहीं हैं? इनमें रस नहीं मिलता? तो निश्चय ही तुम प्रतिक्रियावादी हो, तुम्हारे

संस्कार बुर्जुआ हैं, तुम *'कला-कला के लिए'* के समर्थक हो, कलावादी हो, रूपवादी हो, जनता से विमुख हो, जनता की अनलंकृत भाषा के विरोधी हो! तुम सत्य नहीं चाहते; केवल शब्दों का इन्द्रजाल तुम्हें रुचता है। क्या कहा? सत्य चाहते हो, जनवादी हो? तो फिर इन कविताओं में 'सत्य ही तो व्यक्त है। ये कवि ही तो सच्चे जनवादी हैं। कबीर, तुलसी और भारतेन्दु अपने समय के सच्चे जनवादी कवि थे, उन्होंने जनभाषा में लिखा, उनकी परम्परा को वर्तमान युग की आवश्यकताओं के अनुसार ये कवि ही तो विकसित कर रहे हैं। ये कविताएँ तुम्हें अभी नहीं रुचतीं क्योंकि तुम अभी इस युग की समस्याओं के प्रति सचेत नहीं हो, लेकिन भविष्य की कबिता पलायनवादी और कल्पनालोक में विहार करने वाली नहीं होगी, बल्कि उसमें जीवन के ठोस पदार्थों की अभिव्यक्ति होगी, जो इन कविताओं में पर्याप्त हैं।' इस प्रकार के युक्तियुक्त लांछनों और उपदेशों को सुनकर इस कविता को तुच्छ और रद्दी कहने का साहस किसे होगा? साधारणतया कोई व्यक्ति अपने को प्रतिक्रियावादी नहीं मानना चाहता।"

शिवदान सिंह चौहान कविता और उसके रसज्ञ पाठकों के रिश्ते के बारे में भी कहते हैं—

"आधुनिक पाठक जैसे कविता के बीहड़ जंगल में फँस गया है! वहाँ समाज को दोषी ठहराने वाली कर्कश आवाजें तो सुनायी देती हैं, लेकिन कविता की रसधारा नहीं बहती। स्वयं उस बेचारे को प्रतिक्रियावादी दकियानूसी या मूर्ख कहकर लांछित तो किया जाता है लेकिन उसकी विश्वबोधिनी चेतना को गहरी अंतर्दृष्टि और उसकी भावनाओं को गहरा मानवीय संस्कार नहीं दिया जाता। ऐसे में यदि पाठक का दम घुटता है और वह इस जंगल से जान छुड़ाकर निकल भागने को छटपटाता है, तो इसमें आश्चर्य की कौन सी बात है?"

शिवदान सिंह चौहान प्रगतिवाद के शुरुआती दिनों के गम्भीर आलोचक और व्याख्याता माने गये हैं। 'काव्यधारा' नामक पत्रिका के एकमात्र अंक में उन्होंने जैसी और जितने कवियों की रचनाएँ संकलित कीं और प्रगतिवाद की जैसी दो टूक आलोचना की उससे हिन्दी के काव्य संसार में कोई बड़ी विध्वंसात्मक हलचल नहीं मची। यद्यपि उन्होंने अपने उसी सम्पादकीय में 'प्रयोगवाद' को तथा 'रूपवाद' को अपने व्यंग्य का निशाना जरूर बनाया था परन्तु यह भी एक विडम्बना ही थी कि जिस 'प्रयोगवाद' पर चौहान जैसे लोग आक्रामक हो रहे थे वह साहित्य से स्वयं ही विलुप्त हो गया। उसी तरह 'अस्तित्ववाद' का भी नारा हिन्दी में उछला और वह भी कोई जमीन नहीं पकड़ सका। गिरा और ध्वस्त हो गया।

वस्तुतः कविता में *'नयी कविता'* के आन्दोलन ने एक ऐसी विशिष्ट और सशक्त चेतना की प्रतिष्ठा की जिसने छायावाद और रहस्यवादी धारा को अपने छन्द विधान, शब्द चयन, वैचारिकता, बिम्ब और प्रतीक विधान तथा भारतीय रसमयता के विभिन्न आयाम एक साथ अपने में समो कर काव्य के सामर्थ्य की नई चुनौतियाँ स्वीकार कीं।

इस प्रकार के काव्य आन्दोलन की जड़ें भारतीय चिंतन के इतने गहरे आयाम में आधारित थीं कि उनसे पहले के काव्यबोध के कीर्तिमानों पर सहज ही प्रश्नचिह्न लगने लगा। जितना विरोध छायावादी काव्यधारा से इस *'नयी-कविता'* का नहीं हुआ, उतना अपने ठीक पूर्ववर्ती कवियों जैसे दिनकर, अंचल, सुमन, भगवतीचरण वर्मा आदि की कविता की समझ से टकराव हुआ। अज्ञेय भी यद्यपि उसी पीढ़ी में थे और उनकी प्रारम्भिक कृतियाँ उसी पंक्ति में जा बैठती थीं, परन्तु उन्होंने अपने उत्तरकाव्य रचनाकाल में स्वयं को उस गीतिवादी परम्परा से क्रमशः काट लिया और वे अपने ऐसे सहयोगी कवियों की तलाश करने लग गये जो उनकी नई मनोभूमि के सहयात्री हों! *'तार सप्तक'* में संग्रहीत नए कवियों की यही तलाश रेखांकित हुई है।

काव्य की उस नई चेतना के आन्दोलन में प्रगतिवाद एकदम अकेला पड़ गया। बाद की साहित्यिक बहसों में जहाँ छायावाद तो हिन्दी कविता की परम्परा के लिए अनिवार्य सिद्ध होने लगा वहीं नई-कविता के पूर्ववर्ती गीतकारों को अपनी जमीन ढूँढ़ना कठिन हो गया। एक अजब सी फिसलन, बिछलन और भगदड़ की स्थिति उस समय के साहित्यिक माहौल में व्याप्त थी। जहाँ नरेन्द्र शर्मा, 'सुमन' और 'अंचल' जैसे कवि अपने को प्रगतिवाद से किसी स्तर पर जोड़ना चाह रहे थे—वहीं 'दिनकर' राष्ट्रीयता से और 'बच्चन' मानवीय संवेदनाओं के इकलौते कवि होकर प्रसिद्धि पा रहे थे। भगवती बाबू भी कविता के क्षेत्र से खिसककर उपन्यासों की विधा में शरण ले रहे थे, यद्यपि वे—*'भैंसा गाड़ी'* या *'हम दीवानों की क्या हस्ती'* जैसी काव्य रचनाएँ भी लिखते जा रहे थे। *'तार सप्तक'* में अज्ञेय द्वारा जो कवि अपनी सवक्तव्य रचनाओं के साथ चुने गये थे उनमें सर्वश्री रामविलास शर्मा, नेमिचन्द्र जैन और शमशेर बहादुर सिंह जैसे लोग भी थे जो प्रगतिवादी आन्दोलन में भी सक्रिय थे। उस रमझल्ले में कौन कहाँ किसके साथ है—यह स्पष्ट रूप से कह पाना कठिन ही था। परन्तु यह तथ्य सर्वमान्य हो चुका था कि प्रगतिवाद कम्युनिस्ट पार्टी का एक साहित्यिक मोर्चा मात्र है। यही बात उर्दू शायर फ़िराक़ साहब ने उपर्युक्त उद्धरण में साफ-साफ कही है। द्वितीय महायुद्ध के समय रूस की कूटनीतिक एवं राजनैतिक उलटफेर के कारण द्वितीय महायुद्ध को जिस तरह बाद में 'जनयुद्ध' (पीपुल्स वार) की संज्ञा दी गयी और उससे संचालित प्रगतिवादी धारा जिन रास्तों से गुज़री उन्होंने उसे भारतीय साहित्य में अजब विसंगतियों के बीच ला खड़ा किया। उत्तरोत्तर भारतीय राजनीति में कम्युनिस्ट पार्टी भी रूसोन्मुख होकर भारतीय स्वतंत्रता संग्राम से कट गयी। उसी के फलस्वरूप प्रगतिवादी आन्दोलन से जुड़े हुए रचनाकार भी हिन्दी में त्रिशंकु की स्थिति में पहुँच गये। प्रगतिवाद अपने को कम्युनिस्ट पार्टी से अलग नहीं कर पाया और उससे जुड़े हुए रचनाकारों पर उसके दुःखद परिणाम बाद में देखने को मिले। वे अपनी रचनाधर्मिता को किसी ऐसी मुख्यधारा से जोड़ नहीं पाये जो भारतीय जीवन की परम्परागत मान्य मूल्यदृष्टि रही थी।

इसके ठीक विपरीत जो आन्दोलन 'नयी कविता' के नाम से हिन्दी जगत् में सर्वथा

नवीन चेतना के रूप में प्रस्फुटित और विकसित हुआ उसके रचनाधर्मियों में तमाम ऐसे लोग थे जो भारतीय जीवन मूल्यों को अपनी पहचान का अंग मानते थे। उनकी विचारधारा पर महात्मा गाँधी, नेताजी सुभाषचन्द्र बोस और डॉ० राममनोहर लोहिया जैसे चिन्तकों और राष्ट्रनेताओं का प्रभाव अप्रत्यक्ष रूप ही सही, किन्तु सघन था। वे भी समाज की विषमता को दूर करने के लिए कृत संकल्प थे, परन्तु उन्होंने द्वन्द्वात्मक वर्ग संघर्ष की प्रक्रिया को ठीक उसी तरह नहीं माना जैसा कि कम्युनिस्ट पार्टी की विचारधारा और फलतः प्रगतिवादी लेखकों के लिए अनिवार्यता बन चुकी थी। विजयदेव नारायण साही ने अपने प्रसिद्ध लेख 'मार्क्सवादी समीक्षा और उसकी कम्युनिस्ट परिणति में' इस प्रवृत्ति का विस्तार से घनीभूत विश्लेषण किया है (देखिए 'छठवाँ दशक')। चूँकि नयी कविता का आन्दोलन चलाने वाले रचनाकारों में 'परिमल' के सदस्य सर्वाधिक सक्रिय थे और वे लोग 'नई कविता' नाम की पत्रिका निकालकर अपनी मौजूदगी की सार्थकता निरन्तर घोषित कर रहे थे, इसीलिए प्रगतिवादी-आन्दोलन के हमले का मुख्य लक्ष्य 'परिमल' और उसकी नई कविता सम्बन्धी मान्यताएँ ही थीं। प्रगतिशील-अन्दोलन बनाम 'परिमल' की वैचारिक लड़ाई जैसी बन गयी। इस 'लड़ाई' का केन्द्र भी इलाहाबाद ही रहा।

प्रगतिवादी कवि श्री केदारनाथ अग्रवाल अपने मित्र मार्क्सवादी आलोचक डॉ० रामविलास शर्मा को एक पत्र में (२४-२-५९) लिखते हैं—

" 'नई कविता' की समस्या दूसरे को स्पर्श न कर सकने की मूल समस्या है। इसी समस्या की पर्तों को कुरेदने पर अन्य समस्याएँ भी सामने आ खड़ी होती हैं। प्रयाग विश्वविद्यालय में जयंती के समय हुए कवि सम्मेलन में नये कवि बिल्कुल नहीं जम सके थे। कोई सुनता ही नहीं था। अज्ञेय तक असफल रहे। बच्चन भी बोल गये थे। डाक्टर जगदीश आदि का हाल भी बुरा था। जनता के सामने जमना कविता के लिए बहुत जरूरी है।" ('मित्र संवाद' पृष्ठ २१५)।

इसी मानसिकता में फँसे हुए उक्त पुस्तक में केदार बाबू ने अपने एक अन्य पत्र (१-४-५७) में उन्हीं रामविलास शर्मा को लिखते हुए 'परिमल' के सदस्यों पर अपना आक्रोश व्यक्त किया—

"मुझे पहली बार प्रयाग से रेडियो कवि-सम्मेलन में बुलाया गया था। मैंने केवल 'दिन के दिये' व एक अन्य ६ पंक्तियों की कविताएँ सुनायी थीं। पहले तो उस Hostile वातावरण में 'परिमलियों' के बीच घुटन मालूम हो रही थी। परन्तु फिर जब मैंने जमकर सुना दिया और वाह-वाह हुई तो उनके मुँह देखकर खुश हो गया। वे चेहरे—*'पत्थर के पुराने'* से हो गये थे। मजा तो यह था कि पी०सी० गुप्ता व भैरव प्रसाद गुप्त और २/३ साथी बिना बुलाए ही वहाँ मेरे कविता पाठ तक बैठे रहे। फिर चले गये। उनकी उपस्थिति भी मेरे लिए प्रोत्साहन का काम कर रही थी। मैं उनका अवश्य ही कृतज्ञ हूँ। अज्ञेय महोदय भी थे। उनसे मैंने नमस्कार मारी पर चेहरा उनका विकृत

हो गया, मगर जवाब देना इस सभ्यता का तकाजा था—इसीलिए उन्होंने बरफ से ठंडे गिलास से अपना मुँह निकाल उसका उत्तर दिया। फिर न बोले एक शब्द। और उन बड़े 'भारती' का हाल सुनो। यार मेरा जानकर भी अनजान बना रहा। देखकर भी आँखें मूँदें रहा। मैंने उन्हें देखा व उनके अन्दर जाकर उनकी परेशानी पहचानी। वह जूनियर कवि थे इसलिए मैंने उनको अपना सलाम नहीं दिया। भला वह कैसे इस डॉ० कवि को नमस्कार करते? मैं इसे समझकर खूब खुश हुआ "वाह रे घमण्ड—घटोत्कच! वैसे तो हमें सब दोष देते रहे हैं कि हम बड़े बदतमीज हैं। पर इन सियारों को कोई नहीं कहता। बहरहाल, मजमें में मैंने उनके धुएँ देखे। नयी चीज थी मेरी। ताजा रंग था। पंत जी ने भी प्रशंसा की। परन्तु बड़ी छोटी थी। यही शिकायत थी सबको। परन्तु तुम जानते हो कि मैं देर तक पढ़ता तो उखड़ जाता।"

यद्यपि आलोचक डॉ० रामविलास शर्मा की कविता की समझ इन सम्बोधित पत्रों में जैसी मुखरित हुई है उसे देखकर आश्चर्य ही होता है कि सूरसागर का ऐसा पद भी उनके वर्ग संघर्ष के खाँचों को ध्वस्त करता हुआ उन्हें आकृष्ट करता है। डॉ० रामविलास शर्मा ने अपने पत्र (१६-५-१९५७) में केदार बाबू के उस पत्र का जवाब देते हुए सूरदास का यह पद उद्धृत करते हुए लिखा है कि रासलीला का सारा चित्र 'दृष्टा के सामने मानो मंत्र के प्रज्ज्वलित अक्षर स्वत: अवतरित हुए हों'—

"पहले सूर का दिव्य दर्शन देखो! रास का चित्र है। कल्पना के रंगों में सूर की संवेदनाओं ने ढलकर ज्योति के पत्र पर कैसा अमर चित्र आँका है—वर्ण-वर्ण, रेखा-रेखा सजीव है, सारा चित्र इतना सर्वांग-सम्पूर्ण मानो दृष्टा के सामने मंत्र के प्रज्ज्वलित अक्षर स्वत: अवतरित हुए हों—

अरुझी कुंडल लट, बेसरि सों पीत पट, बनमाल
बीच आनि उरझे, हैं दोउ जन।
प्राननि सौं प्रान, नैन नैनहिं अटक रहे, चटकीली
छवि देखि लपटात श्याम घन।
होड़ा-होड़ी नृत्य करैं, रीझि रीझि अंक भरैं
'ता ता थेई थेई' उछटत हैं हरसि मन।
सूरदास प्रभु प्यारी मण्डली जुवति भारी नारि की
आँचल लै लै पोंछत हैं स्त्रमकन।

यहाँ तो कुंडल में उलझी हुई लट से लेकर नारि के अंचल से स्त्रमकन पोंछने तक हर 'डिटेल' (वाल्ट विटमैन 'डैन्डिलयन' कविता सी) पूर्ण हैं और उन सब 'डिटेल' से मिलकर बने हुए पूरे चित्र की पूर्णता भव्यता का क्या कहना। उल्लास का ऐसा चित्र और कहीं देखा है? कृष्ण के कुण्डलों में राधिका की लट, राधा की बेसर में कृष्ण का पीत पट उलझे [उलझा] हैं [है] नृत्य घनीभूत हैं न! बनमाल में दोनों ही उलझ गये

हैं। होड़ करके नाचते हैं। सामन्ती निषेधों की बेड़ियाँ पैरों में नहीं हैं इसलिए प्राक् सामन्ती संमाज की स्वच्छन्दता के ताल पर नाच रहे हैं। प्राणों से प्राण, नैनों से नैनों का मिलना रवीन्द्रनाथ—निराला की प्रेम सम्बन्धी तल्लीनता—सूर ने पहले ही देख ली है। रीझ रीझ कर अंक भरना; ताता थेई-थेई उछटत पर जब मृदंग पर थाप पड़े तब नाद की नसेनी पर मन सुन्न महल पर पहुँच जाये। मण्डली जुवति है; अनेक नाचने वाले हैं। सामूहिक उल्लास है। फिर समग्र क्रिया की पूर्ति के फलस्वरूप आँचल के स्रमकन पोंछना-रस निष्पत्ति की पराकाष्ठा है।

एक तरफ तो रसबोध का यह आयाम है और दूसरी तरफ *'परिमल'* का जिक्र आते ही वे भी अपनी कुंठा से मुक्त नहीं हो पाते—

'वे चेहरे *'पत्थर के पुराने'* से हो हो गये थे।' परिमलियों का यह गद्य वर्णन खजुराहो के पद्य वर्णन से कितना ताजा है। परिमलिए वैसे ही घुटनवादी हैं! उनसे तुम्हें घुटन लगी हो तो कोई आश्चर्य नहीं। अज्ञेय का चेहरा वैसे ही विकृत रहता है। तुम्हें देखकर और विकृत होना उसका प्रकृत गुण मानना चाहिए। बरफ के ठंडे गिलास से उन्होंने मुँह खूब निकाला—बरफ से भी ज्यादा ठंडा। घमण्ड घटोत्कच की धर्मवीरता को तुमने धुआँ कर दिया—बधाई।''

एक तरफ तो प्रगतिवादी को अपनी विचारधारा की प्रामाणिकता भारतीय सन्दर्भ में सिद्ध करने के लिए तमाम तरह के ऐसे शीर्षासन करने पड़ रहे थे जहाँ वे अपने अस्तित्व के स्पष्टीकरण भारतीय सन्दर्भों में देना चाहते थे और दूसरी ओर अपने विरोधियों पर 'जंगखोर', 'अमरीकी एजेंट' का बिल्ला भी चिपकाना चाह रहे थे। पहली मुहिम पर तो प्रगतिशील आलोचकों ने यह अभियान शुरू किया कि वे हिन्दी के मान्य और सर्वस्वीकृत साहित्यकारों को ही प्रगतिशील विचारधारा के आदि प्रवर्तक सिद्ध कर सकें। इस घेरेबन्दी में प्रेमचन्द जैसे कथाकार तो उनकी खत्ती में आसानी से खींच लिये गये-लेकिन जब उन्होंने इसी मोर्चे के तहत तुलसीदास, सूरदास और कबीर आदि को भी प्रगतिशीलता के उस बने बनाये खाँचे में डालकर परोसना शुरू किया तो सारा अभियान एक दुष्चक्र की भाँति उजागर होने लगा और फलत: हास्यास्पद हो गया। इसी अभियान की हास्यास्पदता को फोकस करते हुए मेरा एक हास्य व्यंग्य का बहुचर्चित लेख—*'मीरा : एक प्रगतिशील कवयित्री'* उसी समय प्रकाशित हुआ जिसमें उस विरूप चिंतन का काफी मजाक उड़ा। फलत: यह सारा अभियान ठंडा ही पड़ गया। नतीजा यह हुआ कि मैं प्रगतिशील आलोचकों और उनके गोलबन्द रचनाकारों का सदा के लिए दुश्मन बन गया। मेरे ऊपर तरह-तरह के व्यक्तिगत प्रहार उन्होंने किए और मेरे विरुद्ध अपनी बैठकों में प्रस्ताव पास करके मेरी आजीविका पर भी कई बार हमला किया। मैंने हास्य व्यंग्य की विधा में भारतीयता की जड़ों से कटी इस नकली प्रतिबद्धता का मजाक अपनी कविताओं और लेखों तथा कहानियों में खूब उड़ाया था और मेरी उन रचनाओं को देश की प्रतिष्ठित पत्रिकाओं ने जमकर छापा

भी था! अत: कुछ इसके कारण तथा परमिल से मेरे सीधे जुड़े होने के कारण भी मेरा बहिष्कार और उपेक्षा स्थानीय साहित्यिक स्तर पर तो अंत दम तक बनी ही रही। अस्तु।

दूसरी ओर प्रगतिशीलता के 'आचार्यों' ने यह मुहिम भी चलायी कि जो छायावादी युग के प्रामाणिक कवि सिद्ध हो चुके थे उनकी कुछ रचनाओं के आधार पर उन पर प्रगतिशीलता का ठप्पा मारकर इन्हें अपने गोल में शामिल कर लिया जाय। इसके फलस्वरूप पन्त की *'ग्राम्या'* जैसी रचनाएँ या निराला की रचना *'अबे ओबे गुलाब... डाल पर इतरा रहा ज्यों कैपिटलिस्ट!! (कुकुरमुत्ता)* आदि उस समय प्रगतिवाद की पूँजी बन गयीं। उनके चित्र प्रगतिशील पत्रिकाओं के मुखपृष्ठ पर छपीं। परन्तु दुर्भाग्य (?) से ये कवि भी प्रगतिवाद का जुआ अपने कन्धों पर बहुत दिनों तक लादे नहीं रह सके। उनकी कविता की धारा प्रगतिवाद की कारा छोड़ते हुए आगे निकल गयी। फिर उनके विरोध में कटु आलोचनाएँ लिखने का क्रम शुरू हुआ और वह चलता ही रहा। वस्तुत: इसी कटु आलोचना अभियान से प्रगतिवादियों ने छायावादी कवियों का 'वध' करना चाहा था। (देखिए श्री प्रकाशचन्द्र गुप्त के लेख)।

इस मोर्चेबन्दी की भी नाकामयाबी से क्षुब्ध होकर प्रगतिवादी कर्णधारों ने उस समय की अगली पीढ़ी के कवियों को प्रशंसापत्रक और सनद बाँटनी शुरू की। जैसा पहले कहा जा चुका है इनमें शमशेर, मुक्तिबोध, गिरिजाकुमार माथुर, केदारनाथ अग्रवाल, नागार्जुन, नरेश मेहता और त्रिलोचन जैसे कवियों को समेटने और उन्हें प्रगतिवादी झंडे के नीचे खड़ा करने का प्रयत्न शुरू हुआ। इसी अभियान में पहले धर्मवीर भारती को भी खींचने की कोशिश हुई थी, परन्तु वे सबसे पहले इस साहित्यिक गिरोहबन्दी से निकल भागे। बाद में तो जितने भी दोयम दर्जे के कवि बचे वे ही इस आन्दोलन से बँधे रह गये। वैसे डॉ० रामविलास शर्मा जैसे कवियों ने तो कविता लिखना ही बन्द कर दिया और *'बलचनमा'* और बाबा *'बटेसरनाथ'* जैसे उपन्यास लिखने वाले नागार्जुन सहज नारेबाजी वाली रचनाओं के बल पर प्रगतिशील आन्दोलन के प्रमुख कवि होकर उभरे। जाल फेंकने के इस अभियान में जो भी फँस गया वह अंतत: 'महाकवि' होकर ही इनके द्वारा प्रचारित हुआ चाहे वह कानपुर के मुन्नूलाल शर्मा 'शील' ही क्यों न हों? अपनी साहित्यिक स्वीकृति के लिए पंजाब से आये उपेन्द्रनाथ 'अश्क' भी अपने अन्त समय तक यह भरम पाले और देते रहे कि वे प्रगतिवादी आन्दोलन के साथ दौड़ रहे हैं! प्रगतिवादी आन्दोलन के सामने एक बड़ी मुश्किल यह थी कि उसके नियामक और कर्णधार ऐसे मुस्लिम थे जो किसी कदर केवल उर्दू शेरो-शायरी से जुड़े हुए थे। उन्हें न तो हिन्दी साहित्य की प्रकृति का ज्ञान था और न वे हिन्दी कविता की पृष्ठभूमि की, समझ से ही कोई वास्ता रखते थे। वे सिर्फ कम्युनिस्ट पार्टी का एक ऐसा मोर्चा खोलना चाहते थे जो उनके प्रचार में सहायक सिद्ध हो। आज भी यह तथ्य

आश्चर्यजनक ही है कि जो अपनी राजनीतिक समझ में 'मुस्लिमी लीगी' नहीं बना वह बड़ी सरलता से 'तरक्की पसन्द मजलिस' (प्रगतिवादी) का प्रवक्ता बन जाता है! वे अपने लिए अब भी कोई बीच का रास्ता नहीं चुन पाते।

इधर तो प्रगतिवाद अपने साहित्यिक अभियान में प्रगतिवाद के खिलाफ जेहाद छेड़े हुए था और उधर स० ही० वात्स्यायन 'अज्ञेय' कविता की सही परख का दावा करते हुए समकालीन कवियों के संकलन 'सप्तकों' में उनकी अगुवाई कर रहे थे। उस नये प्रतिमानों पर अपने को कवि सिद्ध करने के लिए कई ऐसे कवि रचनाकार अज्ञेय के प्रभामंडल में सिमट आये जो प्रगतिवादी झंडे से भी गुरेज नहीं करते थे—वे चाहे शमशेर हों या नेमिचन्द्र जैन हों या भारतभूषण अग्रवाल हों या चाहे गिरिजाकुमार माथुर ही रहे हों। इस प्रकार कवियों की जमात में एक अजूबा गड़बड़झाला फैला हुआ था। वे एक दूसरे को सहज ही नकारते हुए अपनी स्वीकृति के लिए हर दरवाज़े पर दस्तक दे रहे थे। उधर 'परिमल' के कवि मानसिक स्तर पर अज्ञेय के सम्पूर्ण व्यक्तित्व को ज्यों का त्यों स्वीकार करने के लिए तैयार नहीं थे। डॉ० जगदीश गुप्त और श्री विजयदेव नारायण साही के सम्पादकत्व में प्रकाशित 'नई कविता' (काव्य पत्रिका) के अंक मेरे उल्लेख की पुष्टि में देखे जा सकते हैं।

कविता की प्रतिष्ठा और आलोचना के प्रतिमान जिस तरह बदल रहे थे और जिस प्रकार उसके पुनर्परीक्षण होने की प्रक्रिया प्रारम्भ हो गयी थी उसमें भी काफी काट-छाँट हुई और कुछ तस्वीर अधिक साफ हुई। (लक्ष्मीकांत वर्मा की पुस्तक 'नई कविता के प्रतिमान' द्रष्टव्य है।)

डॉ० रामविलास शर्मा की विचारधारा से मतभेद रखते हुए भी उनकी कविता की निजी समझ में बड़ी रोचक थी—और उनसे बहस में उलझने के लिए बौद्धिक जगत में खासा कुतूहल बना रहता था। यह अजब नहीं हुआ कि अपने उत्तर जीवनकाल में डॉ० रामविलास शर्मा वेदों के अध्ययन और भारतीय शास्त्रीय संगीत में शरण ढूँढ़ने लगे। डॉ० शर्मा कविता को लेकर अपने रसबोध में बड़े ही स्पष्ट रहे हैं। यह उनके लिखे हुए पत्रों में जगह-जगह पर मुखरित हुआ है (देखिए 'मित्र संवाद' : कवि केदारनाथ अग्रवाल से उनका पत्राचार! सम्पादक डॉ० अशोक त्रिपाठी)

मान्यताओं के चक्कर में पड़े प्रगतिशील खेमे के कवियों को अपनी सहज स्वीकृति के लिये जिन-जिन ड्योढ़ियों पर सजदा करना पड़ा जाता था उसमें सरकारी प्रचार माध्यमों के भी दरवाजे थे, जैसे ऑल इण्डिया रेडियो या बाद में टी०वी० की बड़ी जरूरत रही। वे भोपाली 'भारतभवन' तक के चक्कर मारते रहे। वे सेठाश्रयी पत्रिकाओं का विरोध करते हुए भी उसमें छपने को आतुर रहते थे। जो वहाँ नहीं छप पाये उन्होंने अपनी कविताओं को छापने के लिए चौपतिया 'लघु कविताएँ' निकालीं और उनकी अपनी रचनाएँ छाप लेने के कुछ समय बाद स्वतः विलुप्त हो गयीं या फिर वे 'अनियतकालीन' हो गयीं। इस कसरत में भी तथाकथित प्रगतिवादी शीर्ष कवियों में

आपसी खींचतान और लागडाट काफी उभरकर आती रही। शमशेर बहादुर सिंह तो बहुत दिनों तक 'रूपवादी कवियों' की फेहरिस्त में डाले गये थे। बाद में उन्हें इस कविता का क्रमश: 'आदिमपुरुष' (गुहा-मानव?) घोषित किया गया और उस दलदल से उन्हें किसी तरह निकाला गया। नागार्जुन जब तक दिल्ली की शरण नहीं गये उन्हें प्रगतिवाद ने सहज ही शीर्ष स्वीकृति नहीं दी। उनकी मैथिली कविताओं का तो कहीं कोई जिक्र भी नहीं करता। नागार्जुन को इंदिरा गाँधी या जे० पी० से लेकर लालू यादव तक की सिद्धि प्राप्त रही है। इसी तरह प्रभाकर माचवे भी पहले 'इधर' घूमें फिर 'उधर' घूम गये! सॉनेट लिखने वाले त्रिलोचन की कविताओं को जब प्रगतिवादी आलोचक डॉ० नामवर सिंह ने कहीं 'महान कवि' कह दिया तो कवि केदार बाबू उससे काफी 'कुंठित' हुए! ऐसे प्रसंग भी *'मित्रसंवाद'* में देखे जा सकते हैं। एक जमाने के प्रगतिवादी हीरो और अब भारतीय ज्ञानपीठ पुरस्कार से सम्मानित नरेश मेहता का तो कोई भी प्रगतिवादी आलोचक कहीं जिक्र भी नहीं करना चाहता। केदारनाथ सिंह यों तो रिश्तेदारी के कारण प्रगतिवादी आन्दोलन से जुड़े दिखते हैं, परन्तु वे अपने सहज कवि स्वभाव के नाते सदा सम्बद्ध तो अज्ञेय से ही मनसा-वाचा रहे हैं जिन्होंने *'रात पिया पिछवारे पहरू ठनका किया'* के जरिए हिन्दी कविता संसार में उनकी उपस्थिति दर्ज कराई। उन्होंने अपने लेखों में 'कट्टर प्रगतिशीलों' की तरह सभी अज्ञेय की समझ और कविकर्म को 'अमरीकी एजेण्टों' की समझ कहकर खारिज भी नहीं किया।

प्रगतिवादी-काव्यदृष्टि ने क्रमश: इसी सोच को परिपुष्ट किया कि कविता को किसी अनुभूति की नहीं-वरन् पहले उस नीति द्वारा परिचालित मुहावरों को सीखने, समझने और उन्हें गढ़ने की क्षमता की आवश्यकता है। फिर उन्हीं मुहावरों और शब्दावली को आत्मसात करके उसे अपने अनुभव के रूप में सार्वजनिक करना ही कविता है!! विचार के नाम पर 'पूँजीवाद' और 'अमरीकी साम्राज्यवाद' की भर्त्सना करने का उद्‌बोधन भी चाहिए और यह भी निकलना चाहिए कि समस्त विपन्नता और दु:ख का एकमात्र कारण केवल अमरीकन पूँजीवाद है!!—बिना इस तथ्य का हवाला दिए हुए 'कम्युनिस्ट पार्टी की नीति' का क्रान्तिकारी समर्थन नहीं हो सकता! प्रगतिवाद से जुड़े हुए समस्त कवियों की रचनाओं में आश्चर्यजनक रूप से यही लटके किसी न किसी प्रकार दुहराए जाते रहे हैं। यह भी सही है कि इस अंधड़ में तमाम कवियों के पत्ते साफ हो गये। कुछ अपवाद जो कविता के क्षेत्र में बचे उनमें स्वयं कवि केदारनाथ अग्रवाल की प्रकृति से जुड़ी कुछ रचनाओं का आधार *'ताप के ताए हुए दिन'* के सहारे से कुछ त्रिलोचन और *'जमीन पक रही है'* की कुछ कविताओं से केदारनाथ सिंह रहे! बदलाव की सहज प्रकिया का आवाहन करती हुई कुछ रचनाएँ ज़ो गाँव तक पहुँची उनमें गोरख पाँडे की कुछ कविताएँ थीं जिनकी रिकार्डिंग मैंने स्वयं आकाशवाणी के लिए अपने गाँव के दौरों के दरम्यान की थी।

वैसे इन लटकों और चालू मुहावरों के व्यापक इस्तेमाल का ही यह परिणाम था कि सूक्ष्म और गहरी अनुभवजन्य कविताओं की पकड़ प्रगतिवादी खाँचे के कवियों से छूट गयी। जब *'लाल धरती'* और *'मास्को अब भी दूर है।'* का मोह कविता की दुनिया से कुछ हटा भी-तो माओत्से तुंग और होची मिह्न ने इन कविताओं में जगह घेरनी शुरू कर दी। पार्टी लाइन कवि को सम्वेदना को एक विशेष 'चैनल' में देखने के लिए निरन्तर मजबूर करती रही—चीन के थियेन आनमन चौक में हजारों नौजवानों की नृशंस हत्या उन कवियों को मौन रखने के लिए 'सिग्नल' देती रही और कश्मीर या अयोध्या में या उत्तरखण्डी आन्दोलन के निहत्थों पर गोली चलाने वाली सत्ता पोषित राजनीति को प्रश्रय देती रही। कविता प्रकृत्या दलबदल अनुभूतियों की स्वीकृति नहीं देती-वक्त ही धारा की महामहिमता घोषित करने वाली फूल मालाओं को भी सिवार की तरह अंततः घाट लगा ही देती है।

प्रगतिवादी लटकों और मुहावरों के कोश में इधर एक नया फैशन 'आचार्यों' ने चलाया है—लोकभाषा के शब्दों का सही गलत इस्तेमाल। उत्तर भारतीय क्षेत्र में नौबत यहाँ तक पहुँची कि जिस तुकबन्दी (या अब तो तुक की बंदिश भी नहीं रही!!) में 'चूल्हा' या 'रोटी' या 'लकड़ी' (गीली हो तो क्या बात है!) या 'बटुई' आदि का उल्लेख हो गया-वह तो 'स्वतः सिद्ध प्रगतिवादी रचना बन जाती है। ठप्पा लगाने के लिए यदि वह रचना 'मुक्तिबोध' को या 'कविपाश' को या 'करतार सिंह सराबा' को समर्पित हो तब तो उस पर उँगली उठाने वाले निश्चित रूप से 'अमरीकी एजेंट' हैं और उनका इतिहास-बोध सड़ा हुआ मरणासन्न है। प्रगतिवाद के पुरोधा जहाँ सत्तासीन हैं (और कहाँ नहीं हैं!) वे ऐसे काव्य-संग्रह अपने निजी प्रभाव से छपवाते हैं और दिवंगत कवियों के नाम पर चल रहे इनाम इकराम से बख्शते हैं। इस प्रक्रिया में जिन युवा प्रतिभाओं में रचनाकर्म की संभावना रहती भी है उनकी भ्रूण-हत्या कर दी जाती है!! युवा कवियों में बहुत कम ऐसे हुए जिनका दूसरा काव्य संग्रह (यदि छपा भी) तो अपनी कोई नई पहचान बना पाया हो! यह दुखद प्रकरण है।

प्रगतिवाद का जन्मजात उद्देश्य था—सत्ता या प्रतिष्ठान विरोधी स्वर को वाणी देकर सर्वहारा के हित में क्रान्ति की नई चेतना जाग्रत करना!! किन्तु इस अभियान की विडम्बना यह रही है कि इसके पुरोधा उत्तरोत्तर सत्ता प्रतिष्ठानों से जुड़ते गये और सुविधाजीवी पंचसितारा-संस्कृति से अपनी साँठगाँठ भिड़ाते रहे। ताज्जुब है कि अधिकांश प्रगतिवादी कवि और आलोचकों को गाँवों के इस देश में अपने बसने के लिए सिर्फ राजधानी दिल्ली ही रास आई।

क्रान्ति का आह्वान प्रशंसापरक गोष्ठियों में सिमट गया। मोटी तनख्वाहें, कमेटियाँ, पुरस्कार साहित्य और सांस्कृतिक अकादमियों पर कब्जा और विभिन्न मन्त्रालयों में उच्च पद पर या सलाहकार समितियों में घुसपैठ बनाने में अपनी निजी क्रान्तिकारिता का वे

'समुत्फलन' देखने लगे! जिन प्रदेशों में कम्युनिस्ट पार्टी का कुछ भी वर्चस्व था, वहाँ इन प्रगतिवादी मठाधीशों की आवभगत हुई। निचले तबके के तथाकथित प्रगतिवादी-कवि उनके कृपाकांक्षी बनकर पोषित और सुखी रहे। जिन छोटी-मोटी रचनाओं पर प्रगतिवाद का ढाँचा खड़ा हुआ था उसमें इस आन्दोलन की समग्र भावभूमि को समेटकर किसी ऐसे नायक या कथानक की कल्पना नहीं की जा सकी जो फिराक साहब के अनुसार किसी महाकाव्य का जन्म दे सकती! आज भी कोई प्रगतिवादी कवि इस चुनौती को उठाने के लिए तैयार नहीं है। सम्भवत: भारतीय जीवन दर्शन की सम्पूर्ण इयत्ता को जिस प्रकार उसके कविमानस के लिए आत्मसात करना अनिवार्य बना हुआ है—वह प्रगतिवादी कटघरे में रहते हुए असम्भव है। कई प्रगतिवादी कवि अपने को दुहराने के खतरे से बचने के लिए कविता का क्षेत्र छोड़कर कहानी की विधा की ओर भाग खड़े हुए। चर्चा में बने रहने के लिए कुछेक अपने 'न लिखने' पर ही गोष्ठियाँ करने लगे! अपनी ही जड़ों से कटी हुई सोच 'कविता' पर ही प्रश्नचिह्न लगाती रही। रचनाकारों के आचरण की स्वायत्तहीनता ने प्रगतिशील आन्दोलन को कुंठित, अनुगामी और कुंद ही बनाया।

बीतते वक्त के साथ यह सवाल बना ही रहता है कि क्या सार्थक कविता के लिए किसी प्रकार के सामूहिक आन्दोलन या बाहरी दबाव या जातिगत या आर्थिक विषमताएँ किसी तरह की भूमिका अदा भी करती हैं या नहीं? क्या किस तरह का 'दलित साहित्य' हो भी सकता है या मंडल-कमीशन अनुसूचित जातिगत कविता रचवा भी सकता है? या कविता की निजी सम्प्रभुता एक ऐसे समानांतर साम्राज्य का निर्माण करती हैं जहाँ इस तरह की तमाम लहरियाँ उसी अगाध समुद्र की विराटता में उठती और खो जाती हैं। जब भी ऐसी जलवीचियों को खाँचे में बाँधने की नादान कोशिश होती है तो वह अगाधता ही उन्हें समेट लेती है—*'कहियत भिन्न,—न भिन्न'!!* मैं इस प्रसंग का समापन प्रगतिशील आन्दोलन के समर्थ आलोचक एवं एक समय अच्छे कवि हृदय रहे डॉ० रामविलास शर्मा के एक उद्धरण से ही करता हूँ—

''मुझे ऐसा लगता है कि मनुष्य का जीवन एक झील की तरह है—जन्म और मृत्यु का घेरा सतह के हर बिन्दु से दिखायी देता है। इस बिन्दु से परिधि तक का विस्तार हमारे हाथों में नहीं है। हमारे कर्मों से यह विस्तार थोड़ा कम ज्यादा भले हो जाये-पर उस किनारे तो लगना ही होगा जहाँ जीवन (जल) समाप्त हो जाता है। पर इस झील की गहराई हमारे हाथ में है। कवि भाव में डूबता है और पाता है कि वह अथाह जल में है। शैली ने कहा था—There is an infinity of meaning in every great poem (या ऐसा ही कुछ) यह Infinity भले ही निरपेक्ष रूप में अनन्त न हो पर वह आयु की निर्धारित सीमा से बढ़कर तो है ही। निराला की वन-बेला-'मस्तक पर लेकर उठी अतल की अतुल वास' जिस पार्क में 'वन बेला' खिली थी' उसकी चौहद्दी दिखायी देती थी, पर जहाँ से वह गंध लेकर उठी थी, वह अतल

था-गहराई ऊपर के विस्तार से कहीं ज्यादा थी। मनुष्य में यह डूबने की क्षमता है। चाहे वह एक क्षण को ही डूबे, वह इतने गहरे डूबता है कि ऊपर काल प्रवाह बहुत छोटा लगता है! कवि इस तरह मृत्यु को जीतता है। अपने प्रेम के अनुभव के लिए और दूसरों के लिए अमर कर जाता है।''

('मित्र-संवाद' पृष्ठ ४५४-४५५)

■

रचना और आलोचना का तन्मयी भाव

रचना और आलोचना का तन्मयी भाव

रचना मूलतः रचनाकार के अनुभव से जन्म लेती है। इस अनुभव की अभिव्यक्ति जब सम्पूर्ण संयोजन के साथ प्रस्तुत होती है तब वस्तुतः रचना अपना स्वरूप ग्रहण कर लेती है। इस अभिव्यक्ति के बाद जरूरी नहीं है कि रचनाकार उस सृजन के साथ निरन्तर जुड़ा ही रहे। अधिकांशतः समर्थ रचनाकार अपने उस सृजन से मुक्त होकर नये गंतव्यों की खोज में आगे चल पड़ता है। यही सृष्टि का क्रम है। रचना इस व्यापक अर्थ में स्वयं संप्रभुतासम्पन्न और स्वायत्त है। उसे अपने अस्तित्व को प्रमाणित करने के लिए किसी भी बाह्य उपकरण की आवश्यकता नहीं रह जाती। इस व्यापक अर्थ में भी रचना अपने सर्जक से मुक्त हो जाती है।

आलोचना इसके विपरीत एक अपेक्षाकृत गौण और परमुखापेक्षी विधा है। बिना रचना के आलोचना का अस्तित्व अर्थहीन भी हो सकता है। आलोचना के साथ बड़ा संकट यह है कि वह अपनी भूमिका तो सजग और विवेकशील पाठक के रूप में मानती है, परन्तु वह अक्सर रचना से अपना रिश्ता बनाने में सक्षम ही नहीं हो पाती। वह प्रकारान्तर से अपनी किताबी या राजनीति-संचालित गिरोहबन्दियों की दिमागी कसरत जैसी भूमिका अदा करने लगती है। वह प्रत्यक्ष अथवा अप्रत्यक्ष ढंग से अपनी अनुभवशून्य एवं पूर्वाग्रह-युक्त मान्यताओं को रचना और रचनाकार पर लागू करने की चेष्टा करने लगती है। यह स्थिति इस कारण भी बनती है, क्योंकि आलोचना करने वाला 'तथाकथित विवेकशील' पाठक रचना के साथ अपना तादात्म्य नहीं बना पाता। जिन पैमानों से वह रचना के साथ जुड़ने की कोशिश करता है वह भी वस्तुतः उसके अनुभव से निकले हुए नहीं होते। रचना के साथ तादात्म्य होना ही अनुभूत आलोचना के लिए काफी नहीं है। यदि हम आचार्य अभिनव गुप्त की दृष्टि को साक्ष्य मानें तो रचना का सही आनन्द लेने के लिए हमें उसके तादात्म्य से आगे बढ़कर रचना से तन्यमता की आवश्यकता होगी। यानी 'Feeling Together' मात्र नहीं "Feeling Into" रचना के साथ-साथ बहना मात्र ही नहीं वरन् रचना के भीतर-रचना की प्रकृति के अनुसार भीतर धँसकर उस रचना का रसग्रहण और उस रस का यथाशक्ति संप्रेषण करना होगा। यह प्रक्रिया बहुत दिक्कततलब है और अकसर दुस्साहसी भी। इस प्रक्रिया से गुज़रने के बाद ही आलोचक अपनी वह साख बनाता है जहाँ परम्परा और समसामयिकता के दोनों छोरों को झनझना देता है। ऐसी प्रक्रिया से गुजरने के बाद ही रामचन्द्र शुक्ल, तुलसीदास के 'लोकमंगल' को संप्रेषित कर सके या हजारीप्रसाद द्विवेदी क़बीर के निपट निर्गुण को

हिन्दी में एक हैसियत दे सके और विजयदेव नारायण साही 'जायसी' के बहाने पूरे हिन्दी क्षेत्र की तत्कालीन मानसिकता को आधुनिकतम संदर्भों से साधिकार जोड़ सकें।

आज के आलोचक के सामने सबसे बड़ी समस्या है उस 'सम्बोधित व्यक्ति' या 'समाज' की तलाश जिसके सामने वह अपनी रसग्रहण की प्रक्रिया का अनुभव रखना चाहता है। यह दुर्लभ अनुभव अपने संप्रेषण में चूँकि कठिनतर है इसीलिए ऐसी तमाम आलोचनाओं का अम्बार या तो हिन्दी के विभिन्न पाठ्यक्रमों में दफ़न हो जाती है या दैनिक अखबारों में छपी निरर्थक टिप्पणियों की तरह रद्दी के ढेर में चली जाती है। इस जागरूक 'सम्बोधित-समाज' के अभाव में आलोचना निरन्तर गैरजिम्मेदार और अनर्गल हो जाती है। समर्थ रचनाकार को तो ऐसी किसी आलोचना की आवश्यकता ही नहीं पड़ती है। ज्यादातर ऐसे दोयम दर्जे के समीक्षक या व्याख्याकार समर्थ रचनाकारों की कृतियों पर अपने ठप्पे मारकर उन्हें अपने दल या गिरोह का साबित करते रहे हैं। ऐसे गिरगिंटी-आलोचकों को रचनाकारों ने न तो कोई महत्त्व दिया और न उनके रंग-बदल पैमानों पर कोई अचरज ही व्यक्त किया। वे अपने रास्ते गये और रचना अपने रास्ते गयी! फिर समय के साथ कभी कोई समर्थ अनुभूतिपरक रसिक आता है तो उस रचना को नये सन्दर्भों से जोड़कर नई दृष्टि देता है।

अब तक कम से कम हिन्दी आलोचना तो अपनी संप्रेषित सक्षम शब्दावली गढ़ नहीं पायी। वह अपनी दुहाई में कभी रिचर्ड्स, कभी लुकॉच कभी कॉडवेल तो कभी विंकेस्टाइन के नाम उचारती है तो कभी ऐसे कुलशीलहीन चिन्तकों के नाम गिनाकर अपनी कोई नई बात नहीं कहती:—केवल अपने सहकर्मियों को अचम्भे में डालती है। वह कभी 'दोहरी-परम्परा' की बात करती है तो कभी 'उत्तर-आधुनिकता' के बोध की! इस दिमागी कसरत से निकलता कुछ नहीं! मूलतः हिन्दी आलोचना में जो सतहीपन आ गया है वह देशीपन की सोच और समझ के अभाव से आया है। जो कुछ कहा जा रहा है उसके सन्दर्भ यहाँ नहीं हैं-यहाँ वह परिवेश भी नहीं है। यहाँ वह कटा हुआ नितान्त अकेलापन भी संभवतः आम नहीं है जो रचना को और फिर उसकी समालोचना को किसी प्रासंगिकता से जोड़ सके। अधिकांशतः आज की आलोचना अपने आपको समसामयिक लेखकों से इतने सुविधापूर्वक ढंग से जोड़ती है कि वह जब चाहे तब पाला बदलकर दूसरी तरफ खड़ी हो जाये। उसमें भी उसे कोई जोखम उठाना नहीं है। वहाँ आलोचना सिर्फ एक प्रचार का हिस्सा है जो वक्त आने पर बन्द भी किया जा सकता है और उस रचनाकार को 'दुकड़हा'—बिना किसी लाग-लपेट या शर्म-हया के-घोषित किया जा सकता है। ऐसी वक्ती-आलोचनाएँ समय के साथ अपने लिखने वालों को उनके उचित स्थान में ढाँक-मूँद देती है।

अपनी बात कों स्पष्ट रूप से कहने के लिए मैं दो घटनाओं का उल्लेख करूँगा।

पहली घटना उस समय की है जब *'परिमल'* (प्रयाग) की गतिविधियाँ शिथिल हो गयी थीं। हिन्दी के कुछ लोगों ने श्री बालकृष्णराव के नेतृत्व में हिन्दी आलोचना में

स्वस्थ प्रवृत्ति और दृष्टि के आग्रह के लिए 'विवेचना' नामक एक संस्था संचालित की। 'विवेचना' की बैठकों में हिन्दी में प्रकाशित नई-पुरानी पुस्तकों का चयन करके उस पर देश के किसी मान्य आलोचक से विस्तृत आलोचना लिखवायी जाती थी और फिर उस पर बड़ी प्रखर बहस होती थी। इन गोष्ठियों में प्रयाग के और अकसर उसके आस-पास के सभी वर्ग और दल के साहित्यकार शामिल होते थे। श्री सुमित्रानंदन पंत, महादेवीजी, पं० इलाचन्द्र जोशी, अमृतराय तथा उस समय प्रयाग में मौजूद सभी साहित्यकार 'विवेचना' की बैठकों में नियमित रूप से आते थे। 'विवेचना' में पढ़ी गयी विस्तृत समीक्षा और उस पर हुई बहस हिन्दी साहित्य सम्मेलन की साहित्यिक पत्रिका 'माध्यम' में नियमतः छपती रहती थी। उसके सम्पादक स्वयं श्री बालकृष्णराव थे। इन साहित्यिक कृतियों की समीक्षाएँ और उस पर हुई बहसों का पूरे हिन्दी जगत में जैसा व्यापक प्रभाव पड़ता था—उसकी चर्चा तत्कालीन हिन्दी पत्र-पत्रिकाओं और मान्य समीक्षकों की प्रकाशित पुस्तकों में आज भी देखने को मिल सकती है।

उन्हीं दिनों कविवर पंत का महाकाव्य *'लोकायतन'* प्रकाशित हुआ। पंत जी ने बड़ी महात्त्वाकांक्षाओं के साथ वह कृति तैयार की थी और उनका विचार था कि वह रचना प्रसाद की *'कामायनी'* आदि को बहुत पीछे छोड़ जाएगी। जिन काव्य-रसिकों ने उस स्थूलकाय काव्य को उलटा-पलटा भी था, वे भी उसकी नीरसता से संत्रस्त थे। पर सब चुप थे। तभी 'विवेचना' में उस पर समीक्षा का कार्यक्रम हुआ। समीक्षा पढ़ी गयी। साहित्यकारों की प्रतिक्रियाएँ मंच से मुखरित होने लगीं। उसी बीच हिन्दी के अपेक्षाकृत नये और अत्यंत प्रखर युवा आलोचक विजयदेव नारायण साही का नाम राव साहब ने मंच से पुकारा। श्री साही हॉल में अपनी जगह खड़े होकर सविनय बोले—मैंने न तो 'लोकायतन' पढ़ा है और न मैं उसे कभी पढ़ूँगा।" जाहिर था कि उनके इस वाक्य ने सीली बारूद में भी माचिस लगा दी। एनीबेसेण्ट हॉल में हुई 'विवेचना' की वह गोष्ठी भारी उत्तेजना के बीच सहसा खत्म हो गयी। (इस गोष्ठी का पूरा विवरण 'न पढ़ा है, न पढ़ूँगा' के बहाने 'शीर्षक' से इसी पुस्तक में आगे दिया गया है)। 'लोकायतन' काव्यकृति का दो दशक बाद भी क्या हश्र हुआ-यह अब कहने की बात नहीं है।

अब उसी 'विवेचना' की गोष्ठी की एक दूसरी घटना का मैं उल्लेख करता हूँ। कवि 'शमशेर बहादुर सिंह' हिन्दी कविता के ऐसे मानक, नाजुक और सौन्दर्य के रहस्यों में पैवस्त कवि हुए हैं जिनकी हर कविता अपने कथ्य और उसकी बुनावट के लिए विशिष्ट होती गयी। प्रगतिशील आलोचकों ने कवि शमशेर की कुछ रचनाओं को मार्क्सवादी दर्शन से प्रभावित मानकर उन पर 'कम्युनिस्ट' और 'प्रगतिशील' होने का ठप्पा मार दिया। विजयदेव नारायण साही 'परिमल' में थे जिसके अधिकांश सदस्य 'विदेश-की-दासता-में-जकड़ी-हुई-प्रगतिशील मानसिकता' का प्रत्यक्ष या परोक्ष रूप से विरोध करते थे। इस सोच के विरुद्ध विजयदेव नारायण साही भी कई लेख लिख चुके थे। उस समय शमशेर की कुछ नई कविताओं का संग्रह आया हुआ था, जिस पर

विवेचना की गोष्ठी में साही ने अपना समीक्षात्मक लेख *'शमशेर के काव्य की बुनावट'* शीर्षक से पढ़ा!! कालान्तर में वह लेख ही शमशेर की कविताओं पर विस्तृत चर्चा की भूमिका बना। इस प्रकरण का सबसे दिलचस्प पहलू यह हुआ था कि स्वयं कवि शमशेर को पहली बार अपनी रचना से इतना गहरा साक्षात्कार करने का अवसर मिला। मेरे सामने की बात है कि शमशेर जी तीन-चार बार साही के पास आये और अपनी रचनाओं की प्रक्रिया पर साही की अन्तर्दृष्टि से अभिभूत होकर कहने लगे कि ''तुमने पहली बार मेरी रचनाओं से स्वयं मेरा इतना गहरा साक्षात्कार कराया! यह सब जो मेरे अवचेतन में था वह तुम तक इतने घनिष्ठतम रूप में कैसे संप्रेषित हो सका—यह मेरे लिए आश्चर्यजनक और अलौकिक घटना है।''

जैसा मैं पहले कह चुका हूँ, शमशेर को तो प्रगतिवादियों ने 'परिमल' के खिलाफ चल रही मुहिम में एक मोहरा बना रखा था, लेकिन यह तथ्य तो सारे साहित्यिक परिवेश में अत्यंत विस्मयकारी था कि शमशेर के 'विरोधी-खेमे' का कोई आलोचक शमशेर की कविताओं को समझकर उसे इतनी विराट भूमिका देगा!! यही है वह 'तन्मयी भाव' जहाँ समर्थ आलोचक रचना के भीतर घुसकर रचनाकार के अदृश्य रहस्यलोक को प्रकाशित कर देता है। यही प्रक्रिया आलोचना की सर्जनात्मक भूमिका की पहचान कराती है। किसी प्रगतिशील आलोचक ने अब तक अपनी विचारधारा से वैषम्य रखने वाले किसी कवि या लेखक की अन्तर्निहित रचना प्रक्रिया में घुसकर उससे इतने गहरे स्तर पर साक्षात्कार किया हो—यह दुर्लभ है।

शायद इसीलिए हिन्दी के मान्य रचनाकार गजानन माधव 'मुक्तिबोध' ने आलोचक को 'साहित्य का दारोगा' कहा था।'मुक्तिबोध' ने जब आलोचक की दारोगाई की पहचान करवायी थी तब उसके सामने आज के दारोगा की 'विशाल' और 'विराट', 'परमशक्तिवान', 'शत्रुनाशक'—'मटियामेट करने वाले' किसी भी भले आदमी के घर से चोरी के असलहे, गाँजा, भाँग, अफ़ीम सब कुछ पलक झपकते निकाल देने की 'परम सिद्धि' रखने वाले उस 'विराट-पुरुष'!! का दर्शन नहीं हुआ होगा। उन्हें यह भी पता नहीं था कि किसी 'मुठभेड़' में यह 'महाबली दारोगा' किसी निरीह और निःशस्त्र आदमी को ऐसे गुमनामी में डाल सकता है जहाँ मुद्दतों बाद खुदाई करने में भी शायद ही वह मिल सके। साहित्य के ऐसे ही 'दारोगा' की छवि आज के आलोचक की 'महत्त्वाकांक्षा है!!

ऐसे 'दारोगा' का अपनी सार्थकता को पहचनवाने के लिए 'मुठभेड़' के ये रास्ते छोड़कर रचनाकार के अनुभव संसार की समृद्धि में उसके सृजन के उत्सव में शामिल होकर अपनी सार्थकता की तलाश करना ही उसके एकमात्र अस्तित्व की रक्षा का उपाय है। सार्थकता की यह तलाश उसे रचना का नियामक नहीं, उस सर्जना का जीवन्त अनुभव देगी जो अज्ञात लोकों से प्रस्तुत होकर घने अंधेरों में रोशनी की कौंध की तरह एक बार सद्यः आती है और फिर भीड़ के अंधेरों में लुप्त हो जाती है। उस कौंध को

रोशनी में बदलना दु:साध्य है, परन्तु वही अन्ततः सुकाम्य है। ऐसी ही आलोचना किसी रचना के बराबरी के आस-पास होने का दावा कर सकती है। हिन्दी में लिखी हुई अधिकांश आलोचनाओं के लिए प्रकारान्तर से यह 'वरदान' (!) ही है कि वह न तो आम पाठकों के द्वारा पढ़ी और 'प्रामाणिक' मानी गयी है और न उससे (प्रकाशकों के अनुसार!) किताब की बिक्री पर ही कोई प्रभाव पड़ता है। सारी क्रिया-प्रतिक्रिया एक खास लेखक और खास आलोचक के बीच घटित होकर अपनी 'इहलीला' समाप्त कर देती है।

■

'न पढ़ा है न पढ़ूँगा' के बहाने इलाहाबादी आलोचना : एक जायज़ा

'न पढ़ा है न पढ़ूँगा' के बहाने इलाहाबादी आलोचना : एक जायज़ा

अभी कुछ दिन पहले इलाहाबाद की एक साहित्यिक गोष्ठी में एक जनवादी बुद्धिजीवी लेखक ने फ़रमाया कि परिमल नामक साहित्यिक संस्था में साहित्यकारों के *'वध'* की निश्चित योजना बनाई जाती थी। उसी वक्तव्य की पुष्टि के लिए उन्होंने बताया कि *'विवेचना'* नामक आलोचना की संस्था भी उसी परिमल द्वारा ही संचालित थी। उसमें जब सुमित्रानन्दन पन्त रचित महाकाव्य *'लोकायतन'* की चर्चा हो रही थी तब परिमल के एक वरिष्ठ सदस्य श्री विजयदेव नारायण साही से उस पुस्तक पर बोलने के लिए कहा गया। उन्होंने उस समय सुमित्रानन्दन पन्त की उपस्थिति में वहाँ खड़े होकर कहा कि *'यह कृति न मैंने पढ़ी है और न पढ़ूँगा।'* उनके इस वक्तव्य से पन्तजी का 'वध' हो गया। यह परिमल की नियोजित साज़िश थी। इस पर पन्तजी बहुत क्षुब्ध हुए और उन्होंने साही की बड़ी भर्त्सना की।"

मैं, यानी केशव चन्द्र वर्मा, सौभाग्य से दोनों ही गोष्ठियों में समुपस्थित था। उस जनवादी लेखक के वक्तव्य को तो गोष्ठी में ही खंडित कर दिया गया—परन्तु वे बाद में भी इस भ्रम को भी प्रचार माध्यमों से फैलाते ही रहे। वस्तुतः हुआ यह था कि जब श्री विजयदेव नारायण साही पन्त की 'स्वर्णधूल' और 'स्वर्णकिरण' मार्का श्री अरविन्दी कविताओं से अपनी खीझ जाहिर कर चुके थे तो उस समय *'लोकायतन'* से भी अपने को अलग रखने की 'ऊब' इस वाक्य से समझी जा सकती है। उक्त गोष्ठी में पन्त के प्रशंसकों द्वारा इस वाक्य का अकारण विरोध किये जाने के फलस्वरूप आयोजन में जो हल्ला मचने लगा उसे देखते हुए साही ने अपने वाक्य का उत्तरांश वापस ले लिया। लेकिन *'मैंने नहीं पढ़ा है'* यह ज्यों का त्यों रह गया। विवेचना की गोष्ठियों में मूल पर्चे और उस पर होने वाली बहस का पूरा विवरण 'माध्यम' नामक हिन्दी साहित्य सम्मेलन से प्रकाशित होने वाली मासिक पत्रिका में नियमित रूप से छपा करता था। यह पूरा विवरण भी माध्यम में उस समय छपा था। हिन्दी साहित्य सम्मेलन के संग्रहालय में उक्त पत्रिका की फाइलों में वह रिपोर्ट अब भी सुरक्षित है। इस घटना का विवरण अन्य पत्रिकाओं में जैसे 'दिनमान' आदि में भी यत्र-तत्र प्रकाशित हुआ था। यदि मैं भूलता नहीं हूँ तो मार्क्सवादी आलोचक डॉ० रामविलास शर्मा ने भी 'निराला की साहित्य साधना' नामक पुस्तक में इस घटना का उल्लेख करते हुए टिप्पणी की है। कठिनाई यह है कि आज का तथाकथित हिन्दी आलोचक या बुद्धिजीवी मूलतः अनपढ़ है और वह

अपने लिखे या समझे हुए को 'बाबा वाक्यं प्रमाणम्' मानता है। इस कारण हिन्दी साहित्य की समझ में अनेक भ्रान्तियाँ पलती रहती हैं। इनका सिद्धान्त जर्मन प्रचारक गोयब्लस की भाँति यह लगता है कि एक झूठ को इतनी तरह से इतनी बार प्रचारित करो कि लोग उस बयान को झूठ की जगह सच मानने लग जाएँ!! अस्तु 'विवेचना' की उक्त गोष्ठी से कई रोचक नतीजे सामने आते हैं—

(1) यह कि *'विवेचना संस्था'* परिमल की ही शाखा थी। सूचनार्थ निवेदन है कि यह अत्यंत भ्रामक दुष्प्रचार है क्योंकि इसमें वामपंथी कम्युनिस्ट लेखक अमृतराय जैसे अनेक लोग कारकुन सदस्य थे—और कवि बालकृष्ण राव इसके अध्यक्ष थे। इसकी संचालिका थीं—श्रीमती उमाराव। इनका परिमल से कोई भी वास्ता नहीं था।

(2) यह कि विजयदेव नारायण साही स्वयं अपने में इतने महत्त्वपूर्ण (?) आलोचक बन चुके थे कि उनका कहा हुआ यह छोटा-सा वाक्य भी इतना महत्त्वपूर्ण हो गया कि वह श्री सुमित्रानन्दन पन्त जैसे वरिष्ठ, यशस्वी और प्रतिष्ठित छायावादी कविता के स्तम्भ कवि के 'वध' जैसा हो गया!! यह निष्कर्ष साही की प्रतिष्ठा को बढ़ाता है या पन्त की गरिमा?

(3) यह कहा गया कि पन्तजी इस 'वध' से रुष्ट होकर चले गये। जबकि हुआ यह कि सभी वक्ताओं के बोल लेने के बाद पन्तजी ने उस कृति के बारे में अपने विचार अंत में रखे और अपने आलोचकों को कुछ तेज-तर्रार भाषा में उत्तर भी दिया। उन्होंने भी साही के उस काव्य कृति को अब तक न पढ़ने का विशेष आक्रोश के साथ उल्लेख किया था। उनके बीच में से उठकर चले जाने की बात किसी तरह से पुष्ट नहीं हो पाती। इस तथ्य के लिए भी 'माध्यम' के उक्त अंक की रिपोर्ट देखने का कष्ट जिम्मेदार लोगों को करना चाहिए। 'कौआ कान ले गया' जैसी कहावतों पर हिन्दी आलोचना की नींव पुख्ता करने वाले हिन्दी अध्यापक-आलोचक को कोई नादानी से भरा वक्तव्य देने से पहले अपने दिमागी हरबे हथियार को सही करना उनकी अपनी प्रतिष्ठा (?) के अनुरूप ही होगा।

पंडित रामचन्द्र शुक्ल को अगर बरतरफ कर दिया जाये तो हिन्दी आलोचना का एक दलबद्ध गुटीय परिक्रमा में बँधी हुई छिछले स्वरूप का ही दर्शन प्रायः होता है। हिन्दी आलोचना की सम्प्रति विषम समस्या यह है कि वह यही नहीं जानती कि वह किसको सम्बोधित कर रही है। जो समझदार साहित्यानुरागी और रसानुग्राही अनुभवी पाठक हैं उसे इस तरह की प्रकाशित दलबद्ध रंगीन चश्मे वाली आलोचना से किसी तरह से रसबोध की नयी प्रतीति कतई नहीं होती, बल्कि अकसर झुँझलाहट और खीझ होती है।

जो अनुभव सिद्ध सशक्त लेखक है वह किसी भी आलोचक को ठेंगे पर रखकर चलता है। वह अपने ही आत्मबोध को अपना मार्ग-निर्देशक मानता है और सही अर्थों में इस संकल्प के साथ साहित्य के क्षेत्र में अपने कृतित्व के साथ अवतरित होता है कि वह आलोचना की दिशा बदलकर नये मानदण्ड स्थापित करने के लिए आलोचक को मजबूर करेगा।

अब बचे हुए लोग जिन्हें अपनी शिक्षा के नाम पर डिग्रियाँ बटोरते हुए हिन्दी की कुछ किताबें पढ़नी या पढ़ानी पड़ती हैं उनकी रोजी-रोटी के लिए आलोचना के मकड़जाल में फँसना और उसमें से रटी रटायी भाषा और चौखटों के बीच से गुजरकर डिग्रियाँ बटोरना सिर्फ एक *'धन्धा'* रह जाता है। इस धन्धे में लगे हुए लोग अपनी तथाकथित 'आलोचनात्मक क्षमता' के बल पर जय-जयकार करने वाली एक मण्डली जुटाकर इनाम इकराम बँटवाने का जुगाड़ करते रहते हैं। इस तरह वे महत्त्वपूर्ण रचनाकर्मियों पर अपनी धाक का ठप्पा लगवाने में अकसर समर्थ भी हो जाते हैं।

कुल मिलाकर तब भी यही विषम परिस्थिति सामने आती है कि हिन्दी आलोचना आज भी किस सम्बोधित वर्ग की तलाश कर रही है। गम्भीर विश्लेषण की क्षमता रखते हुए रचना और रचनाकार की आन्तरिक दृष्टि के भीतर अपने को एकमएक करके उस कृतित्व का मूल्यांकन करते हुए परम्परा और समसामयिकता के प्रवाह में रचना का मूल्यांकन और पुनर्मूल्यांकन करना—आज के आलोचक के लिए अत्यंत कठिन और *'तरवार की धार को धावनो है'*। इस कारण ऐसे आलोचक अब सम्पूर्ण हिन्दी साहित्य में अत्यंत विरल हो गये हैं। इनी गिनी ऐसी आलोचना पढ़ने को मिलती है जो किसी कृति की मूल आत्मा से सहज ही साक्षात्कार कराने में समर्थ हो। ऐसी आलोचना कृतियाँ तो और भी दुष्कृत हैं, जहाँ कोई आलोचक अपनी तथाकथित प्रतिष्ठा को दाँव पर लगाकर किसी सर्वमान्य प्रतिष्ठित रचना या उसके रचनाकार का आधुनिक सन्दर्भ में गहरी पैठ के साथ पुनर्मूल्यांकन प्रस्तुत कर सके। परिणाम यह हुआ कि आलोचना में भी शार्टकट की संस्कृति का विकास हुआ और आसान रास्ते चुन लिये गये।

सबसे आसान रास्ता या फिकरेबाजी फ़तवे और फ़ेहरिस्तबाजी करने का। इसमें किसी भी रचना का या उसके कृति को एक वर्ग-विशेष के खाँचे में जबरन ढकेलकर उस पर एक लेबिल चिपका दिया जाना और मूल रचना के पढ़ने से और उस पर गहरायी से सोचने-विचारने की ज़हमत से बच जाना। फिर उसी खाँचे के अनुरूप एक फ़ेहरिस्त गिनाना और उन सबके सिर पर अपनी मान्यता का आशीष प्रभामण्डल उतार देना। फिर उस आलोचक के चारों ओर उस प्रभामंडल से गौरवान्वित (?) लेखकों के हुजूम का उसके चारों ओर जय-जयकार करते हुए एकत्र हो जाना। इस प्रकार उस आलोचक को धीरे-धीरे साहित्य में अपने 'महाबली' होने का एहसास होने लगता और वह उस कसरत को बार-बार दोहराने लगता। सम्प्रति हिन्दी आलोचना में जो खाँचे चालू खाते में हैं उनमें एक है वामपंथी या उसका जुड़वाँ जनवादी मोर्चे का खाँचा। दूसरा

खाँचा तथाकथित रूपवादी रचनाकारों का चल पड़ा जिसमें गैर-कम्युनिस्ट लेखकों को आसानी से ढकेल दिया गया। यह 'रूपवादी' खाँचा अब क्रमशः खत्म हो गया और उसके स्थान पर 'प्रयोगवादी' खाँचा आया जो अंततः 'अमरीकी डालर खाने वाला' 'पूँजीपति पोषित' सांम्राज्यवादी और जन विरोधी खाँचे में बदल दिया गया। जैसा कि जाहिर है, इन सभी खाँचों में जबरन ढकेले गये लेखकों की फेहरिस्त तैयार कर लेना आलोचना का सरलतम नुस्खा बन गया। हिन्दी का हर अध्यापक केवल पदेन आलोचक बन बैठा और उसकी पचीसों किताबें आलोचना के नाम पर चल पड़ीं। वही कोर्स में पढ़ाई जाने लगीं, उन्हीं की मान्यता चलने लगी। उसी के सहारे इन आलोचकों की रोजी-रोटी का जुगाड़ हुआ और वे कहीं न कहीं अध्यापकी कर्म से जुड़ गये। यह आश्चर्य का विषय है कि अभी भी सम्भवतः अत्यंत विरल व्यक्ति होंगे जो अध्यापन कार्य में न होते हुए भी हिन्दी आलोचना के क्षेत्र में क्रियाशील हों।

हिन्दी आलोचना के क्षेत्र में भी इलाहाबाद का नाम आसानी से दर किनार नहीं किया जा सकता। पुरानों में जहाँ आचार्य महावीर प्रसाद द्विवेदी 'सरस्वती' के सम्पादक के रूप में जो कुछ लिखते-पढ़ते थे और जैसी रचनाएँ अपनी मुहरबन्दी के साथ छापते थे उससे खड़ीबोली और बाद में छायावादी कवियों की जो प्रतिष्ठा स्थापित हुई उसे सहज ही आँका जा सकता है। वामपंथी विचारधारा के पोषक शिवदान सिंह चौहान ने अपनी आलोचक दृष्टि में खाँचेवादी वर्गीकरण को न अपनाकर साहित्य की सम्पूर्ण व्यापकता और उसके गम्भीर परिणामों का आकलन किया था, किन्तु फ़ेहरिस्त और फतवेबाजी के आदि जनक प्रयाग विश्वविद्यालय के अध्यापक श्री प्रकाशचन्द्र गुप्त ही थे जिन्होंने कई तरह की सूचियाँ अपने लेखों से प्रकाशित कीं। किसी का नाम पहली लिस्ट में आया तो कोई अन्य दूसरी और तीसरी सूचियों में अपना नाम पाने के लिए विकल होकर उनके जेहन में अपना नाम दर्ज कराने के लिए दौड़ते रहे। श्री प्रकाशचन्द्र गुप्त थे तो अंग्रेजी के अध्यापक, किन्तु वे अपने को वामपंथी घोषित करके हिन्दी साहित्य में अपनी घुसपैठ बना रहे थे। वे आगरा से इलाहाबाद आये थे और शुरू-शुरू में परिमल नामक संस्था के (जो कालान्तर में कम्युनिस्टों द्वारा 'प्रतिक्रियावादी' (?) लोगों की संस्था घोषित हो गयी)क्रियाशील सदस्य रहे और कुछेक परिमली लोगों को नये दल में आकृष्ट करने की योजना में तत्पर रहे। इस प्रयत्न में उन्हें सफलता नहीं मिली। फिर वे साहित्य में फ़ेहरिस्त जारी करने वाली साहित्यिक राजनीति पर उतर आये। इस राजनीतिक दाँव-पेंच और उठापटक में कई बार श्री सुमित्रानन्दन पन्त जैसे कवि कभी प्रगतिशील घोषित हुए तो कभी पूँजीवादी तो कभी अरविन्दी दर्शन के कारण उनके कोपभाजन हुए। श्री प्रकाशचन्द्र गुप्त की फतवेबाजी काफी दिन हिन्दी के रचनाकारों को आतंकित किये रही और कइयों को उससे मानसिक क्षोभ भी हुआ। यह सब उस समय की रचनाओं में कहीं न कहीं दर्ज है।

अँगरेजी के ही दूसरे अध्यापक थे श्री एस० पी० खत्री जिन्होंने हिन्दी साहित्य की

अनेक विधाओं से जुड़ी छोटी-मोटी पुस्तकें शास्त्रीय आधार पर टिकी हुई आलोचना के नाम पर लिखीं। यद्यपि वे संख्या में कई थीं, परन्तु उनका प्रभाव नगण्य ही था। श्री विश्वम्भर 'मानव' भी आलोचक के रूप में प्रसिद्ध हुए। मूलतः वे भी हिन्दी के अध्यापक ही थे और डॉ० नगेन्द्र के साथियों में थे। बाद में वे आकाशवाणी के इलाहाबाद केन्द्र से जुड़ गये। वे छायावादी कविता के विशेष भक्त थे और स्वयं भी गीत लिखा करते थे। उनकी प्रसिद्ध पुस्तक थी *'महादेवी की रहस्य साधना।'* इसी प्रकार पन्त पर, निराला पर *'प्रसाद की कामायनी : एक अध्ययन'* पर उनकी पुस्तकें व्यापक विश्लेषण और हिन्दी की व्यापक परम्परा से जोड़ने में किसी हद तक समर्थ थीं। वे दो टूक बात कहने और लिखने के लिए प्रसिद्ध थे। उनकी पुस्तकों में तथ्यों का अच्छा विवरण मिलता है, परन्तु वे अपनी दृष्टि में पूर्वाग्रहों से—अपनी गहरी अध्ययनशीलता के बावजूद बच नहीं सके। वे नवीनतम प्रवृत्तियों पर भी कलम चलाते थे और अकसर अपनी सोच की परिधि में आने वाले रचनाकारों को उनके खाँचों से युक्त भी कर देते थे। मानवजी मृत्यु पर्यन्त प्रयाग में ही रहे और यहीं रहकर आलोचना और उपन्यास दोनों ही विधा में खूब लिखते रहे। उन्हें कई भाषाओं का ज्ञान था। मानवजी की उपेक्षा कोई रचनाकार सहज ही नहीं कर पाता था।

डॉ० रघुवंश यूँ तो हिन्दी विभाग के अध्यापक ही थे। परन्तु वे साहित्य के मात्र अध्यापकीय वृत्ति के कारण ही नहीं जुड़े थे—उनका अध्ययन संस्कृत नाट्य साहित्य से लेकर आधुनिकतम नवीन काव्यधारा के कवियों तक से जुड़ा हुआ था। उन्होंने आलोचना पत्रिका के सम्पादक के रूप में भी जो लेख लिखे, वे बहुधा चर्चा के केन्द्र में रहे। वे 'क ख ग' नामक वैचारिक पत्रिका के सम्पादकों में रहे। आलोचना से सम्बन्धित उनकी कई कृतियाँ प्रकाश में आयीं। जहाँ एक ओर उन्होंने आधुनिक भावबोध को लेकर अनेक चर्चाएँ उठायी हैं वहीं वे प्राचीन सर्वस्वीकृति रचनाकारों पर भी नयी दृष्टि से पुस्तकें लिख रहे हैं। रघुवंशजी परिमल के बड़े सक्रिय सदस्य रहे और अपनी अनेक रचनाएँ उन्होंने वहाँ सुनायी भी हैं। रघुवंशजी अपनी सोच में जितने स्पष्ट थे अपने लेखन में वे अकसर दुर्बोध होने का खतरा उठाते हैं। वे किसी बिन्दु को लेकर स्वयं ही अपने अंतर्मुखी चक्रों में ही जूझते रह जाते हैं। और वे बहुत साफ शब्दों में अपने पाठक के समक्ष अपनी बात को कहने में हिचकिचाते दिखायी पड़ते हैं। अपनी ही चिन्तनधारा पर उनकी अपनी विश्वसनीयता उन्हीं के लिए खतरे की घंटी बन जाती है। रघुवंश की चिन्तनधारा को वैसे नकारा नहीं जा सकता। आलोचकों में रघुवंश का नाम महत्त्व रखता है।

इलाहाबादी आलोचना में अपने मौलिक चिन्तन के लिए जो नाम हिन्दी साहित्य में आज भी चर्चा के केन्द्र में प्रायः बना रहता वह है श्री विजयदेव नारायण साही का नाम। वे हिन्दी की नयी कविताधारा के विशिष्ट कवि तो माने ही गये हैं, परन्तु उनकी सर्वव्यापी आलोचक दृष्टि का कोई सानी नहीं रहा। साही की दृष्टि बिना किसी लाग

लपेट के रचना की तह में जाने में समर्थ थी। वे आलोचक के रूप में न तो संशय की भाषा बोलते हैं और न किसी तरह के चोर दरवाजे रखते हैं। उनकी निर्भयता ही उनके जोखम की असली कसौटी है। वे अपनी बात कहने में न तो गोष्ठी या सभाओं में हिचकते थे और न उसे लिखने में किसी तरह की मुरौव्वत का ख्याल करते थे। आलोचना के सम्पादक मण्डल में रहकर उन्होंने जो लेख और सम्पादकीय लिखे हैं वे हिन्दी साहित्य के सम्पूर्ण परिवेश पर पूर्वाग्रहों से मुक्त दूसरी नजर डालने के लिए किसी भी भावुक पाठक को मजबूर करते हैं। उनके अधिकांश ऐसे लेख उनकी पुस्तक 'छठा दशक' में संग्रहीत हैं। 'लघु मानव के बहाने हिन्दी कविता पर एक बहस' नामक उनका एक लेख अपने अधूरेपन के बावजूद हिन्दी साहित्य की समझ की एक नयी और सार्थक दिशा देता है। इसी तरह 'साहित्य क्यों' या 'लोकतंत्र की कसौटियाँ' जैसी उनकी कृतियाँ साहित्य को जिस धरातल से देखती हैं उसमें मानव समाज की सम्पूर्णता की समग्र पहचान विशिष्ट ढंग से प्रस्तुत होती है। साही ने जायसी को केन्द्र मानकर उनके काव्य 'पद्मावत' का जैसा सांगोपांग पुनर्परीक्षण आधुनिक सन्दर्भों में उस कृति को रखकर हिन्दी आलोचना की दुनिया में अपनी प्रतिष्ठा या साख को दाँव पर लगाया वह अन्य किसी आलोचक ने नहीं किया। साही की पुस्तक 'जायसी' हिन्दी के उन क्षितिजों को उजागर करती है जो साही की सम्पूर्ण सामाजिक समझ और साहित्य की सार्थकता की मुहरबन्दी करती है। उनसे साहित्यिक मसलों पर बहस करने के लिए हिन्दी के अनेक नामवर आलोचक इलाहाबाद आते थे और साही उन्हें भी भीष्म पितामह की तरह अपने ही तर्कों की काट सुझाकर बौद्धिक चुहल किया करते थे। साही का तर्क-कौशल विलक्षण था। वे सभाओं में अपनी समझ और दृष्टि से बड़े से बड़े साहित्यिक समुदाय को आक्रान्त कर लेते थे। साही की अनुपस्थिति हिन्दी आलोचना की निरर्थकता और बौनेपन को ही उजागर करने लगी।

आलोचना के सम्पादक मंडल में धर्मवीर भारती का होना विशिष्ट घटना थी। वे हिन्दी के प्रख्यात कवि और प्रखर आलोचक थे। उनकी पहली पुस्तक *'मानव मूल्य और साहित्य'* ने हिन्दी जगत में काफी हलचल मचायी थी। कम्युनिस्ट समर्थक तथाकथित प्रगतिशील आन्दोलन के वे भी कटु आलोचक थे। भारती के लिखे हुए सम्पादकीय अंश तथा उनके द्वारा *'राष्ट्रवाणी'* (पुणे) में *'जलते प्रश्न'* शीर्षक से जो लेखमाला विजयदेव नारायण साही के साथ-साथ लिखी गयी थी वह अपने दूरगामी अमिट प्रभाव के कारण साहित्य में चर्चा के केन्द्र में रही। इलाहाबाद से भारती *'धर्मयुग'* के सम्पादक होकर बम्बई चले गये। उस दौरान भी उन्होंने हिन्दी के कई यशस्वी कृतिकारों के बारे में लम्बे विवेचनात्मक लेख लिखे। उसका संग्रह भी बँधे-बँधाये खाँचों को तोड़कर 'व्यापकता और गहरायी' की नयी दृष्टि देता है। भारती अपने सम्पादन में ज़िस तरह राग-द्वेष गुटबन्दियों से ऊपर उठकर साहित्यिक रचनाओं के प्रकाशन का दायित्व निभाते रहे वह भी उनकी तटस्थ साहित्यिक आलोचना का अच्छा उदाहरण ही

माना जाएगा। आलोचक के रूप में धर्मवीर भारती और विजयदेव नारायण साही दोनों को ही अपने सम्बोधित पाठक या श्रोता की न तो कभी कमी हुई और न कभी यही हुआ कि उनकी समझ को हिन्दी जगत् में व्यापक चर्चा न मिल पायी हो। इसके विपरीत जो हिन्दी साहित्य के पिछले तीन-चार दशकों के साक्षी हैं उन्हें भली भाँति ज्ञात है कि अकसर हिन्दी जगत की केन्द्रीय धुरी में परिमल से सम्बद्ध ऐसे ही लोगों द्वारा उठायी गयी चर्चाएँ रही हैं।

इस श्रेणी में श्री लक्ष्मीकांत वर्मा का नाम भी सीधे जुड़ता है। जहाँ एक ओर कविता, नाटक और उपन्यास में लक्ष्मीकांत वर्मा यशस्वी हुए वहीं हिन्दी साहित्य की नयी प्रवृत्तियों के मुख्य प्रवक्ता के रूप में लक्ष्मीकांत ने प्रभूत नए विचार हिन्दी की आलोचना को दिये। उनकी पुस्तक *'नयी कविता के प्रतिमान'* ने कविता के नये शास्त्रीय आधारों की खोज और प्रतिष्ठा की। इसी तरह *'लघु मानव'* की अवधारणा भी साहित्य में लक्ष्मीकांत वर्मा के नाम से जुड़ी हुई है। उन्होंने अनेकानेक नये और उभरते कवियों को अपनी कलम से साहित्य में जमीन दी। 'ताजा कविता' नाम से कविता की एक नयी व्याख्या देने का श्रेय भी लक्ष्मीकांत वर्मा के ही नाम से जुड़ा है। वे 'क ख ग' नामक वैचारिक पत्रिका के सम्पादक मण्डल में थे और 'नये पत्ते' तथा 'निकष' जैसी अभूतपूर्व पत्रिकाओं के सम्पादक के रूप में अपनी आलोचनात्मक दृष्टि का परिचय देते रहे। वे अद्यतन हिन्दी साहित्य की नयी से नयी प्रवृत्तियों को जोड़कर अपनी विचारधारा को नित्य नवीन बनाते रहे। वे न तो रूढ़िग्रस्त हुए और न कोई ख़ास ढाँचा बनाने के लिए कभी आग्रहशील ही हुए।

इन्हीं की तरह डॉ० विपिन कुमार अग्रवाल भी मूलत: भौतिक विज्ञान-शास्त्री होने के साथ साहित्य के गम्भीर अध्येयता और कवि एवं नाटककार के रूप में प्रसिद्ध हुए। वे भी 'क ख ग' पत्रिका के सम्पादक मण्डल में थे। वे आलोचक के रूप में आधुनिक भावबोध के सचेष्ट, दृष्टिसम्पन्न और प्रखर प्रवक्ता रहे।

वैज्ञानिक होने के कारण विपिन की तर्कपद्धति अत्यन्त आकर्षक और प्रामाणिक लगती थी। वे साहित्य की पुरातन पंथी मान्य रूढ़ियों पर बड़े सुनियोजित ढंग से प्रहार कर दिया करते थे। उनकी आलोचनात्मक धारणाओं को दरकिनार करने के लिए विपक्षियों को सजग होकर-अध्ययनशील होकर प्रतिवाद करना होता था। हिन्दी कहानी, कविताओं और नाटकों पर विपिन की दृष्टि आज भी महत्त्वपूर्ण है।

विपिन के ही साथी-संगियों में इलाहाबाद विश्वविद्यालय के हिन्दी अध्यापक डॉ० रामस्वरूप चतुर्वेदी थे जो क्रमश: हिन्दी साहित्य के मान्य आलोचकों में उभरकर आये। रामस्वरूप चतुर्वेदी परिमल के कनिष्ठ सदस्यों में थे। उन्होंने अपना आलोचना का काम *'शरत् के नारी पात्र'* जैसी एक पुस्तक से शुरू किया था। बाद में उन्होंने *'नवलेखन'* से अपनी गहरी पहचान बनाते हुए अज्ञेय के साहित्य कर्म से सीधे जोड़ा। भाषा के माध्यम से साहित्य की मूल अवधारणाओं और उसकी विधाओं को अन्वेषित करना

रामस्वरूप चतुर्वेदी की आलोचक प्रकृति की मूल विशेषता रही है। उन्होंने हिन्दी साहित्य की सम्वेदनाओं का इतिहास लिखते हुए हिन्दी साहित्य का एक नया इतिहास भी लिखने का श्रेय कमाया। रामस्वरूप चतुर्वेदी भी साहित्य को खानों में बाँटते हुए उसे वर्गीकृत करने के पक्ष में नहीं सोचते। अकसर अपनी समझ और व्यापकता की सफाई में रामस्वरूप चतुर्वेदी में यूरोपीय लेखकों का उद्धरण किसी सीमा तक जहाँ उनकी मान्यता को पुष्ट करते हैं, वहीं उनकी सोच की आधार भूमि पर विश्वास की डगमगाहट भी पैदा करते हैं। उन्होंने आलोचना और तत्सम्बन्धी विचारों पर गहरा अध्ययन किया है और प्रचुर मात्रा में लिखा भी है। सम्प्रति आलोचना के क्षेत्र में रामस्वरूप चतुर्वेदी ने अपने लिए अपने लेखन से एक स्थान प्राप्त कर लिया है। वे 'क ख ग' के सम्पादक मण्डल में थे और नयी कविता के साथ जुड़े रहे।

कथाकार प्रेमचन्द के दोनों सपूत सर्वश्री श्रीपत् राय और अमृत राय बनारस से इलाहाबाद आकर बसे और हिन्दी साहित्य में अपनी कुर्सी ढूँढ़ने लगे। अमृत राय तो कम्युनिस्ट पार्टी से सीधे जुड़े रहे और अपना बहुत कुछ प्रारम्भिक लेखन पार्टीगत नीति के अनुसार ही करते रहे जिसमें इलाचन्द्र जोशी जैसी औपन्यासिक प्रतिभाओं को *'बिड़ला के जूतों के फीते बाँधने वाला'* कहकर अपनी दृष्टि का परिचय लेखों में यत्र तत्र देते रहे। 'साहित्य में संयुक्त मोर्चा' पुस्तक लिखकर उन्होंने कोशिश की कि विभिन्न विचारधाराओं के लेखकों को एकजुट करके प्रतिक्रियावादी शक्तियों के खिलाफ एक नया मोर्चा बनाया जाये। अपनी संकुचित दृष्टि के कारण उस अभियान में वे सफल नहीं हुए। जहाँ एक ओर वे अपनी ही पार्टी के शीर्ष आलोचकों रामविलास शर्मा जैसे लेखकों से उलझते रहे वहीं वे अपने विरोधियों को—'अमरीकी एजेण्ट' और 'डालर खाने वाले' कहने से नहीं चूके, यानी फतवेबाजी और फेहरिस्तबाजी की आलोचना पद्धति को अमृतराय ने भी अपनाया। 'हंस' का उन्होंने पुनर्संचालन किया। उसके ऐसे ही विकलांग कुछ अंक छपे। फिर *'नयी कहानी'* नाम से जो पत्रिका अमृत राय के हाथ में आयी उसके भी अनेक सम्पादकीय उनकी इसी दृष्टि के परिचायक रहे। इसके विपरीत अमृत राय के बड़े भाई श्रीपत् राय ने जो आलोचनाएँ लिखीं वे ज्यादा गम्भीर और दूरगामी प्रभाव वाली सोच रखती थीं। यद्यपि उनकी साहित्यिक मित्रता का क्षेत्र भी वामपंथी साहित्य तक ही सीमित था, परन्तु फिर भी वहाँ वे रहकर भी जिस प्रकार का विश्लेषण कर सकने में समर्थ लगते थे, वह किंचित आश्चर्यजनक था। श्रीपत् राय कम लिखते थे, परन्तु जो लिखते थे उसमें पार्टीबाजी और किसी भी तरह की दखलंदाजी का आभास नहीं होता था। इसीलिए वे अपनी समस्त वामपंथी समझ के साथ अज्ञेय और नरेश मेहता को भी कहीं न कहीं बाँधे रह सकते थे और *'प्रतीक'* जैसी पत्रिकाओं से भी किसी स्तर पर जुड़ सकते थे।

उर्दू के अत्यन्त प्रतिष्ठित शायर श्री रघुपति सहाय 'फिराक' बहुत दिनों तक कम्युनिस्ट पार्टी के साथ जुड़े रहकर साहित्य में कुछ नयी उथल-पुथल करने का सपना

देखते रहे। इस दरम्यान उन्होंने कई लेख लिखे जो मूलत: हिन्दी विरोधी थे। ऐसा करके फिराक साहब ने हिन्दी वालों को सामूहिक तौर पर जिस तरह पत्र-पत्रिकाओं में झाड़ू लेकर मारना शुरू कर दिया था उससे हिन्दी जगत् में उर्दू साहित्य के प्रति एक विशेष प्रकार की वितृष्णा फैल गई। फिराक साहब के उन तथाकथित आलोचनात्मक लेखों में उर्दू भाषा का जो घुलाव हिन्दी साहित्य में सहज ही आ रहा था उस पर एक तरह की मानसिक अर्गला लग गयी। स्वयं निरालाजी ने इन लेखों का प्रतिवाद किया था। छायावाद की अवधारणाओं पर काव्य की समझ और उसकी नयी प्रवृत्तियों की सार्थकता पर इलाहाबाद की छायावादी त्रयी निराला, पन्त और महादेवी के आलोचनात्मक लेख और उनकी काव्य कृतियों की भूमिकाओं का बड़ा सटीक महत्त्व हिन्दी आलोचना संसार में रहा है।

उपन्यासकार और नाटककार अश्क ने भी आलोचना के नाम पर बहुत कुछ लिखा लिखाया है। दुर्भाग्य यह रहा है कि वे जहाँ रचनाओं के माध्यम से साहित्यिक प्रवृत्तियों को आँकने की बेबाक कोशिश करते हैं वहीं वे पूर्वाग्रहों से मुक्त नहीं हो पाते हैं। उनकी साहित्यिक मित्रता और शत्रुता उनकी रचनाओं में बराबर झलकती रहती है। अश्क की आलोचक दृष्टि की पड़ताल करने पर प्राय: यह धारणा बनती है कि वे सदा मान्यता और आत्म प्रशंसा के अभाव से ग्रस्त रहते हैं। सम्भवत: यही कारण है कि वे अपने बारे में युवा लेखकों को पकड़कर उनसे अपने ऊपर पुस्तकें लिखवाते रहे। अश्क जहाँ निडर होकर लिखने की छवि बनाते हैं वहीं वे तटस्थ होने की छवि खो देते हैं। कमोवेश नरेश मेहता की भी आलोचनात्मक दृष्टि सीमित दायरों में बँधी रही। यद्यपि उन्होंने *'काव्य का वैष्णव व्यक्तित्व'* जैसी आलोचनात्मक रचनाएँ जब प्रस्तुत कीं तो वे बहुत कुछ अज्ञेय की तरह अपनी ही रचनात्मकता की वकालत करते हुए लगे थे। उन्होंने मुक्तिबोध पर या अपने समकालीनों पर जैसी दृष्टि रखी है उसमें विवादों के घेरे से बचकर निकल जाने की उनकी प्रयत्नशीलता साफ दिखायी पड़ती रहती है। अनेक पुरस्कारों के विजेता और बहुस्तरीय मान्यता मिलने के बावजूद नरेश मेहता में सम्प्रभुता का जैसा निर्भीक स्वर उभरकर आना वांछनीय था—वह दुर्भाग्य से अभी तक सम्भव नहीं हो पाया। लगता है कि उनके लिए अभी भी इस क्षेत्र में 'समरशेष' है।

यूँ तो डॉ० जगदीश गुप्त ने भी हिन्दी अध्यापक होने के बावजूद नयी कविता के सम्पादक के रूप में कई महत्त्वपूर्ण अवधारणाओं की प्रस्तावना हिन्दी साहित्य में की है जिसमें अनेक महत्त्वपूर्ण लेखों में *'अर्थ की लय'* की विशेष चर्चा हुई है। *'नयी कविता'* के छन्द विधान पर उन्होंने पुरानी समझ को साहसपूर्ण चुनौती दी है। इसी तरह *'किसिम-किसिम की कविता'* नामक उनका लेख भी कविता के अनेक प्रचलित स्वरूपों की व्याख्या करता है। जगदीशजी ने अपने साहित्यकार और चित्रकार रूपों की पहचान अपनी पुस्तक—*'प्रागैतिहासिक चित्रकला'* तथा *'भारतीय कला के पदचिह्न'* जैसे आलोचनात्मक ग्रन्थों में प्रस्तुत की। *'रस सिद्धान्त'* पर भी जगदीश की दृष्टि सार्थक है।

कविता की समझ में—उसके अतल पर रचनाकार के साथ एकाकार हो जाने की प्रवृत्ति भी जगदीशजी में प्राय: दिख जाती है। वे रीतिकालीन कविता से लेकर अद्यतन-अधुनातन काव्यधारा से अपने को जोड़ सकते हैं। यह गुण उनके दो आलोचक मित्रों में—साही और भारती में भी उन्हीं के जैसा विद्यमान था।

परिमल में ही सक्रिय लक्ष्मीकांत वर्मा के संरक्षण में नवदीक्षित तीन युवा कवि समीक्षक थे जो सर्वश्री मलयज, श्रीराम वर्मा और दूधनाथ सिंह के नाम से हिन्दी जगत् में जाने गये। इनमें मलयज ने कवि शमशेर बहादुर सिंह के माध्यम से और फिर साहित्य की अधुनातन प्रवृत्तियों पर कई महत्त्वपूर्ण लेख लिखे। मलयज की सोच और समझ उनकी डायरियों में भी खूब मिलती है। अपनी रोजी-रोटी के सिलसिले में वे दिल्ली चले गये। श्रीराम वर्मा कवि थे और मूलत: साहित्य की अन्य विधाओं पर उनकी कवि दृष्टि ही बनी रही। हिन्दी अध्यापक होकर वे भी आजमगढ़ चले गये। दूधनाथ सिंह भी हिन्दी अध्यापक हुए और अपने विकास के लिए उन्होंने परिमल के बाद प्रगतिशील लेखक संघ और बाद में जनवादी मंच का पल्ला पकड़ लिया। 'निराला : आत्महंता आस्था' उनकी प्रचलित आलोचनात्मक कृति है। उन्होंने वैसे तो आलोचना और संस्मरण के नाम पर बहुत कुछ लिखा है। परन्तु उनके रंगीन चश्मे के कारण जो कुछ तथ्य उभरते हैं वे प्राय: विकलांग ही नहीं, वरन् हिन्दी साहित्य में गलत बयानियों का विपुल भंडारण अनजाने ही प्रस्तुत करते रहे हैं। पार्टी लाइन पकड़कर चलने वाली आलोचना पद्धति बहुधा तथ्यों के साथ खिलवाड़ करती है—यह मानकर चलते हुए कि उन तथ्यों को खंडित करने के लिए अब कोई उतना पराक्रम सहज ही स्वीकार नहीं करेगा।

इन्हीं लोगों के हम उम्र डॉ० सत्यप्रकाश मिश्र अपने बहुपठित और तर्ककुशल होने का प्रमाण देने में काफी यशस्वी हैं। उन्होंने हिन्दी साहित्य के पुराने और नवीनतम लेखकों और कवियों की रचनाओं का प्रचुर अध्ययन कर रखा है और सहजता से वे उन तमाम पढ़ी हुई कृतियों का उद्धरण कंठाग्र करके बोल सकते हैं। वे भी विजयदेव नारायण साही की तरह बेबाक और साफगोई के कायल हैं। यद्यपि अभी अकसर उनके आवेशपूर्ण वक्तव्यों में तथ्यों को पूरी तरह जज्ब करने का अभाव कभी-कभी खटकता है।

सत्य प्रकाश मिश्र ने वैसे तो अपना शोध 'कवि शिक्षा' की परम्परा को लेकर किया है परन्तु उनका आग्रह कविताओं में प्राय: इस तरह मुखरित होता है जैसे वे कुछ नारों और मुहावरों से बनी हुई कविता के प्रवक्ता के रूप में सामने आ रहे हों। इस तरह की समझ या वक्तव्य अकसर साहित्य में उसी पुराने ढर्रे की फ़ेहरिस्त और फ़तहेबाजी का प्रभामंडल पैदा कर देती हैं। वे परिमल के सहसंयोजक के रूप में बड़े मनोयोग से काम करते रहे हैं। *'महाबली का पतन'* नामक लेख सत्यप्रकाश मिश्र के लिए पर्याप्त ख्याति अर्जित की। उन्होंने *'वर्तमान साहित्य'* का एक आलोचना अंक भी सम्पादित किया था।

आश्चर्य है कि हिन्दी अध्यापक होने के बावजूद उन पर अध्यापकीय आलोचना का गाढ़ा रंग नहीं चढ़ पाया। उनकी स्मरण शक्ति, तर्क पद्धति और अध्ययनशीलता अब भी आलोचना के क्षेत्र में इलाहाबाद के स्वर को रेखांकित करते रहने की उम्मीदें पोसती रहती हैं।

डॉ० रामकमल राय हिन्दी साहित्य में काफी समय के बाद हिन्दी आलोचना के क्षेत्र में आए। वे अध्ययनशील और बहुपठित तो थे ही साथ ही साहित्यिक सत्संग ने उनको अनेक विभूतियों से गहरा परिचय कराया। इस परिचय के परिणामस्वरूप अनेक लेखकों की रचनाओं को उन्हें नये सिरे से पढ़ने और उनकी रचना प्रक्रिया को गम्भीर ढंग से समझने, उसे पुनः नये सिरे से अन्वेषित करने और अपने प्रिय लेखकों की रचनादृष्टि को समग्र रूप से प्रस्तुत करने का जैसा अवसर मिला वह हिन्दी की आलोचना भूमि में सर्वथा अनपहचानी दृष्टि थी। इस प्रक्रिया में उन्होंने अज्ञेय और नरेश मेहता को केन्द्र बिन्दु मानकर जैसी आलोचनात्मक पुस्तकें लिखी हैं वह बहुत कुछ चूँकि उनके अनुभूत सत्य से आविर्भूत हुई हैं इस कारण उनकी प्रामाणिकता भी अभूतपूर्व है। *'शिखर से सागर तक'* उनकी पुस्तक अज्ञेय पर अपने ढंग की अनूठी कृति है। रामकमल राय समाजवादी विचारधारा से प्रभावित रहे हैं और वे भी अनेक वरिष्ठ बुद्धिजीवियों की भाँति डॉ० राममनोहर लोहिया के चिन्तन से जुड़े रहे। साहित्य की समग्रता और हिन्दी भाषा के प्रति उनका लगाव उन्हें आज की हिन्दी आलोचना में विशिष्ट बनाता है।

जिस प्रकार हिन्दी साहित्य और उसके विभिन्न आन्दोलनों की जन्मभूमि इलाहाबाद ही रही है उसी तरह साहित्य में उथल-पुथल और हलचल मचाने वाली आलोचना का भी केन्द्र इलाहाबाद में ही बना रहा। कई दिशाओं की मूल बहसें और चिन्तन के नये आयाम इलाहाबाद से ही विकसित हुए, वह चाहे फ़ेहरिस्तों और फ़तवेबाजियों का हो या गहन मौलिक चिन्तन और साहित्य को भारतीय समाज की मूल पहचान के रूप में जानी गई चिन्ताएँ हों। आज भी वही बहसें घूम-घूमकर पूरे 'साहित्य क्यों' की सार्थकता को रेखांकित करती है। दुर्भाग्य यह रहा है कि जिन कृतियों की मान्यता पुरानी आलोचना पद्धति ने दी थी उसे नई कसौटियों पर कसने का जोखम इलाहाबाद में विजयदेव नारायण साही के अतिरिक्त किसी ने नहीं उठाया। जिस तरह पं० रामचन्द्र शुक्ल ने तुलसी पर या हजारीप्रसाद द्विवेदी ने कबीर पर अपनी प्रतिष्ठा को दाँव पर लगाया वैसा साहस आज दुर्लभ है। इलाहाबादी आलोचना के क्षेत्र में वैसे तो पं० इलाचन्द्र जोशी ने भी बड़े समर्थ ढंग से अपने विचारों को 'दृष्टिकोण' में रखा था और उन्होंने कई पुस्तकें भी लिखी थीं परन्तु वे प्रायः साहित्य पर दूरगामी प्रभाव नहीं छोड़ सकीं। इसी तरह डॉ० रामकुमार वर्मा ने भी हिन्दी साहित्य का एक इतिहास लिखा और अपने वक्तों में रहस्यवाद और छायावाद की वकालत में कुछ तेवर वाले आलोचनात्मक लेख भी लिखे थे, परन्तु वे बाद में कविता के बदलते कलेवर के साथ अपनी आलोचनात्मक क्षमता का कोई सार्थक उपयोग नहीं कर सके।

आज भी हिन्दी आलोचना को अपने सम्बोधित पाठक की गहरी तलाश है। बिना उसकी पहचान किए हुए मूल रचना की अंतर्धाराओं से साक्षात्कार होना कठिन है और इस साक्षात्कार के बिना उस विधा की सार्थकता प्रश्नचिह्नों से बच नहीं सकती।

■

इलाहाबाद कॉफी हाउस : सृजन का गोमुख

इलाहाबाद कॉफी हाउस : सृजन का गोमुख

उर्दू के प्रसिद्ध शायर इलाहाबाद यूनिवर्सिटी के वरिष्ठ प्रोफेसर चिन्तक, मनीषी, श्री रघुपति सहाय फिराक अपने भाषणों में प्राय: कहा करते थे कि "हिन्दुस्तान में जो कुछ महत्त्वपूर्ण होगा—जिससे इस देश की पहचान बनेगी वह सब कुछ इसी गंगा यमुना के क्षेत्र से ही निकलकर विकसित और पल्लवित होगा।" उसके लिए वे प्रमाण स्वरूप हिन्दी उर्दू के प्रसिद्ध साहित्यिक उपलब्धियों की चर्चा दृष्टांत देकर करते थे—चाहे सूरदास, तुलसीदास या कबीर हों और चाहे राजनीति में आने वाले हिन्दुस्तान के तीन चार प्रधानमंत्री हों जो उत्तर प्रदेश से ही उभरकर आए, जिन्होंने देश के एक नए स्वरूप की पहचान बनाई। इसी उत्तर प्रदेश में इलाहाबाद का एक ऐसा विलक्षण स्थान बना जहाँ से साहित्य और राजनीति, धर्म तथा संस्कृति साहित्य समारोह से लेकर निरन्तर बीसों वर्ष तक चलने वाले, वह चाहे अखिल भारतीय संगीत सम्मेलनों का सिलसिला हो, चाहे माघ मेले से लेकर कुम्भ मेलों की देशव्यापी परम्परा हो, इस सबका केन्द्र स्थल इलाहाबाद ही बनता रहा। गंगा यमुना का यह अद्वितीय संगम देश के कोने-कोने के करोड़ों धर्मप्राण आस्तिक नागरिकों को जहाँ भयानक शीतलहरी के अंदर आज भी इलाहाबाद तक खींचकर लाता है, वहीं आधुनिक हिन्दी साहित्य के शिखर आन्दोलन छायावाद की इलाहाबाद ही सम्पूर्ण हिन्दी जगत में प्राण प्रतिष्ठा करता है—वहीं आधुनिकतम रचना कृतित्व को सामने लाने वाले 'परिमल' जैसे आन्दोलन को भी जन्म देता है और वह जाने अनजाने साहित्यिक चर्चा का मूल केन्द्र बन जाता है। साहित्यिक रुचि रखने वाले रसिकों को यह कम ही पता होगा कि 'वामपंथी' विचारधारा के प्रगतिशील आन्दोलन की शुरुआत भी इसी इलाहाबाद शहर से हुई थी। (बकौल डॉ० नामवर सिंह इला० संग्रहालय में भाषण)

तमाम तरह की साहित्यिक, राजनैतिक तथा सामाजिक बहसों का केन्द्र इलाहाबाद शहर में ही स्थित 'कॉफी हाउस' हुआ करता था। सिविल लाइन्स का कॉफी हाउस बहुत काल तक इलाहाबाद शहर के मिज़ाज की नब्ज के रूप में अपनी पहचान बनाए हुए था। बाहर से आने वाले जिज्ञासु बुद्धिजीवी 'कॉफी हाउस' में ही आकर यह भलीभाँति जान लेते थे कि आजकल इलाहाबाद में कैसी हवा बह रही है—वह चाहे आधुनिक साहित्य की नवीनतम चर्चाएँ हों, चाहे देश में लगी हुई इमरजेन्सी हो और चाहे उसी कॉफी हाउस में पकड़े जाने वाले लोगों की सूचियाँ हों, चाहे इस नगर से लेकर दिल्ली तक, मद्रास से कलकत्ते तक की गोलीबारी और लाठीचार्ज हों, चाहे प्रधानमंत्री

के बारे में उड़े हुए स्कैण्डल्स हों—सबकी चर्चा कॉफी हाउस की अलग-अलग मेजों पर सुनी जा सकती थी। इन मेजों पर बहसें इतनी गर्मागर्म और पुरजोश हुआ करती थीं कि लगता था इन बहस करते हुए लोगों की व्यक्तिगत प्रतिष्ठा और साख भारी दाँव पर लगी हुई है। उसकी रक्षा में वे जैसे जान पर खेलने के लिए तैयार हों। इन बहसों की प्रतिध्वनियाँ निश्चित रूप से राजधानियों तक जाती थी और समझदार सत्ताधारी उन बहसों की नोटिस भी लेते थे। हर मेज से उठता हुआ शोर ही एक मेज और दूसरी मेज के बीच एक दीवार बना देता था। उस समय हम लोगों के बीच एक यह वाक्य आम तरह से दोहराया जाता था कि—'इस देश में सत्ता के तीन हाउस हैं—एक 'अपर हाउस' दूसरा 'लोअर हाउस' और तीसरा सबसे महत्त्वपूर्ण है 'कॉफी हाउस'। कॉफी हाउस की बहसों को इसलिए नजरअंदाज कर पाना किसी भी क्षेत्र की महत्त्वपूर्ण व्यक्ति के लिए सम्भव नहीं था।

'कॉफी हाउस' की परम्परा बुद्धिजीवियों के साथ काफी अर्से से जुड़ी रही। लखनऊ में भी कॉफी हाउस बुद्धिजीवियों को आकर्षित करता था। वहाँ-जहाँ एक ओर आचार्य नरेन्द्र देव जैसे प्रसिद्ध देशनेता दिख जाते थे, वहीं उपन्यासकार भगवतीचरण वर्मा, या यशपाल और पं० अमृतलाल नागर भी दिखायी पड़ते थे। इलाहाबाद में भी राजनीति के और साहित्य के शिखरस्थ पुरुष अकसर वहाँ दिख जाते थे। उनमें डॉ० राममनोहर लोहिया, फ़िराक साहब और सच्चिदानंद हीरानन्द वात्स्यायन 'अज्ञेय' भी यदि नगर में हैं तो कॉफी हाउस में इनका होना अनिवार्य ही था। डॉ० लोहिया के लिए जरूरी नहीं था कि वे हमेशा राजनीतिक कार्यकर्ताओं से घिरे रहें। वे अकसर हिन्दी के लेखकों के साथ भी बैठकर गम्भीर चर्चा करते और रामायण मेले की योजनाएँ बनाते। अज्ञेयजी भी अनेक साहित्यिक योजनाओं को लेकर इलाहाबाद आते और अपने हमजोलियों के साथ उनकी रूपरेखा बनाते। अज्ञेयजी प्राय: परिमल के साथ जुड़े नवयुवकों के बीच ही दिखते थे। उनके अलावा कभी-कभी लखनऊ, बनारस और दिल्ली से आने वाले साहित्यकार भी कॉफी हाउस की मेजों पर दिख जाते थे। जहाँ एक ओर परिमल की मेज कॉफी हाउस में सबसे पीछे की दीवार से सटी हुई होती वहीं प्रगतिशील लेखकों की एक मेज दूसरी तरफ की दीवार के आस-पास होती थी। इस मेज पर सर्वश्री भैरव प्रसाद गुप्त, मार्कण्डेय, अमरकान्त, शेखरजोशी कभी ज्ञानरंजन और दूधनाथ सिंह भी हुआ करते थे। ये सारे लोग केवल 'शनिवारी महफिल' के लिए प्रसिद्ध थे। परिमल के अधिकांश लोग नित्य ही आते थे—इनमें विजयदेव नारायण साही, लक्ष्मीकांत वर्मा, रामस्वरूप चतुर्वेदी, डॉ० रघुवंश, जितेन्द्र सिंह, विपिन अग्रवाल, सत्यव्रत सिन्हा और केशवचन्द्र वर्मा होते ही थे। अकसर आने वाले लोगों में डॉ० जगदीश गुप्त, इलाचन्द्र जोशी, गंगा प्रसाद पाण्डेय, वाचस्पति पाठक और नरेश मेहता जैसे लोग भी थे। शुरू-शुरू में सन् ५० से लेकर सन् ६० तक जब तक धर्मवीर भारती इलाहाबाद में रहे तब तक वे नियमित रूप से शाम को सिविल लाइन्स के कॉफी हाउस

या 'रामाज़ बार' एण्ड 'कॉफी हाउस' या मलानी कॉफी हाउस में परिमल के सभी लोगों के साथ बैठा करते थे। इसी तरह सर्वेश्वर दयाल सक्सेना, गिरिधर गोपाल और रमानाथ अवस्थी भी जब तक इलाहाबाद रहे तब तक इलाहाबाद का कॉफी हाउस इन लोगों के ठहाकों का साक्षी रहा। उसमें उपेन्द्रनाथ अश्क भी यदा-कदा आते और परिमल के लोगों के साथ बैठकर बहस करते- बुरा मानते और अकसर तैश में उठकर चले जाते।

अब मैं कॉफी हाउस नहीं जाता।

विजयदेव नारायण साही को एकाएक दिल का दौरा पड़ने के बाद उनका देहान्त हो गया। मेरा कॉफी हाउस जाना एक तरह से उन्हीं के साथ बँधा हुआ था। वे अपने बैंक रोड के घर से कॉफी हाउस निकलते तो मुझे रेडियो स्टेशन फोन कर देते कि मुझे वहाँ अमुक समय तक पहुँच ही जाना है। वहाँ बैठे लोग हममें से एक को देखते तो समझ जाते कि अब दूसरा आने ही वाला है। मुझसे पहले साही ने स्कूटर खरीद ली थी। अगर मैं घर पर हूँ या अकसर दफ्तर से भी वे मुझे अपनी स्कूटर पर बैठाकर कॉफी हाउस आते और फिर मुझे वापस छोड़ जाते। कहते-एक जाड़ा, गर्मी, बरसात छोड़ दो तो स्कूटर से बढ़िया कोई सवारी नहीं है। अच्छी कमाई होने के बावजूद भी साही ने कभी मोटर नहीं रखी। मई जून के महीनों में जब इलाहाबाद की गर्मी अपने शिखर पर होती लू के थपेड़े इलाहाबाद की सड़कों को पिघलाने लगते थे और तब भी साही की स्कूटर मेरे घर की खिड़की के सामने खड़ी हुई अपनी टीं टीं टीं की हार्न की आवाज देकर मुझे कॉफी हाउस चलने के लिए मजबूर करती। मेरे कभी-कभी मना करने पर भी वे मेरी उम्र को ललकारते और बुढ़ापे का लांछन लगाते-कभी अपनी नई लिखी कविता वहीं सुनाने का प्रलोभन भी देते और कभी कुछ नए आए हुए मेहमानों से मिलाने की सूचनाएँ देते। बहरहाल मुझे उस तपती दुपहरी में सर पर मोटा रूमाल बाँधकर कॉफी हाउस जाना ही होता था। यही पुकार भरी सर्दी में और बारिश के दिनों में भी साही दोहराते ही रहते। मैं अकसर रेडियो स्टेशन से जल्दी लौटकर कॉफी हाउस पहुँच जाता तो मुझे अकेला पाकर लोग पूछते कि—क्या आप रोज एक प्याला कॉफी के लिए यहाँ आते हैं? मेरा उत्तर होता—कॉफी हाउस तो मेरा बाथरूम है। दिनभर दफ्तर की ऊब, खीझ और सरकारी कचरा ढोते-ढोते मेहतरों की जैसी हालत हो जाती है। उसे मैं यहीं आकर धोता-पछारता हूँ। फिर निर्मल चित्त से नयी-नयी बातें सुनकर उन्हें बुनता-गुनता हुआ घर वापस जाता हूँ।

यह हाल केवल मेरा ही नहीं था। वहाँ इस तरह के जो लोग इकट्ठा होते थे वे सब किसी न किसी तरह अपना मैल धोने के लिए वहाँ आते थे। बहुत ही कम, कभी ऐसा हुआ होगा कि कॉफी हाउस से कोई अपने मन में कोई नया विद्वेष लेकर घर वापस गया हो। हँसी की फुलझड़ियों से लेकर कॉफी हाउस की छत को कम्पित करने वाले अट्टहासों में सब कुछ धुलकर स्फटिक स्वच्छ हो जाता था। कॉफी हाउस से लौटने का कोई समय नहीं होता था। यह बात सब मन ही मन जानते थे कि जो भी महफिल से

पहले उठकर गया फिर वही चर्चा का मुख्य केन्द्र बन जाएगा, उसी के बारे में चर्चा होगी, उसी के बारे में टीका टिप्पणियाँ होंगी। उसी को बहस और निन्दा का टॉपिक बन जाना होगा। बस इस भय से भी कोई पहले उठकर जाना पसन्द नहीं करता था। बहसें भी इतनी दिलचस्प और सार्थक होती थीं कि उनको बीच में बिना किसी निर्णय के छोड़ देना किसी भी बुद्धिजीवी को अपनी क्षमता पर प्रश्नचिह्न जैसा लगता हुआ दिखायी पड़ता था। अमूमन ग्यारह बजे रात तक घर वापस लौटने का चलन हो गया था। बीवियों की डाँट फटकार-उलाहना झगड़ा, दोस्तों को कोसा जाना, यह सब हरेक के घर की नित्य की दिनचर्या बन गई थी।

आखिर इन बहसों में होता क्या था? बहस की एक खास दिशा इस प्रकार तय होती थी कि साहित्य में कौन-सी कृति आयी है, और किस पत्रिका में क्या कुछ उल्लेखनीय प्रकाशित हुआ है। यह एक तरह से मान्य चलन था कि कम से कम परिमल की मेज़ पर जो लोग इकट्ठा होते थे वे सब नए से नया जो कुछ भी आया हो उसे पढ़कर बाकी सब लोगों को उसका सार-संक्षेप बता देंगे। हरेक के लिए सब कुछ नया पढ़ना न तो सम्भव था और न आवश्यक। इन पत्रिकाओं में अकसर हिन्दी की *'कल्पना'* या *'सरस्वती'* या *'दिनमान'* या *'धर्मयुग'* जैसी पत्रिकाओं का हवाला अधिक रहता था और लोग इन पत्रिकाओं का बेसब्री से इन्तजार भी करते थे। इसी के साथ अंग्रेजी की पत्रिकाएँ भी चर्चा में रहती थीं जिनमें *'एनकाउण्टर', 'टाइम्स लिट्रेटी सप्लीमेण्ट', 'इलस्ट्रेटेड वीकली', 'एव्री मैन्स'* और *'न्यू डाइरेक्शन्स'* जैसी पत्रिकाएँ थीं। उनमें छेड़े गए विषयों पर अकसर बहस आगे बढ़ती थी और कभी-कभी हिन्दी में नई चर्चाओं का श्रीगणेश भी होता था। कुछ ऐसी बहसें भी होती थीं जो स्थानीय साहित्यिक राजनीति से प्रेरित होती थीं। विजयदेव नारायण साही का बहुचर्चित लेख 'लघु मानव के बहाने...' या 'साहित्य क्यों'? लिखा ही न गया होता यदि कॉफी हाउस की उठी हुई बहसों ने साही को उस चुनौती में न डाल दिया होता। अकसर छोटे-मोटे मार्मिक कमेण्ट (टिप्पणी) भी भारी बहस को जन्म दे देते थे। मुझे याद है एक बार किसी लेखक की बलात्कार सम्बन्धी एक कहानी के बारे में चर्चा उठी तो मैंने स्वयं अपने को उससे अनभिज्ञ रहने का नाटक करते हुए कहा था कि—मैं ऐसी चीजें पढ़कर किसी *'सुपीरियारिटी काम्प्लेक्स'* से सफर करने के बजाए बड़ों से 'इनफ़ीरियारिटी काम्प्लेक्स' से सफर करना ज्यादा पसन्द करता रहूँगा। यानी मैंने उस प्रसंग में यह कहा था कि ऐसी कहानियाँ मेरे जैसा कोई भी आदमी बाएं हाथ से लिख सकता है, लेकिन वाल्मीकि के द्वारा रचित *'रामायण'* के *'सुन्दरकाण्ड'* जैसा विवरण लिख देना—हनुमान के समुद्र संतरण का गहरा चित्रण कर पाना किसी भी लेखक के लिए ऐसी चुनौती है कि उसे पढ़ने पर अपनी कलम तोड़कर फेंक देने में ही अपनी सार्थकता दिखती है। इसीलिए मैं बार-बार उस कृतित्व से जूझना और अपने घटियापन का निरन्तर बोध जागृत किए रहना ज्यादा पसन्द करता हूँ—बजाए एक निरीह विदेशी महिला को

पकड़कर एकान्त में उसके साथ बलात्कार करने का चटखारा लेता हुआ एक जुगुत्सापूर्ण विवरण पढ़ना!! उस वक्त बात हँसी में उड़ गयी थी, बाद में मुझे ज्ञात हुआ कि साही ने साहित्यकार और रचना के दायित्व पर बोलते हुए कई जगह उपरोक्त प्रसंग का बड़ा अनूठा उपयोग किया। ऐसी बहसों ने सार्थक कृतित्व को बड़ा प्रश्रय दिया। कॉफी हाउस में हमारी मेज पर एक 'थीम बैंक' जैसी चीज भी होती थी। 'थीम बैंक' का मतलब यह था कि जो भी ऐसा टॉपिक बातचीत के दरम्यान आया जिस पर कोई अन्य लिखने के लिए सक्षम माना जाता था तो उसे वह टॉपिक लिखने के लिए सौंप दिया जाता था। टॉपिक मिल जाने पर वह व्यक्ति चाहे जैसे उसे लिखे-पढ़े या उस पर सामग्री एकत्र करे और उसे लिखकर सजा सँवारकर या तो परिमल की औपचारिक गोष्ठी में उसे सुनाए और बहस में दुबारा शामिल हो या उसे कहीं प्रकाशित कराए और फिर हिन्दी साहित्य की बड़ी बहसों में वह शामिल हो जाये। लक्ष्मीकान्त वर्मा की अत्यंत चर्चित पुस्तक *'नई कविता के प्रतिमान'* इसी तरह की बहस, मुबाहिसा, टिप्पणियाँ, उत्तर प्रतिउत्तर नई कविता के स्वरूप को व्याख्यायित करते हुए लिखी गई थी। *'नई कविता'* पत्रिका का जन्म भी ऐसे हुआ। *नए पत्ते, निकष* आदि पत्रिकाएँ भी कॉफी हाउस की गम्भीर गोष्ठियों का ही परिणाम थीं। हास्य व्यंग्य की पत्रिका *तुंगशृंग* (जिसका सम्पादन भार मुझे सौंपा गया था) के लगभग समस्त अंकों की रूपरेखा कॉफी हाउस में ही बैठकर छोटी गोष्ठियों में बनाई जाती थी और उसे साकार किया जाता था। बहुतेरे लोग तब भी सोचा करते थे कि कॉफी हाउस में हम लोगों का इस तरह बैठकर समय बर्बाद करना हमारे निठल्लेपन का प्रामाणिक उदाहरण है। परन्तु वे जो वहाँ नित्यप्रति आते थे और उन जीवन्त बहसों में हिस्सा लेते थे वे सब जानते थे कि कॉफी हाउस की उन दिनों की गोष्ठियों ने कितना रचनात्मक दायित्व हिन्दी के ऐसे लेखकों पर सौंपा जिन्होंने कालान्तर में अपनी कृतियों से साहित्य के नए कीर्तिमान स्थापित कर दिए।

इलाहाबाद के कॉफी हाउस की रचनात्मक भूमिका बिना उसके पार्श्व में स्थित भव्य रोमन चर्च की चर्चा के अधूरी ही रहेगी। यह रोमन चर्च सिविल लाइन्स के चौराहे पर योरोपीय गॉथिक स्थापत्य का विलक्षण नमूना है। यह चर्च भी यद्यपि अभी अधूरा ही माना जाता है, परन्तु इसके सौन्दर्य और भव्यता के कारण उसकी श्रेष्ठता एशिया के प्रमुखतम चर्चों में मानी गई है। यह चर्च सिविल लाइन्स के केन्द्रीय स्थल में है और एक विशाल भूखण्ड को समेटे हुए है। इसका एक सिरा इलाहाबाद रेलवे स्टेशन की ओर है तो दूसरा सैनिक छावनी की ओर तीसरा हिस्सा एकाउण्टेण्ट जनरल के कार्यालय और इलाहाबाद के हाईकोर्ट की ओर है तो चौथा हिस्सा कॉफी हाउस को छूते हुए सिविल लाइन्स की बाजार पर निकलता है। ईसाई त्यौहारों और रविवारों पर यह चर्च विशेष रूप से खुलता है। अन्यथा इसके माली और चौकीदार इसे बंद ही रखते हैं। चर्च के चारों ओर टाइल्स से जड़ी एक लम्बी परिक्रमा भी है। यह गेट के बाहर है।

कॉफी पीकर हम लोग जब थक जाते थे और कुछ भावी योजनाओं की गुप्त मंत्रणाएँ आवश्यक होती थीं या कोई अधूरी बहस निर्णायक दौर तक पहुँचने से बची रहती थी तो उसका समापन भी इसी चर्च की परिक्रमाओं में पूरा होता था। साथ-साथ चलने वाले तीन चार लोग ही होते। बहस अकसर बहुत तेज भी हो जाती थी। निजी आरोपों प्रत्यारोपों का खुलासा भी इसी चर्च की परिधि में ही प्राय: होता था। घूमने वाले लोगों में अकसर विजयदेव नारायण साही, जितेन्द्र सिंह, लक्ष्मीकांत वर्मा, विपिन अग्रवाल, नरेश मेहता और मैं हुआ करते थे। इस परिक्रमा में रात का दस ग्यारह बज जाना कोई अचरज की बात नहीं थी। हम लोग जब वापस लौटते तो स्कूटर स्टैण्ड पर सन्नाटे में केवल हमीं लोगों की तीन चार स्कूटर खड़ी मिलती थीं और कॉफी हाउस अगर खुला है तो मानवजी (श्री विश्वम्भर मानव जी) अपनी मेज पर बरकरार मिलते थे। मानवजी के साथ हँसी मजाक का गाढ़ा रिश्ता बन चुका था। वे भी चोट करने में चूकने वाले नहीं थे। इस चुटकुले की खासी प्रसिद्धि थी कि मैंने मानवजी से कॉफी हाउस में कहा था कि आपका नाम पं० रामचन्द्र शुक्ल के इतिहास में है!! इस पर वे चिहुँक उठे और शर्त लगाकर बोले 'दिखाइये'। मैंने उनको बताया कि पं० रामचन्द्र शुक्ल ने बाबू श्यामसुन्दर दास प्रभृति आलोचकों के नाम जहाँ गिनाए हैं वहीं उन्होंने उसी सूची में शब्द लिखा है—'इत्यादि'। यह इत्यादि आपका नाम न याद रहने के कारण आप ही के लिए लिखा गया है।' एक बार सबों ने उन्हें घेरकर कहा कि अब हम लोग आपका 'अभिनन्दन' करेंगे। उन दिनों इलाहाबाद में अभिनन्दनों का जैसा विद्रूप खड़ा हो गया था उसे जानकर मानवजी बहुत ही घबराए हुए थे—और उन्होंने सबके घर पर जा-जाकर समझाते-बुझाते हुए याचना की कि उनका तथाकथित 'अभिनन्दन' न किया जाये। बहरहाल, इस तरह का मसखरापन और 'प्रैक्टिकल जोक' भी कॉफी हाउस में चलते ही थे और अकसर उन्हें कार्य रूप में बदलकर परिमल के लोग उसका मजा भी लेते थे। मानवजी सबसे पहले आते थे और नौ बजे के पहले नहीं जाते थे। पहले वे ही सबकी कॉफी का बिल चुकाया करते थे फिर यह नियम बना कि हर व्यक्ति अपनी कॉफी का बिल का भुगतान स्वयं करे। एकाध बार कोई अपवाद भी हो जाते थे, परन्तु यह सर्वमान्य नियम था। जब भी पं० इलाचन्द्र जोशी या भगवती बाबू या वाचस्पति पाठक या उपेन्द्रनाथ अश्क भी उस मेज पर होते तो शेष सबको जूनियर मानते हुए यही लोग ही पूरी मेज का भुगतान दिया करते थे। इसी अनकहे नियम के अनुसार कॉफी हाउस की मेज पर लोग हर दिन हर शाम एकत्र होते थे और वहाँ से हँसते खेलते घर लौट जाते थे।

परिमल की या अन्य किसी संस्था की कोई गोष्ठी हो और वहाँ लोग चाय कॉफी नाश्ता कर भी चुके हों तो भी उनमें से अधिकांश को कॉफी हाउस में बैठकर बिना उस गोष्ठी पर चबाव किए चैन नहीं पड़ती थी। वे सब फिर धीरे-धीरे कॉफी हाउस की शरण में पहुँच जाते थे। इसी प्रकार नगर में कोई विशिष्ट नाटक हुआ या संगीत की कोई महफिल हुई तो भी उसकी पूर्ण समिधा कॉफी हाउस की अग्निकुण्ड में ही पड़कर

शान्त होती थी। यदि वहाँ भी बात पूरी न हुई तो उसी का छोर पकड़े-पकड़े पास लगे चर्च की परिक्रमा शुरू हो जाती थी। अकसर चर्च की परिक्रमा करते-करते थककर हम लोग फाटक खोलकर चर्च की सीढ़ियों की किसी एकान्त कोने में घण्टों बैठे भी रह जाते। यहाँ बैठकर अध्ययन और पठन-पाठन का भी अविश्वसनीय क्रम चलता था। मैं वृन्दावन से घूमकर लौटा और चैतन्य महाप्रभु के पट्ट शिष्यों-षड्गोस्वामियों की कृतियों के बारे में जब साही को बताता तो उनसे इसकी गुरुदक्षिणा के रूप में इलियट का *'वेस्टलैण्ड'* पढ़ाने के लिए आग्रह करता। उन्होंने पढ़ाया भी। इसी तरह *'आयनेस्को'* के सम्पूर्ण एब्सर्ड नाटक हम लोगों ने प्राप्त किए और उनके भीतर घुसकर विसंगति के नाटकों की पृष्ठभूमि समझने का यत्न किया। इस दौरान हम लोग कभी-कभी मूँगफली खाते और छिलके वहाँ गिराते तो चर्च के माली और चौकीदार की डाँट फटकार भी खाते, फिर हमें छिलके बटोरकर बाहर फेंकना भी पड़ता। अनेक रचनाकारों के बारे में उड़ती-पुड़ती अफवाहों और उनके तथाकथित 'दुष्कर्मों' की भी गोपनीय चर्चा हम लोग उसी चर्च की सीढ़ियों पर ही करते। यह प्रक्रिया हम सबकी अंतरंग मंडली में 'आधुनिक जिज्ञासु बनाने के दीक्षा' के नाम से कही जाती थी। सब कोई 'आधुनिक जिज्ञासु' बनने का उचित पात्र नहीं माना जाता था। जिन पर अगाध विश्वास था उन्हीं को यह सब 'गूढ़ रहस्य' बताया जाता था। धर्मवीर भारती के बम्बई चले जाने से इलाहाबाद के लोगों को खासा झटका लगा था। कुछ इसलिए भी कि 'परिमल' के लोगों के बीच या तत्कालीन स्थानीय प्रगतिशीलों में भी यह एक अनकही परम्परा थी कि अपने समस्त लेखन वाद-प्रतिवाद के बावजूद एक नितान्त सामान्य औसत भारतीय गृहस्थों की भाँति सभी लोग एक नैतिक मर्यादा का पालन करते हुए रह रहे थे। भारती का विवाह प्रकरण इतना दु:खद हुआ कि वह सम्बन्ध विच्छेद हो गया। जो भी भारती के अंतरंग थे वे तो उस झटके में टूट ही गए और जो उनके विरोधी थे वे इस घटना का मजा लेने लगे। सन् ६० के बाद के कॉफी हाउस की मण्डली में अकसर भारतीजी पर और धर्मयुग पर कुछ न कुछ टिप्पणी सुनने को मिलती थी। यह टिप्पणी धर्मयुग में छपने के उच्चाभिलाषी तत्काल बम्बई पहुँचाते थे और बम्बई से प्रतिक्रियाएँ लाकर कॉफी हाउस में मेज दर मेज बाँटते घूमते थे। यह दौर बहुत दिन नहीं चला, पानी में दीवारें खिंच नहीं पाईं और वक्त बीतने के साथ-साथ अलग-अलग दिखता पानी फिर एकमएक हो गया। कॉफी हाउस में यह जो एक गरम चर्चा का विषय रहा करता था वह स्वत: विलुप्त हो गया। कॉफी हाउस ने ही परिमल और प्रगतिशील लेखक संघ के होड़ा होड़ी और कड़ुवाहट समाप्त करने में बड़ी सक्रिय भूमिका अदा की। साथ-साथ उठने-बैठने और विचारों के आपसी आदान-प्रदान ने इतने व्यापक तौर से भ्रमों का निराकरण किया कि तमाम ऐसी लेखकीय समस्याएँ खोज ली गयीं जो हर लेखक के लिए जिन्दगी जीने की समस्या बन चुकी थी। इसी मेलजोल का परिणाम था प्रयाग में हुआ वह बृहत लेखक सम्मेलन जिसकी स्वागताध्यक्षा स्वयं श्रीमती महादेवी वर्मा थीं, संयोजक थे डॉ० रघुवंश और भैरवप्रसाद

गुप्त। जिन आदरणीय लेखकों ने उसमें भागीदारी की उनमें अग्रगण्य थे सर्वश्री सुमित्रानन्दन पन्त, यशपाल, भगवतीचरण वर्मा तथा अन्य उभरते हुए प्रतिष्ठित लेखकों का एक बड़ा समुदाय। सारे मनोमालिन्य और मतभेदों को भुलाकर लेखकों को एकजुट एक मंच पर लाने का काम कॉफी हाउस से मिली सहृदयता ही थी। बहुत दिनों तक उस लेखक सम्मेलन की अनुगूँज हिन्दी साहित्य और राजनैतिक सत्ता में सुनाई देती रही।

अबं वह कॉफी हाउस नहीं रहा, उसमें नवधनाढ्यों और दूसरी तीसरी कोटि के नेतानुमा लोगों की भीड़ रहती है। कभी-कभी इक्का दुक्का भूले- भटके कोई लेखक भी पुराने दिनों की याद करता हुआ वहाँ पहुँच जाता है। अकेली मेज पर कहीं पीछे बैठा हुआ वह अपनी सिगरेट सुलगाए जाने किन दिनों की याद करता, धुएँ के छल्ले छोड़ता हुआ कभी-कभार देखने को मिल जाता है। वहाँ के पुराने बेयरा उसे बता देते हैं कि अब वे लोग यहाँ नहीं आते जिनकी तलाश में वह यहाँ आया है। कभी भूले भटके मैं भी उधर गया तो उस सिगरेट पीते हुए आदमी को पहचानने की कोशिश करता हूँ, लेकिन मैं उसको यह बताने का भी साहस नहीं कर पाता हूँ कि मैं केशवचन्द्र वर्मा हूँ।

■

हॉशिए पर इलाहाबाद?

हॉशिए पर इलाहाबाद?

पिछले तीन-चार वर्षों में जहाँ-जहाँ भी गया हूँ—दिल्ली, बम्बई, लखनऊ या बनारस—मेरे तमाम लिखने-पढ़ने वाले मित्रों ने घुमा-फिरा कर एक ही बात मुझे बार-बार कही कि 'साहित्य के मोर्चे पर गहरा सन्नाटा फैलता चला जा रहा है, इलाहाबाद से कुछ करिए'। मैं कुछ हँसकर कुछ खीझकर कहता रहा हूँ '-अरे भाई इलाहाबाद तो फ़कीर शहर है। हम कहाँ से लोगों को बुलाएँ और उनका खर्चा बर्दाश्त करें? आप लोग क्यों नहीं करते हैं? आप तो हर तरह से साधन और सुविधा-सम्पन्न हैं।' पर वे मेरी बात नहीं सुनते। फिर कहते हैं—'साधन सुविधाओं से कुछ नहीं होगा। बात तो इलाहाबाद से ही निकलेगी, चाहे जैसे हो, वहीं से कुछ करो।' ऐसा नहीं है कि अगर इलाहाबाद में पिछले दो-तीन-चार वर्षों में कोई उल्लेखनीय साहित्यिक गतिविधि नहीं हुई है, तो देश में कहीं कुछ हुआ ही नहीं! बहुत कुछ राजधानियों में होता ही रहा है—बहसें, सेमिनार, गोष्ठियाँ, भाषण-मालाएँ और 'वर्कशॉप' के नाम पर क्या-क्या नहीं हुआ है? परन्तु यह भी उतना ही सच है कि इन तमाम बहसों से साहित्य की अस्मिता को रेखांकित करने वाला कोई स्वर अपनी पहचान नहीं बना पाया!'

इसका एक प्रमुख कारण तो यह रहा है कि ये सारी बहसें सत्तापोषी सांस्कृतिक-जागरण अभियान के तत्वावधान में प्रत्यक्ष या परोक्ष रूप से उठायी गयी थीं। इसीलिए तथाकथित आधुनिकता से अपने को जोड़ते हुए छद्म साहित्यिक 'विद्रोहियों' ने ऐसी कोई 'कथनी' सामने रखी ही नहीं जो उनकी 'करनी' को भी प्रभावित करें। इन सारी गोष्ठियों की रपटें अगर एक साथ जोड़कर पढ़ें तो लगेगा कि देश के अनेक शिखरस्थ रचनाकार किसी न किसी रूप में इन कार्यकलापों से जुड़े भी रहे। उनकी ईमानदारी पर भी सन्देह करने की कोई गुंजाइश नहीं है। लेकिन वे जिस परिवेश में एकत्र होते रहे हैं, वही परोक्ष रूप से उनकी सोच और वाणी दोनों को नियंत्रित करता रहा है। अधिकांश बहसों में तेजस्वी वक्तव्यों (?) के बीच खुले हुए चोर-दरवाजे भी साफ दिखाई पड़ जाते हैं। उनकी साख दाँव पर नहीं लगती है। इसीलिए वे पूरे साहित्य के माध्यम से किसी नई ऊर्जा से किसी को जोड़ नहीं पाते। सब कुछ किताबी होकर रह जाता है।

हैरत है कि इसी से मिलती-जुलती गरमागरम बातें और रचनाएँ इलाहाबाद की गोष्ठियों में भी पिछले दो-तीन दशकों में सामने आती रही हैं। उस गहमागहमी को झेलने वाला यह समझते हुए अपने व्यक्तित्त्व को उस पूरे माहौल में-पक्ष या विपक्ष में इस तरह झोंकता था कि जैसे उसका सर्वस्व दाँव पर लगा हुआ हो! उसके होने या न

होने की यही कसौटी थी कि वह रचना की कितनी गहरी पक्षधरता कर सकता है। सर्जनात्मकता की यही गहरी वेदना थी जो इलाहाबाद के तमाम गोष्ठियों में सहज ही देखी जा सकती थी। यह तेवर कोई आरोपित मुद्रा नहीं थी। यह रचना उसके पूरे परिवेश तथा सत्ता की घुमावदार टकराहटों से ही प्रायः निकलती थी। रचनाकार के इस प्रकार अपने सम्पूर्ण अस्तित्व को दाँव पर लगाकर जूझने की जो प्रवृत्ति इलाहाबाद में देखी गयी थी वह कालान्तर में प्रायः लुप्त ही होती चली गयी। इस तरह के जमावड़े किसी अन्य आकर्षणों में बँधकर नहीं होते थे; न तो भाड़े भत्ते की जबर्दस्त सुविधाएँ मिलती थीं, न ठहरने के लिए पाँच सितारा होटल, और न ही पीने के लिए तमाम तरह की विलायती मदिरायें। सब अपने-अपने आने-जाने का खर्च खुद उठाते थे—आते थे सर्जना के इस महोत्सव में भाग लेने के लिए! कष्ट सहते हुए किसी मित्र के यहाँ आकर पड़े रहते थे और गोष्ठियों में पूरी धार्मिकता के साथ हर क्षण अपनी उपस्थिति दर्ज कराते रहते थे। इस शहर की साहित्यिक गोष्ठियों की इस प्रवृत्ति का अन्दाज केवल इसी शहर में लगने वाले कुम्भ मेले या माघ मेले से लगायी जा सकती है। उसमें भी कोई किसी को आमंत्रण नहीं देता। सबको समय और तिथि मालूम होते ही अपने आप वहाँ पहुँचने की व्यवस्था करनी होती है—वही कष्ट-हाड़ कँपाने वाली सर्दी, खुले आकाश के नीचे रहना, अटपटा भोजन, उल्टी-सीधी दिनचर्या-तो भी कितना मानसिक सुख और परम शान्ति का अनुभव है! मनुष्य के भीतर की रचनात्मकता वहाँ जिस तरह सम्पूर्ण लौकिक सुविधाओं को नकार करके सामान्य स्वरूप ग्रहण करती है—वह! कुछ-कुछ वही हाल इलाहाबाद शहर की इन सर्जनात्मक गोष्ठियों का भी रहा।

बीतते हुए वक्त ने इलाहाबाद शहर को पिछले एक दशक के अन्दर साहित्य में हाँशिये पर ला खड़ा किया। जैसा हमने कहा राजधानियों के वैभव और सत्तापोषी सांस्कृतिक विकास केन्द्रों की चहल-पहल राजनेताओं का सम्पर्क और अतिरिक्त आमदनी के जरियों ने इस शहर के साहित्यिक माहौल को बहुत कुछ छीन लिया। इस छीना-झपटी में बहुत बड़ा हाथ तो काल ही का था। शीर्षस्थ मूर्धन्य साहित्यकार जो कभी अपने मूल पैतृक निवासों को छोड़कर इलाहाबाद में आ बसे थे, वे,-और वे जो साहित्य की मूल धाराओं का निर्माण कर रहे थे और साथ ही इस नगर की पहचान को एक छवि दे रहे थे, वे सब क्रमशः लम्बी उम्र पाकर काल के गाल में समा गये। जब तक सूर्यकान्त त्रिपाठी निराला थे, महादेवी वर्मा थीं, सुमित्रानन्दन पन्त थे, रघुपति सहाय फिराक थे, और इलाचन्द्र जोशी थे, पूरे हिन्दी साहित्य की वाणी को संयमित और निर्देशित करने वाले महावीर प्रसाद द्विवेदी थे—तब तक इलाहाबाद की आवाज का साहित्य के व्यापक क्षेत्र में कोई अर्थ था। पलायन के दूसरे खेमे में वे रचनाकार आये जिन्होंने अपनी पहचान तो इलाहाबाद से बनायी, किन्तु अपनी जीविका या अन्य परिस्थितियों के कारण इस शहर से मजबूरी में चले गये। वे चाहे हरिवंश राय बच्चन हों, चाहे स० ही० वात्स्यायन अज्ञेय हों, चाहे धर्मवीर भारती, चाहे सर्वेश्वर दयाल

सक्सेना हों, चाहे गिरधर गोपाल या चाहें दुष्यन्त कुमार हों! फणीश्वर नाथ रेणु भी इलाहाबाद के आकर्षण में काफी दिन यहीं बँध कर रहे और अपनी प्रसिद्ध कहानियाँ भी यहीं लिखीं। इसी तरह शमशेर बहादुर सिंह या नेमिचन्द्र जैन या भारत भूषण अग्रवाल भी अपनी कलम पर यहीं सान चढ़ाते रहे और बाद में वे दूसरे शहरों के हो गये। प्रभाकर माचवे, राहुल सांकृत्यायन और नागार्जुन ने भी इलाहाबाद में ही अपने रचना संसार को समृद्ध किया। पं० इलाचन्द्र जोशी भी हिन्दी साहित्य में इलाहाबाद में ही रहकर उपन्यासकार के रूप में प्रतिष्ठित हुए। पं० नरेन्द्र शर्मा की अनेक कविताएँ इलाहाबाद में ही रची गयीं। ये कुछ नाम हैं, जिनकी कलम ने साहित्य की स्थायी पूँजी निमित करने में अपना मूल्यवान योगदान किया था।

जाहिर है जब इतने रंगों में डूबी हुई कलमें एक साथ चल रही थीं तो हिन्दी साहित्य का एक सार्थक और बहुरंगी व्यक्तित्त्व स्वत: ही विकसित हो रहा था। कितनी तरह की चीजें, एक साथ ही एक ही नगर में अलग-अलग जगहों पर लिखी जा रही थीं कि आज उनको पढ़कर ताज्जुब होता है। तब हिन्दी का एक सार्थक पाठक भी हुआ करता था जो प्रतीक्षा करता रहता था कि इलाहाबाद की कलम से ऐसा कुछ नया आये तो उनकी आकांक्षाओं और सपनों को नये सिरे से वाणी देकर परिभाषित करें। उन विभूतियों के दर्शनों के लिए और उनकी बातें सुनने के लिए सिर्फ साहित्यकार ही नहीं जुटते थे— बल्कि ऐसे तमाम अनाम पाठक-इलाहाबाद की गोष्ठियों में अपने प्रिय लेखकों को देखने के लिए इकट्ठा होते रहते थे।

इतनी समृद्ध रचना शक्ति के एक ही स्थान में सम्पुंजन होने के कारण-अभिव्यक्ति के अनेक माध्यमों की यहाँ अच्छी पहचान बनी। कवि सम्मेलन तो होते ही थे, उसके साथ ही पत्र-पत्रिकाओं का प्रकाशन, गोष्ठियों और साहित्य और समाज के रिश्तों को व्याख्यायित करती हुई बहसें-सभी एक साथ इलाहाबाद शहर में चल रही थीं। कवि सम्मेलन का स्थान धीरे-धीरे गम्भीर गोष्ठियों ने ले लिया था। इनमें सर्जनात्मक कृतियाँ तो पढ़ी ही जाती थीं उन पर सार्थक बहस करने का भी खूब चलन था। अकसर इन रचनाओं पर जो बहस होती थी वही कालान्तर में बड़ी गोष्ठियों के मूल विषयों को जन्म देती थीं—चाहे कहानी हो, चाहे कविता हो या चाहे नाटक। नगर की साहित्यिक गोष्ठियों में परिमल की गोष्ठियाँ खासी आकर्षक हुआ करती थीं। नई से नई साहित्यिक प्रवृत्तियों को उभारना, उन पर बहस और सेमिनार करना परिमल की गोष्ठियों की पिछले दो-तीन दशकों में उपलब्धि रही है। अच्छी से अच्छी कहानियाँ; उत्कृष्ट कविताएँ और उपन्यास अंश सभी परिमल की गोष्ठियों में ही पहली बार पढ़े गये और चर्चा के विषय बने। यहीं इलाहाबाद में दूसरी तरफ प्रगतिशील लेखकों का मोर्चा था जो अपनी साम्यवादी रुझान के लिए जाना जाता था। प्रगतिशील आन्दोलन के भी अनेक महत्त्वपूर्ण सम्मेलन प्रयाग में ही हुए। यद्यपि परिमल और प्रगतिशील लेखक संघ की गोष्ठियाँ एक दूसरे से छत्तीस का ही सम्बन्ध रखती थीं, लेकिन जब भी कोई महत्त्वपूर्ण

सम्मेलन होता तो उसमें जहाँ एक ओर सुमित्रानंदन पन्त, महादेवी वर्मा, इलाचन्द्र जोशी, धर्मवीर भारती, विजयदेव नारायण साही होते, वहीं दूसरी तरफ प्रगतिशीलों में अमृत राय, प्रकाश चन्द्र गुप्त, भगवत् शरण उपाध्याय, शिवदान सिंह चौहान और राम विलास शर्मा या रांगेय राघव जैसे लोग भी देखे जाते थे। इन्हीं सम्मेलनों में गजानन माधव मुक्तिबोध और प्रभाकर माचवे भी आते रहते। गम्भीर बहसों के बीच तीखी झड़पें होतीं और आरोपों और प्रत्यारोपों से माहौल जितना गरमा उठता था, उत्तेजना फैल जाती थी- वह उन्हीं गोष्ठियों की जलपान और ठहाकों के बीच से निकलने वाले सौजन्य और सौहार्द से आनंद में बदल जाती। कल्याणी सरस्वती का यह रूप देखकर श्रोता विस्मित हो जाता था। कहीं कोई कलुष नहीं! सब कुछ एक सहयात्री के साथ जीने का सुख और उसे आनंद के ज्वार में उठी तरंगों पर अपने को निर्बाध छोड़ देने का आह्लाद! एक ऐसी गोष्ठी जो समाप्त हो जाने के बाद भी कई दिनों तक रसीली बनी रहती। यह सब इलाहाबाद की उन्हीं गोष्ठियों में सम्भव था। स्वस्थ प्रतिस्पर्धाएँ प्रतिदिन साहित्य में कुछ नया जोड़ देती थीं। *'आलोचना'* पत्रिका का सम्पादन बहुत दिनों तक इलाहाबाद से ही होता रहा। पुणे से निकलने वाली *'राष्ट्रवाणी'* पत्रिका में *'जलते प्रश्न'* शीर्षक लेख माला, इलाहाबाद से ही शुरू हुई थी। हर रचना एक चुनौती के साथ आती थी और एक सार्थक बहस का जन्म देती थी। साहित्यकारों के बीच आज के ईर्ष्या, द्वेष और परस्पर टाँग खींचने वाली निन्दा के जो प्रकरण देखने-सुनने में आते हैं उनसे अब क्षोभ होता है। शायद तब रचना धर्म से डिगाने वाली इतनी 'रम्भायें' और उर्वशियाँ संस्कृति के ठेकेदारों ने इलाहाबाद की 'तपस्थली' पर नहीं छोड़ी थीं! इसीलिए क्रमशः यह सोच निरन्तर लुप्त होती गयी कि मत-वैभिन्न के साथ रचते हुए भी एक सहज मनुष्य कैसे बना जा सकता है। वे 'अप्सरायें' तो तमाम 'ऋषियों' को अपने साथ ले भी गयीं।

पत्रिकाओं में *'सरस्वती'* और *'चाँद'* तो थी ही *'प्रतीक'* ने भी अज्ञेय के सम्पादन में अपनी पहचान बनायी। पं० इलाचन्द्र जोशी के सम्पादन में निकलने वाले *'संगम'* साप्ताहिक ने साहित्यिक क्षेत्र में ख्याति अर्जित की। परिमल आन्दोलन से जुड़ी पत्रिकाएँ—*'नये पत्ते'* और *'निकष'* साहित्य के नये प्रतिमानों को सामने लाते रहे। *'नयी कविता'* ने तो एक महत्त्वपूर्ण पत्रिका के नाम पर अपनी इतनी साख बनायी कि बाद में समसामयिक हिन्दी-कविता ही नई कविता के नाम से सम्बोधित होने लगी। हास्य-व्यंग्य की एक अनोखी पत्रिका *'तुंग-शृंग'* भी इलाहाबाद से ही निकली। हिन्दी में साहित्यिक नाटकों का पुनरुद्धार भी इलाहाबाद के ही मंच से हुआ। एक तरफ जहाँ प्रसाद के नाटक खेले गये वहीं दूसरी ओर विपिन कुमार अग्रवाल के विसंगति के नाटक भी इलाहाबाद से ही सामने आये। भुवनेश्वर को भी अन्ततः इलाहाबाद ने ही खोज कर प्रतिष्ठा और गरिमा दी।

इन तमाम साहित्यिक कार्य-कलापों के कुछ विशिष्ट धुरी पर केन्द्र बन गये थे। लीडर प्रेस में भारती भंडार संचालक श्री वाचस्पति पाठक के निवास पर श्री

मैथिलीशरण गुप्त से लेकर पं० अमृत लाल नागर, भगवती चरण वर्मा और पं० नरेन्द्र शर्मा के दर्शन हुआ करते थे। इसी प्रकार यूनिवर्सिटी के उपकुलपति पं० अमरनाथ झा के घर पर भी साहित्यकार जुटते थे, जिनमें बच्चनजी, रसालजी, पन्तजी आदि से लेकर नये युवा कवि भी आते रहते थे। झा साहब इन गोष्ठियों में रसगुल्ले बड़े प्रेम से खिलाते थे। तीसरा केन्द्र था पं० श्री नारायण चतुर्वेदी का दारागंज स्थित निवास। वे जब भी प्रयाग आते तो उनके घर पर निरालाजी से लेकर हर तरह के कवि इकट्ठा होते। चतुर्वेदीजी ब्रजभाषा के कवियों को भी खूब प्रोत्साहित करते थे। बाद में श्रीमती महादेवी वर्मा के नेतृत्व में (प्रयाग फाफामऊ के पास) साहित्यकार-संसद की स्थापना हुई। इसमें देश की विभिन्न भाषाओं की विभूतियाँ समय-समय पर एकत्र होती थीं। यहीं से एक साहित्यिक पत्रिका निकली—*'साहित्यकार'*! इसके सम्पादक पं० इलाचन्द्र जोशी और श्रीमती महादेवी वर्मा थीं। जोशीजी ने *'संगम'* साप्ताहिक निकाल कर हिन्दी पत्रकारिता में नई कीर्ति हासिल की थी। उसी *'संगम'* के आधार पर बम्बई के *'धर्मयुग'* की भी रूपरेखा बनी, जिसके प्रथम सम्पादक श्री जोशीजी ही हुए। ये सारे केन्द्र प्रयाग के उस साहित्यिक माहौल को बनाते थे जिनमें एक तरफ सृजन की गरमागरम आधारभूत बहसें होतीं, *'अन्धायुग'* जैसी रचनाएँ लिखी और पढ़ी जातीं, राजाश्रय और साहित्य की आपसी टकराहट को इलाहाबाद से तेवर मिलता तो दूसरी तरफ शरद पूर्णिमा की चाँदनी में शिवकुटी स्थित राजा मुनुवाँ की कोठी में कवियों का खान-पान मेला लगता और काव्यपाठ होता, गंगा की नौकाओं पर काव्य गोष्ठियाँ होतीं और कवियों के सामान्य घरों की छतें गोष्ठियों के अट्टहास से हिल उठती थीं।

सचमुच ये दिन अब केवल याद किये जा सकते हैं। उस माहौल को किसी भी तरह वापस नहीं लाया जा सकता। जिस वैरागी-भाव से उस समय का रचनाकार अपनी सार्थकता रेखांकित करता था, वह अपने विविधवर्णी होने के बावजूद एक ऐसी एकात्म छवि गढ़ देता था जो प्रयाग की गंगा-जमुनी संस्कृति में विलुप्त सरस्वती को बार-बार मूर्तिमंत करता रहता था। वह इनाम इकराम के लिए नहीं लिखता था। उसकी रचनाओं की स्वायत्तता स्वयं उसी को महत्त्वपूर्ण बनाती थीं। वह रचनाधर्मिता पुराने को आदर और सम्मान देना जानती थीं। साथ ही नई प्रतिभाओं की पहचान भी पूरी ललक के साथ करती थीं। साहित्य के माध्यम से जिन्दगी के सैकड़ों दरवाजे आने-जाने के लिए खुलते रहते थे। सब कुछ उन दरवाजों से गुजर सकता था—उन्मुक्त हवा भी और जिन्दगी के अंधेरों से लड़ती हुई रोशनी भी!-अब भी कहीं कोई गैरिक वसना-वाणी सुनने को किसी के द्वारा मिल जाती है तो लगता है कि इलाहाबाद हाशिये पर नहीं लोग ही हाशिये पर चले गये हैं।...

■

टिप्पणियाँ

कविता का संकट

अब कविता पर बात करना मुझे एक अजमंजस की स्थिति में डालता है। आज कविता के सम्बन्ध में बोलने वाले जितने ज्यादा हैं, उतने ही उसके सुनने वाले निरंतर कम होते चले जाते हैं। असमंजस की स्थिति इसलिए भी है, क्योंकि मेरा कविता से रिश्ता-बचपन से ही किताबी रिश्ता नहीं था। कविता मेरी दिनचर्या का हिस्सा था। मैं और मेरे जैसे कितने ही बालक कविता से अपना घना रिश्ता बनाये हुए थे। मैंने जब से होश सम्भाला मुझे कविताएँ याद कराई गयीं। और बड़ा हुआ तो अन्ताक्षरी की प्रतियोगिताओं में भाग लेना पड़ा। अपने विद्यालय की प्रतिष्ठा के लिए बाहर की ऐसी अन्ताक्षरी टीमों से लोहा लेना पड़ता जिनके पास कविता संसार की भरपूर समृद्धि थी। मीरा, तुलसी और सूर तो जबान पर थे ही देव, पद्माकर, घनानन्द, रत्नाकर, रहीम, वृन्द, गिरधर कविराय भी अन्ताक्षरी में हमारी जहाँ सहायता करते थे वहीं निराला, प्रसाद, महादेवी, पन्त, बच्चन और दिनकर भी हमारे आड़े वक्त काम आते थे। जिनको जितनी अधिक कविताएँ याद थीं वे उतने ही महत्त्वपूर्ण विद्यार्थी माने जाते और विद्यालय के सभा समारोहों में उनकी पूछ होती थी। उर्दू की बैतबाजी भी खूब प्रचलित थी और अकसर हमारा मुकाबला उनसे होता था। कालेज में और हमारे नगर के विशिष्ट नागरिक आयोजनों में कवि सम्मेलन भी एक प्रतिष्ठित आयोजन हुआ करता था। इस आयोजन में भी वही विद्यार्थी आगे बैठने का सम्मान पाते थे जो अन्ताक्षरी की टीमों में अव्वल रहते थे।

तब कविता का छपा हुआ होना अपने आप में कोई विशेषता नहीं थी। पत्र-पत्रिकाएँ तब भी कविताएँ छापती ही थीं। सवैया घनाक्षरी के लिए जहाँ *'सुकवि'* (कानपुर) जैसी सनेहीजी की पत्रिका थी वहीं *'चाँद'*, *'सरस्वती'* (इलाहाबाद), *'माधुरी'* (लखनऊ) और *'वीणा'* (इन्दौर) से प्रकाशित पत्रिकाओं में गिने-चुने कवियों की रचनाएँ छपा करती थीं। किन्तु इन कविताओं के व्यापक प्रचार-प्रसार का माध्यम कवि सम्मेलन ही था। कविता का यह सशक्त सम्प्रेषण जहाँ एक ओर साहित्यिक प्रतिमानों का निर्धारण करता था वहीं कुछ एक की रचनाएँ आम फ़हम भाषा में सहज ही उस लोकप्रियता को बढ़ावा देती रहीं जिसमें कवि सम्मेलन की स्तरीय साहित्यिक मान्यता और उसकी गरिमा को हानि पहुँचाई। कवि सम्मेलन में पढ़ी जाने वाली रचनाओं के स्तरीय पतन से खिन्न और क्षुब्ध होकर साहित्य के प्रतिष्ठित कवियों ने उसमें क्रमशः आना-जाना बन्द कर दिया। अब वह उत्तरोत्तर ऐसे हाथों में पहुँच गया

जहाँ साहित्यिक स्तरीयता से उसका छत्तीस का नाता बन गया। ये सब बातें मैं पहले ही कई स्थलों पर दोहरा चुका हूँ। मेरी पुनरावृत्ति को इसलिए भी सुधी पाठक क्षमा करें क्योंकि कविता के क्षरण के बारे में ये तथ्य मुझे बार-बार अवसाद के घेरे में ले जाते हैं।

देश की राजनीति में आजादी की लड़ाई का जैसा माहौल था उस रंग में रंगी हुई अनेक कवियों की रचनाएँ कवि सम्मेलन के मंच से पढ़ी जाती रहीं। मैथिलीशरण गुप्त या माखनलाल चतुर्वेदी या बालकृष्ण शर्मा 'नवीन' या दिनकर की कविताएँ उसी रंग को प्रतिछवि से मंच पर विशिष्ट आकर्षण का केन्द्र रहीं। बाद में तो सोहनलाल द्विवेदी और श्यामनारायण पाण्डे भी इसी रंग में शामिल हुए। रूसी क्रान्ति और मार्क्सवाद से प्रभावित कुछ रचनाकारों ने हिन्दी में भी मजदूर, किसान और हँसिया, हथौड़े के नारों का प्रयोग किया पर वे वस्तुतः कविता की मुख्यधारा से कटे नहीं वरन् उसी में जुट गये—वे चाहे शिवमंगल सिंह सुमन हों या कुछ हद तक नरेन्द्र शर्मा भी। यहाँ तक कि अज्ञेय द्वारा सम्पादित *'तार सप्तक'* में भी इन *'नयी राहों के अन्वेषी'* कवियों की जमात में कई प्रगतिशील कवि शामिल रहे और पचास-पचपन के आस-पास प्रगतिशील आलोचक शिवदान सिंह चौहान द्वारा संपादित *'काव्यधारा'* (काव्य संकलन) में हिन्दी की मुख्य प्रवाह धारा के सभी कवि सम्मिलित हैं। तब तक इन सभी कवियों का एक ही मंच पर सम्मिलित होना और उसमें शामिल होकर अपनी सार्थकता घोषित करना ही एक लक्ष्य था।

प्रचार प्रलोभनों में जो लोग भटके उन्होंने भी कुछ इस तरह की कविताएँ भी लिखीं जो साहित्य में अन्ततः कुतूहल, मनोरंजन और घटिया स्तर की तुकबन्दी के अलावा कुछ दे नहीं सकीं। कुल नतीजा यह हुआ कि एक तरफ जहाँ केन्द्रीय साहित्य धारा को लोकमानस में प्रतिष्ठित करने वाले कवि-सम्मेलन जैसे व्यापक और सार्थक संस्थान समाप्त हो गये, वहीं घटिया नारेबाजी से ग्रसित ऐसी 'काव्यप्रतिभाओं' का उदय हुआ जो अपनी ही रचना के अनुभवों से कटे हुए थे। वे आत्मप्रशंसा भाव से ग्रस्त थे और अपनी सोद्देश्यता के लिए उन्होंने कई पत्र-पत्रिकाएँ भी निकालीं। ऐसे लोगों का एक गिरोह हिन्दी में बना तो जरूर, लेकिन वह एक भी कालजयी साहित्यिक कृति को जन्म नहीं दे सके।

हिन्दी की इस लम्बी काव्ययात्रा की सबसे बड़ी ट्रेजडी या दुखान्तिकी यह हुई कि कविता की सम्पूर्ण संप्रेषणीयता उत्तरोत्तर क्षीण होती चली गयी। आज लिखी जाने वाली कविताओं का मूलस्वर संवेदनाओं को जाग्रत करने का नहीं वरन् किताबी बहस को उठाना मात्र रह गया है। बहस भी ऐसी जो चन्द व्यक्तियों के अपने आपकी बनाई हुई पारिभाषिक शब्दावली के घोटाले में चक्कर काटती है। उस शब्दावली से किसी सार्थक बहस का होना भी सम्भव नहीं। ऐसी शब्दावली उन बुद्धिजीवियों के द्वारा प्रयुक्त की गई है जिन्होंने अपने बच निकलने के तमाम चोर दरवाजे पहले से ही खोल रखे हैं। ऐसी निरर्थक बहसों ने कविता की सार्थकता को और भी क्षीण किया है।

मनुष्य के जीवन से कविता का निरन्तर क्षय होना अपने आपमें एक बड़ी दुर्घटना है। हमें कविता की इस प्रकृति को भलीभाँति समझ लेना होगा कि वह रचनाकार की निजता से जन्म लेती है और अकसर एक बड़ी सार्वजनिकता के भीतर से गुजरती हुई पाठक की या श्रोता की निजता में विसर्जित होती है। वहाँ वह रचना न तो शब्द है और न छन्द। वहाँ वह न तो विचार है न कोई आन्दोलन। वहाँ वह केवल एक अनुगूँज छोड़ती है। यह अनुगूँज, रचना के भीतर जितना कसाव होगा उसी के अनुरूप अपना प्रभावशाली टंकार का स्वर छेड़ेगी। यह टंकार का स्वर फटी हुई ढोल पर थाप मारने से नहीं निकल सकता। उसके लिए तो सितार के तारों की कसी हुई खूँटियाँ चाहिए जिसकी एक झंकार में पूरी महफ़िल स्तब्ध हो जाती है। रचना से उत्पन्न यही अनुगूँज श्रोता या पाठक की अपनी निजी पूँजी बन जाती है। फिर उसके लिए कवि या कविता की उपस्थिति निरर्थक हो जाती है। वही अनुगूँज ही श्रोता की निजी ऊर्जा के रूप में अपनी पहचान बनाती है।

आज की कविता अकसर चौंकाने वाले सूत्रों का संकलन या मजमुआँ बनकर रह जाती है। आजकल तो कई अच्छे और नामी कवियों को भी इस फ़ैशन से ग्रस्त देखता हूँ तो तकलीफ़ ही होती है। कविता की छपाई ने जहाँ उसे पंक्तियों को निरर्थक ढंग से तोड़मरोड़ कर छापने की सुविधा दी है वहीं तरह-तरह के अँग्रेजी विराम चिह्नों का उपयोग भी कविता की सार्थकता का जरूरी अंग मान लिया गया है—कहाँ विराम होगा कहाँ अर्द्धविराम, कहाँ कोलन कहाँ डैश, कहाँ ऊपर लकीर, कहाँ नीचे लकीर, कहाँ ब्रैकेट! यह सब आज की कविता के आवश्यक उपकरण बन गये हैं। इसके बिना आज की कविता असरदार नहीं मानी जाती और न एक छोटी सी रचना को छापने के लिए पुस्तक के तीन पेज बर्बाद ही किए जा सकते हैं। इस तरह कुल दस-बारह कविताओं से कोई भी महाकवि बन सकता है। यह सब आधुनिक कविता के चमत्कार हैं!!

मूल सूत्र तो वही अनुगूँज की बात है जो आज की कविता में संकट की स्थिति पैदा करती है। वही सही व्यक्ति का आन्तरिक निर्माण करती है। शब्दों के माध्यम से इस अनुगूँज को उत्पन्न करना और उसकी प्रतीति को आन्तरिक ऊर्जा के रूप में श्रोता या पाठक के अन्तरतम में अनुभव कराना ही इस अनुगूँज का काम है। इसके लिए उस रसायन की खोज की बड़ी जबर्दस्त आवश्यकता है जो शब्दों को और उनसे लिपटे हुए विचारों को गलाकर ऊर्जा में परिवर्तित कर सकता है। उस रसायन के बिना न तो शब्द गलेंगे और न वे विचार, जो नकली बहसों को जन्म देते हैं। यह भी आज की मानवीय नियति है कि एक आस्थाविहीन समाज लुप्त हुई आस्था की तथाकथित कविताएँ रच रहा है और हर हफ्ते पचीसों काव्य संग्रह छपवाकर सरकारी खरीद की गंगा स्नान में कृतार्थ हो रहा है।

आज की कविता अपने में ही इतनी सीमित है कि उसकी खनक या झंकार दूसरे कलामाध्यमों में सुनाई ही नहीं पड़ती। वह शब्दों की अपनी ही लक्ष्मण रेखाओं में बँध

गयी है जो आज से तीन-चार दशक पहले नहीं थी। क्या आज की किसी कविता को लेकर किसी ऑल इण्डियां म्यूज़िक कांफ्रेंस में ऑपेरा या नृत्य प्रदर्शन के रूप में प्रस्तुत किया जा सकता है जैसा आज से तीस-चालीस बरस पहले *'शलभ मैं शापमय वर हूँ'* (महादेवी) के ऑपेरा प्रदर्शन से इलाहाबाद यूनिवर्सिटी की बहुप्रसिद्ध अखिल भारतीय संगीत सम्मेलन में प्रथम पुरस्कार सहज ही उपलब्ध हुआ था? शायद अब यह सम्भव नहीं।

■

हिन्दी की टुकड़खोर आलोचना

पिछले दशक का सम्पूर्ण हिन्दी लेखन इतना घटिया या निरर्थक नहीं रहा, जितना कि उसे टुकड़खोर पूर्वाग्रही आलोचक ने सिद्ध किया है। सार्थक और गहरी अंतर्दृष्टि वाली आलोचना के अभाव ने न केवल साहित्य को संदर्भहीन बनाने में महत्त्वपूर्ण पार्ट अदा किया, बल्कि लिखने वालों के अंतर्मन में कहीं गहरे कलम की निरर्थकता प्रेषित कराने में प्रकारांतर से आपातकालीन इन्दिरा गाँधी का साथ दिया है। पत्र-पत्रिकाओं में प्रकाशित होने वाली तथाकथित मीमांसाओं ने सम्पादकों की वैयक्तिक, साहित्यिक उपलब्धियों (?) या गतिविधियों के प्रचार को इतना हास्यास्पद बना दिया जिससे सामान्य पाठकों में साहित्य की रुचि परिष्कृत या विकसित होने के बजाय कुंठित और मुरदार पड़ती गयी। खास आलोचक को केन्द्र मानकर निकलने वाली पत्रिकाएँ अपने पूर्वाग्रहों के जाल में खुद फँस गईं और झूठी पड़ गईं। प्रयाग में *'विवेचना'* जैसी महत्त्वपूर्ण समालोचक समालोचना-गोष्ठियाँ भी ठप्प पड़ गईं। अब आलोचना के नाम पर या तो 'समर्थ' व्यक्तियों का खरीदा हुआ आत्म प्रचार बचा या फिर घिसे-पिटे, परिप्रेक्ष्य अर्थवत्ता, मूल्यबोध, संत्रास और अस्मिता जैसे ठस शब्दों की फेंटी हुई गाढ़ी लस्सी-जिसे आर्डर पर तत्काल तैयार कर देना हर एक के लिए अब बाएँ कलम का खेल रह गया है।

आनंदवर्धन, मम्मट और क्षेमेन्द्र आदि भारतीय मीमांसा आचार्यों के उत्तराधिकारियों ने हिन्दी में गहरी समझ और व्यापक दृष्टि वाली आलोचना की शुरुआत कर दी थी। रामचन्द्र शुक्ल, आचार्य नन्ददुलारे वाजपेयी, हजारीप्रसाद द्विवेदी या डॉ० नगेन्द्र ने भी जिस समन्वित सम्यक् दृष्टि को विकसित करने की कोशिश की, वह धीरे-धीरे किताबी होकर अंततः पार्टी लाइन के झोंकों पर इस तरह झूलने लगी कि हिन्दी का सामान्य पाठक आलोचक की सिफारिश से कट कर ही अब तुष्टि का अनुभव करने लगा।

अपने-अपने चुनींदा मोहरों को तत्काल साहित्य के इतिहास में 'फिट' कर देने की आतुरता में समकालीन आलोचकों की जमात ने न तो अपने चारों तरफ निरन्तर फैलती हुई रचना के संसार से सीधा सम्पर्क ही बनाया और न पढ़ने की तकलीफ ही गँवारा की। अध्ययन तो यूँ गया। विश्लेषण करने की क्षमता मोहरे की अपनी क्षमता (?) से कुंठित हो गई और तब निर्णय लेने की स्थिति तो अपने पूर्वाग्रह की पुष्टि से बँध कर रह गयी।

'हाय! हमारी हिन्दी' प्रवृत्ति ने भी साहित्य के बारे में जागरूक और तटस्थ दृष्टि को निकाल बाहर किया। हिन्दी से राजनीति और राजभाषा की राज्याश्रय ग्रस्त दलीलें आलोचना की चकरघिन्नी में फँसाने लगीं। अंग्रेजींदा आलोचकों का पूर्व अंग्रेजी भाषा और साहित्यपूर्व अधकचरा ज्ञान और अंग्रेजी शब्दों पर उल्टे-सीधे प्रयोग से मोह-लिखने वालों के ज्ञान पर जितना परदा डालता था—पढ़ने वाले के मन में उतनी विरक्ति। इलियट, क्रोचे, लूकाच या रिचर्ड्स के नकली उद्धरणों को लागू कर दिखाने का पराक्रम न तो आलोचक को कोई हैसियत दे सका और न चर्चित साहित्य को ही! आलोचक, समीक्षक, टिप्पणीकार, व्याख्याकार, टीकाकार, विवेचक-सब एक ही घाट उतर गये। 'पुस्तक परिचय' लिखने वाला भी हिन्दी लेखन के भविष्य को दिशा देने का दावा करने लगा।

हिन्दी में 'मरना' भी एक महत्त्वपूर्ण मूल्य के रूप में स्वीकृत हुआ है। अपने जीवन काल में कई लेखक जो किसी भी मूर्धन्य आलोचक की नजरों में 'धन्य' नहीं हुए वे मरते ही सहसा हर आलोचक के लिए 'अनिवार्य प्रश्न' की कोटि में आ गए। हर लेख में उनकी चर्चा वफ़ादारियों का हवाला देना फैशन में आ गया। जगह-जगह विद्यार्थियों के सिर पर वे लादे गये। उनके नाम पर खाने कमाने वालों का पूरा जगत आलोचना केन्द्र ने रच दिया। इसी रमझल्ले में गजानन माधव मुक्तिबोध से लेकर मोहन राकेश तक निकल गए। देवीशंकर अवस्थी दुर्घटना में न मरते तो पता नहीं हिन्दी साहित्य उनका क्या करता।

वस्तुतः हिन्दी में वह आलोचना विकसित ही नहीं हो सकी जो साहित्य के प्रति समग्रता की दृष्टि देती है और उसे जीवन के अभिन्न अंश से जोड़ती है। सम्पूर्णता को तिलांजलि देकर टुकड़ों में साहित्य को समझने और समझाने का ऐसा सुविधाजनक फैशन चल पड़ा कि उन प्रतिमानों या आधार के सहारे पूरे साहित्य को समझ पाना और उससे जुड़ना कठिन था। कविता से समझ विकसित करने का प्रयास धीरे-धीरे वहाँ तक ले गया, जहाँ वह केवल 'नई कविता' का प्रवक्ता बनकर रह गया। ऐसी समझ जो तुलसी, जायसी, सूर, मतिराम, घनानन्द, प्रसाद, महादेवी और शमशेर बहादुर सिंह को साथ-साथ जोड़कर सन्दर्भ दे सकती, क्रमशः दुर्लभ हो गई। टुकड़ों में सोचने वाली हिन्दी की यह टुकड़खोर आलोचना पूरी साहित्य चेतना को बड़ी जीवनधारा से काटकर छोटी-छोटी नालियों में प्रवाहित करके अपनी क्षमता पर इतराती रही। आधुनिक आलोचना ने परवर्ती लेखन को ध्वंस कराने का पराक्रम जरूर किया, लेकिन समकालीन सन्दर्भ में कहीं भी जोड़ पाने में लड़खड़ाने लगी। आधुनिकता कटे पत्ते का पर्याय बन गई। यह मूल्य दृष्टि खो गई कि जो पुराने को सही ढंग से सामान्य पाठक को समझा सकता है वही अधुनातन नये को पाठक के लिए ग्राह्य बना सकता है। दोनों प्रक्रियाएँ एक ही क्षमता की माँग करती हैं। पुराने और नये साहित्य के बीच खाईं वहाँ तक बढ़ गई जहाँ तक नया साहित्य अपनी प्रामाणिकता के लिए चिरौरी ही करता रह गया।

कम्युनिस्ट आलोचक साहित्य के सम्बन्ध में गिरोहबन्दी करते हुए और रातोंरात नामों की नयी फेहरिस्त बनाते हुए जिस अंतर्विसंगतियों में फँस गए और उसी के फलस्वरूप प्रकाशचन्द्र गुप्ता, शिवदान सिंह चौहान या अमृतराय प्रभृति आलोचकों की जो गति हुई, वह सिर्फ दयनीय थी।—डॉ० रामविलास शर्मा के फतवों ने काफी दिनों तक उन्हें दुर्दिन दिखाये। नामवर सिंह का उदय 'हॉशिए पर' के आलोचकों से हुआ और पत्रिका से लेकर हिन्दी विभाग की राजनीति तक उनका आलोचक झोला लिए दस्तक देता रहा। उन्होंने प्रगतिवाद को इतना व्यापक बनाने की कोशिश की कि उसमें पडरौना के केदारनाथ सिंह और दिल्ली के रघुवीर सहाय एक साथ समा जाएँ। किस तरह नई कविता का ताजा 'स्लोगन' प्रगतिवाद में पचाया जा सके, इसी विडम्बना में इस आलोचक की समस्त साहित्यिक-एय्यारी का क्षरण हो गया।

साहित्य की समझदारी और उसे प्रतिष्ठित करने वाली आलोचना का क्रमशः ह्रास उत्तर भारत के विश्वविद्यालयों की नोंचाखसोटी और आपसी बन्दरबाटी हिन्दी राजनीति के कारण भी हुआ। प्रकाशकों की मिलीभगत से उन किताबों का व्यावसायिक चक्र चलाया गया जो वास्तविक साहित्यिक मूल्यों पर से ध्यान हटा कर सिर्फ धंधे पनपाने वाली किताबों का बखान करने लगा। हिन्दी विभाग का हर अध्यक्ष पदेन आलोचक भी खूब बन बैठा। धन्धा करने वाले प्रकाशक ने उसके इस भरम को खूब उछाला। परिणाम सिर्फ यह हुआ कि इस कुचक्र में धुरंधर आलोचकों से लेकर हिन्दी का औसत अध्यापक सभी फँसते गये और सिर्फ अपने और अपने किराएदारों के लिए मकान बनवाते रह गये। लेखक और आलोचक के बीच गहरी खाई आ गई है। लेखक का विश्वास इस सम्पूर्ण आलोचना पद्धति से उठ गया है। आलोचक के लिए समस्त लेखन उतनी ही दूर तक सार्थक है जो उसके न्यस्त स्वार्थ को वक्त रहते भुना लेने की शक्ति देता है। स्थिति यह है कि वस्तुतः आलोचक भी उसी वातावरण और उसी संसार से प्रभाव ग्रहण करता है जहाँ से उसका समकालीन लेखक अपनी सर्जनात्मक दृष्टि पाता है। यह खाई और दूरी नकली है। यदि आलोचक समर्थ है तो रचनात्मकता के उस जगत में पैठकर लेखक से साक्षात्कार करना असम्भव नहीं होता। तभी वह अपने ही लिए नहीं अपने पाठकों के लिए भी समग्र दृष्टि जाग्रत कर पाता है। वहीं पर आलोचना रचना के स्तर पर बोलती है, किन्तु यह कार्य अध्यापकी वृत्ति के साथ सम्भव नहीं। किताबी आलोचना अपने ही कारणों से सर्जनात्मक क्षेत्र से कट गयी और मुर्दा कठघरों में बंद हो गयी।

जो कुछ भी हिन्दी में लघु पत्रिकाओं से लेकर आलोचना प्रमुख पत्रिकाओं में आ रहा है, उसमें अधिकांश मार्क्सवादी आलोचना का उच्छिष्ट ही प्रकाशित हो रहा है। अकसर किसी दृष्टि पर बहस के बजाय वह 'तबेले की लतिहाव' होकर रह जाती है। जो महत्त्वपूर्ण लिखा जा रहा है वह सब गैर-कम्युनिस्ट लेखकों द्वारा हो रहा है और आलोचना में कलमबन्द कर रहे हैं वे जो अपने खाँचे में उन्हें बिठा ही नहीं पा रहे हैं। आलोचकों का दूसरा वर्ग उभरा था वह अपनी आलोचना को अपने लेखन की ढाल

बनाता रहा। जिनके पास साहित्य की समग्रता की दृष्टि है, जो टुकड़खोरी सोच से हिन्दी को उबार सकते हैं, वे सब धीरे-धीरे चुप होते चले गये। जिनके पास कहने के लिए कुछ हो सकता है या जो इस सन्दर्भहीन निरर्थकता को नए प्रसंग से जोड़ सकते हैं, वे अपनी सर्जनात्मकता की नई दिशाओं में भटक रहे हैं। लोगों में अब भी घबराहट है, सिर्फ निजी वकालत उन्हें सन्दर्भयुक्त नहीं कर सकेगी और न राजनीति के चहले में फँसा हुआ साहित्य का रथ ही टस से मस हो सकेगा।

■

साहित्यकार की प्रतिष्ठा

पिछले कुछ वर्षों में हिन्दी प्रदेश के लेखकीय कलाकारों के साथ कुछ ऐसी 'अभूतपूर्व' और 'दिलचस्प' घटनाएँ घटी हैं कि उससे तमाम पाठकों और लेखकों के बीच 'साहित्यकार की हैसियत' का एक नया सवाल उठ खड़ा हुआ है। एक नई पीढ़ी के युवा लेखक को उस युवा प्रकाशक ने पीट दिया जिससे उसने एडवान्स के नाम पर उधार ले रखा था। युवा लेखक ने सहानुभूति के नाम पर हिन्दी लेखकों की एक सभा करवाई और उसमें प्रकाशकों के खिलाफ 'भर्त्सना प्रस्ताव' पास कराया और दूसरे दिन प्रात: सम्पूर्ण प्रसंग को रद्द मान कर उसी प्रकाशक बिरादरी से समझौता कर लिया और उसकी मोटरकार में घूमने लगा। एक दूसरे कथा लेखक को उनकी नौकरी से किन्हीं औपचारिक कारणों से मुअत्तल कर दिया गया तो वे पूरी लेखक बिरादरी से अपने बहाल किए जाने के पक्ष में हस्ताक्षर कराते घूमे और लेखकों के एक अगुवा से अपनी सिफारिश कराई और यह सब कुछ छपवाकर 'शहादत' प्राप्त की। तीसरे महोदय का भाग्योदय राजनीतिक उथल-पुथल से हुआ था और ऐसा हुआ था कि वे लाखों रुपये के वारे-न्यारे करने वाले और 'इनाम बाँटने वाले एक संस्थान के 'मालिक' बना दिए गये और इस सब के परिणामस्वरूप वह 'एक' महत्त्वपूर्ण लेखक भी हो गए और राजनीति में फिर उलट-पुलट हुई और वे पुरानी कुर्सी पर वापस पलटा दिए गए। इस पर लेखकों (?) की ओर से सामूहिक दस्तखती अभियान चलाया गया और उनकी बहाली के लिए भी हल्ला मचा। ध्यान रहे कि उक्त तीनों घटनाओं में किसी रचना की या अभिव्यक्ति की स्वतंत्रता का सवाल दरपेश नहीं था। यह सब 'साहित्यकार की प्रतिष्ठा' से जुड़ गया।

ये घटनाएँ मात्र आकस्मिक स्थितियाँ नहीं हैं।

ये केवल लक्षण हैं एक गहरी बीमारी के जिनसे आज का लेखकीय व्यक्तित्व सुविधाओं की तलाश में जुड़ता जा रहा है। विशेष सुविधाओं की यह ललक और होड़ और लेखनेतर प्रसंगों को लेकर उनसे साहित्यकार को जोड़ने और उसकी 'प्रतिष्ठा' को दाँव पर लगाने का जुगाड़ कुछ दूरगामी परिणामों की तरफ ले जा रहा है। शायद इस बात की तरफ इन बन्धुओं का ध्यान नहीं जा रहा है। जिन राजनेताओं से इस प्रकार 'भीख' माँगने की सुनियोजित प्रक्रिया चल पड़ी है वह लेखक का दर्जा तो अपने आप ही घोषित करा देगी। इसकी पड़ताल करते रहना ही, इस बीमारी से बचाव करा सकेगा।

लेखकीय हित में जो माँगें पिछले कुछ वर्षों में उठी हैं उनमें उन्हें चिकित्सा की विशेष सुविधाएँ उनके बच्चों और पोषितों को मुफ्त शिक्षा सुविधाएँ रहने के लिए

सरकारी फ्लैट्स की व्यवस्था और यहाँ तक कि अन्त में उन्हें सैनिक गाड़ी पर लिटाकर उनकी राजकीय शवयात्रा की व्यवस्था—यह सब शामिल हैं। किसी भी सभ्य देश के लिए ये माँगें सही मानी जाएँगी। इनकी तार्किक परिणति शासन से पहली चीज यही चाहेगी कि वह सरकार मान्य लेखकों की एक सूची तैयार करे जो इन सब सुविधाओं के हकदार हों। यह फ़ेहरिस्त किन लेखकों की होगी, इस पर बहस करना बेकार है। धूमिल की बीमारी के सन्दर्भ में चिकित्सा सुविधाओं पर बड़ी बहस हुई थी। लेखक देश में चिकित्सा सुविधाओं के बारे में उदासीन ही रहा है। पं० श्रीलाल शुक्ल ने अपने लेख 'दुनिया के व्याकरण के खिलाफ' में लिखा था—

'क्या ऐसी व्यवस्था के बारे में सोचना बिल्कुल अव्यावहारिक है जिसमें हमारे सभी नागरिकों की चिकित्सा नियमित और स्तरीय ढंग से हो सके, जिसमें कठिन रोगों के लिए 'रिफेरल' अस्पतालों की एक अच्छी श्रृंखला उपलब्ध हो जिनमें साहित्यकार और खेतिहर, ब्यूरोक्रेट और राजनीतिक सभी इस इत्मीनान से प्रवेश ले सकें कि बिना हीनता दिखाए, बिना अपमानित हुए बिना जोर सिफारिश डलवाए उन्हें उपचार के एक न्यूनतम स्तर पर से रखा ही जाएगा? निराला, मुक्तिबोध, राजकमल, धूमिल आदि के प्रसंग से अलग जाकर क्या हम साहित्यकारों ने इस सार्वजनिक सेवा के मानवीकरण के बारे में कभी बहस उठाई है—या अब भी उठाने का इरादा रखते हैं?''

मेरा विनम्र उत्तर पण्डित श्रीलाल शुक्ल को है—'नहीं? कोई इरादा नहीं रखते हैं। मर जाने पर शाही-शवयात्रा चाहते हैं! और बीमारी के दौरान अखबारों में अपीलें छपवाना चाहते हैं।'

निराला की शवयात्रा जिन्होंने देखी है—वे जानते हैं कि उनकी अर्थी के साथ कितने तरह के लोग थे। वह शाही शवयात्रा नहीं थी। यशपालजी की शाही शवयात्रा थी। उसके बारे में यशपाल के न रहने का दारुण अनुभव पत्र-पत्रिकाओं, विशिष्ट व्यक्तियों के शोक संदेशों, शोक सभाओं में बराबर हो रहा था। रेडियो और टेलीविजन उन पर विशेष कार्यक्रम निकाल रहे थे—पर यशपाल की शवयात्रा में स्थानीय कालेजों और विश्वविद्यालय के हिन्दी विभाग के अध्यापक ग़ैरहाज़िर थे। वहाँ उनके सम्बन्धियों और मित्रों के अलावा राजनीति, प्रशासन, साहित्य, पत्रकारिता आदि क्षेत्रों के विशिष्ट व्यक्तियों का भारी समूह था, पर वह जन समुदाय जिसे *'झूठा सच'* जैसा महान *'एपिक'* उपन्यास समर्पित किया गया था, नदारद था। यशपाल की शोक सभाओं में बुद्धिजीवी अपनी मेजें छोड़कर पहुँच गये थे, पर बाज़ार का कोई भी कोना ब़न्द नहीं हुआ था।'

(*'यह घर मेरा नहीं'*—पं० श्रीलाल शुक्ल, पृष्ठ १२२)

वस्तुत: साहित्यकार या कलाकार जो *'मनीषी'*, 'सृष्टा और द्रष्टा' बनने का स्वप्न देखा करता था अब सिर्फ एक 'आला दर्जे का अफसर' या एक घटिया 'मंत्री' बनने में ही अपनी सिद्धि देख रहा है। (कुछ लेखक अपने पतों में अपने पद का उल्लेख करते

नहीं अघाते तो कुछ अपने ठिकानों में 'राजभवनों' का पता देकर अपने रोब से खुद गँठ जाते दिखे हैं!) शायद हम होड़ के गलत चक्र में फँस गये हैं।

राजनेता और उसकी व्यवस्था तंत्र ने अपनी 'छवि' उभारने के लिए उसके फलस्वरूप कुछ अतिरिक्त सुविधाओं की प्राप्ति के लिए अपने आचरण के कुछ नए मूल्य आजादी के बाद से गढ़ लिए हैं। वे पैमाने उनके लिए रोजी-रोटी की सुविधा तो देते ही हैं, समाज में उनका दबदबा बनाए रखने में असर भी रखते हैं। साहित्यकार ने उन्हीं पैमानों को अपना लेने की जल्दबाजी दिखायी-उससे उसके भीतर सड़ी व्यवस्था को चुनौती देने की क्षमता का क्षरण तो हुआ है, उसके टकराव में वह अब जोर भी नहीं बचा। राजनेता के सामने सुविधाओं और सम्मान की माँग—उसके लिए जोड़तोड़ और की गई सिफारिशों ने साहित्यकार के तेवर का एक ऐसा विद्रूप पैंतरा उभार दिया है जो उसके तथाकथित जुझारू तेवर में अंतर्भुक्त 'याचना भरी गिड़गिड़ाहट' ही उजागर करता रहता है। (इसमें विदेश यात्रा भी शामिल है!!)

इस सबके बीच सीमा रेखा कहाँ खींचनी होगी? साहित्यकार जिस तरह के समानान्तर और परिपूर्ण सांम्राज्य की स्थापना करता है उसे वह किसी भी कीमत पर बिकाऊ नहीं बना सकता। रोजी-रोटी की सुविधा देने का दंभ राजनेता को अंततः अपनी प्रशस्ति गायकों की तलाश की ही सुविधा देता है। 'रोजी रोटी' को जितना व्यापक और आधुनिक बनाने की कोशिशें होती रहती हैं, उसे 'हैसियत' का पर्याय बनाने की साज़िश में शामिल होते रहते हैं, उतना ही व्यवस्था को, शासन को और घटिया—राजनीति करने वाले को अपनी पसन्द के चाटुकार और औसत दिमाग के लेखकों (?) को चुनने की छूट मिल जाती है। म० प्र० शासन के द्वारा लगायी गयी बन्दिशों और रचे कुचक्र के कारण एक मुस्लिम लेखक को अपनी नौकरी से हाथ धोना पड़ा। उसके बारे में व्यापक शोर सम्भवतः इसलिए नहीं मच सका, क्योंकि वह 'अनुग्रह' बाँटने में बहुत समर्थ न रहा होगा। रचना के माध्यम से जहाँ टकराव उभरता है, उसे अनदेखा कर जाने से लेखन या सृजन के संसार में समझौता का घटियापन बोलने लगता है।

ज्यादतियों के खिलाफ़ आवाज़ उठाने से कलम में ताकत आती है। उससे आत्मबल तो मिलता ही है, कहने में जो पैनापन आता है वह उन निरीह और सहमें हुए लोगों में भी साहस देता है कि वह गलत बात को गलत कहना सीखें। सुविधाओं की तलाश में और अपने निजी स्वार्थ के छोटेपन को जब हम साहित्यकार की 'प्रतिष्ठा' का सवाल बनाने की जोड़-तोड़ करेंगे तो लेखन या रचनाकार की स्वायत्तता पर अपने आप ही प्रश्नचिह्न लगता जाएगा। ■

‘कहा सीकरी सन काम?’

हिन्दी के लेखक ने दूसरे दर्जे की नागरिकता अंततः स्वेच्छा से स्वीकार कर ली। अब वही सही मायने में ‘उखड़े हुए लोग’ की कोटि में आ गया है। वह—जो न तो अब गलत चीज को चुनौती दे सकता है, न दृष्टि दे सकता है और न ऐसा कुछ रच सकता है जो अंधेरे में भटकती पूरी पीढ़ी को भीतर की शक्ति ही दे सकता है कि वह एक नई दुनिया की कल्पना भी कर सके। उसका वह ‘स्नायु केन्द्र’ खुक्ख हो गया है जहाँ से वह अपनी ऊर्जा प्राप्त करता था। इस देश की आजादी ने भारतीय मनीषा और लेखक को यह विलक्षण भेंट दी है।

गहराई से खोजबीन करने पर इसके कई कारण वे समझदार लोग निकाल सकेंगे जो अंधाधुंध छपती हुई किताबें और रंग-बिरंगी पत्रिकाओं के इस रेतीले अंधड़ में अपना शुतुर्मुर्गी सिर छिपाने में ही अपना पराक्रम नहीं समझते! आज लेखकीय महत्ता का प्रश्रय देने वाली अनेक अकादमियाँ हैं अनेक ‘हिन्दी उत्थान समितियाँ’ मंत्रालयों से जुड़ी हैं, अनेक कमेटियाँ हैं, अनेकानेक इनाम और पुरस्कार वितरण व्यवस्थाएँ हैं। ‘विदेश-घुमाऊ’ प्रबन्ध हैं—मंसबदारियाँ हैं, लेकिन—

—यह ‘लेकिन’ बहुत बड़ा ‘लेकिन’ है।

इस सारी व्यवस्था में घुसकर कुछ भी खसोट ले जाने की आतुरता लेखक को कुछ टुकड़े फेंककर उसका वह छीन ले गई, जिसके बलबूते वह तमाम राज्य व्यवस्थाओं के उलट-पलट के बावजूद अडिग खड़ा रह जाता था। लूट में शामिल होने की विकलता लेखक को एहसास होने के पहले ही कई घाट के पानी पिलाती है। इसकी सबसे भयावह विडम्बना है—लेखक को ‘राजधानी-उन्मुख’ बनने की मजबूरी!

राजधानियों की ओर दौड़ते लेखकों की संख्या जिस तरह उत्तरोत्तर बढ़ती गई है, उसे देखकर विस्मय होता है। कुछ तो ऐसे हैं जिन्होंने ‘स्वेच्छा’ (?) से अपनी आजीविका ही ऐसी चुनी कि उन्हें दिल्ली जैसी केन्द्रीय राजधानी में रहने का सौभाग्य मिले! जो वहाँ ऐसी आजीविका नहीं प्राप्त कर सके, वे निरन्तर इसका पुरुषार्थ करते रहे कि किसी भी तरह हो, वे दिल्ली में ही अपनी आजीविका प्राप्त करते रह सकें! इसके लिए निरन्तर मँडराते रहना और हर चुग्गे की तलाश पर झपट पड़ना उनकी विवशता बन गई है! शायद इतने बड़े देश में उन्हें अपनी दाल-रोटी देने वाला कोई दूसरा छोटा शहर, कस्बा या गाँव अब दिखायी नहीं देता।

उन्हें घर की नहीं बाजार की तलाश है। बाजार में बिकाऊ माल की तरह बस जाने की कोशिश सुविधाजीवी होने का खतरा तो पैदा करती ही है, उन सुविधाओं को प्राप्त

करने के लिए सत्ता की घटिया जोड़ तोड़ करने वालों के सामने हाथ फैलाने को भी विवश करती है। 'हाथ फैलाने' की यह टेकनीक भी बड़े जतन से विकसित की गई है। जो जितना चतुर और लम्बी पहुँच वाला है वह उतनी ही अपनी धौंस की दुहाई देता हुआ हाथ फैलाता है। जो गँवार और भदेस है उसका हाथ फैलाना सबको दिखायी पड़ता है। पहले किसी का हाथ फैलाना दिखायी पड़ जाता था तो किसी सीमा तक उसकी थुड़ी-थुड़ी मचती थी किन्तु अब जब सिर्फ टेकनीक का अन्तर शेष बच गया है तो सभी एक दूसरे को जानते बूझते सिर्फ मौन रह जाते हैं।

अब अकसर हैसियत का अंदाज इससे नहीं होता कि आपने लिखा क्या है। हैसियत बनती है कि आपकी पैठ प्रधानमंत्री के दरबार तक है या सिर्फ पार्टी अध्यक्ष के बैठक खाने तक ही ठप है? कौन गुपचुप ढंग से 'लेखकीय व्यक्तित्व' के नाम पर मास्को और पेरिस के दौरे लगा आता है और कौन मंत्री की सिफ़ारिश पर सबसे पहले अपने घर टेलीफोन लगवा लेता है। ये जो उदाहरण दिए जा रहे हैं, ये सिर्फ हवाई नहीं हैं—इनके पीछे लेखकों की जमात की लम्बी फ़ेहरिस्त है। कितने लेखक कितने दूतावासों को साथ ले सके हैं, कितनों ने अपनी रचनाओं के अनुवाद कितने-कितने देश की भाषाओं में करा लिए हैं, कितने (अपने साहित्य में भले ही नगण्य हों, किन्तु) दूसरे देशों के इतिहास में हिन्दी के मूर्धन्य लेखकों की कोटि में आ गए हैं, कितने हर तरह की कॉकटेल पार्टी में प्रतिबन्धों के बावजूद शामिल किए जाने की स्थायी सूची में हैं, कितने राष्ट्रपति भवन की दावतों में जा सकते हैं, कितने हर तरह के सरकारी या संस्थागत उत्सवों में या अंतर्राष्ट्रीय फिल्म महोत्सवों में अपनी दाढ़ी या दुशाला सम्हालते आ सकते हैं—लेखक की हैसियत बनने या बिगड़ने के यही अधुनातन प्रतिमान हैं। दुर्भाग्य यह है कि नई पीढ़ी अपने अग्रजों के कदम ब कदम चलना ही नहीं सीख गई है, उसने इसी को अपने रचनाकार होने की कसौटी ही बना ली है। राजधानी का दबाव उसमें वह तेवर जगाने में समर्थ ही नहीं हो पाया कि वह इस प्रकार के पाखण्ड को चुनौती दे सके।

आखिर निराला में, पंत में और महादेवी में ऐसा क्या था जब उन्होंने अपने लिए सुविधा और प्रलोभन मिलने पर भी—राजधानी से अलग कहीं छोटे से शहर को अपना कार्यक्षेत्र बनाने की चुनौती स्वीकार की? जयशंकर प्रसाद या मैथिलीशरण गुप्त में कौन सी रचनाशक्ति थी जिसने उनको सत्ता से दूर रहकर सृजन करने के लिए विवश किया था? रेणु को *'मैला आँचल'* के लिए राजधानी से दूरी क्यों वांछनीय लगी? सार्थक सर्जनात्मक लेखन और सत्ता के दबाव की मजबूरियों से अपने को अलग करके रखने वालों में यदि सूर, तुलसी व कबीर को पुरानों में घसीटकर छोड़ भी दिया जाये तो भी आज राजधानियों में गोते लगाकर जो लिख रहे हैं उन्होंने अपना एक भी महत्त्वपूर्ण कृतित्व उस माहौल से निचला हो-ऐसा हिन्दी पाठकों की याददाश्त में नहीं है। *'आधा गाँव'* जैसा रचने वाले कितने ही महत्त्वपूर्ण लेखकों को अकेली बम्बई ही खा गई! यह

बात पड़ताल के लिए दिलचस्प हो सकती है कि राजधानियों में बसने वाले लेखकों ने देश की भाषा में समर्थ और सार्थक कृतियाँ कितनी दी हैं?

रचनाकार ने अपने को एक गलत होड़ में डाल लिया है। उसने अपनी 'बुनियादी जरूरतों' में उन चीजों को समेट लिया है जो उसके दायरे में पड़ती ही नहीं थीं। इस होड़ से अलग रहकर अपने 'स्व' को जीवित रख सकने की कीमत जो दे सका है, वही अकसर महत्त्वपूर्ण रच पाया है। सुविधा की तलाश में रचनाकार के भीतर का मूल्यवान हर क्षण मरता जाता है और समझ में तब आता है जब अकसर सूत्र हाथ से छूट चुका होता है। यही छूटे हुए सूत्र के असहाय लोग अपने अतीत को भुनाने के नए-नए दाँव-पेंच खेलते रहते हैं।

मूल्यों की टकराहट अब ऐसी किताबी बहस है जिसका आचरण से कोई लेना-देना नहीं है। आप जितने 'बड़े रचनाकार' बनेंगे उतने ही ओढ़ी हुई बकवास की भाषा बोलकर साफ निकल जाएँगे, जितनी सफाई से दस पेज में अपनी बात लिखकर ऐसा कुछ भी नहीं कहा जो स्वयं आपके आचरण पर निर्देश करे—यह रचनाकार के कलम की सफाई है जिसको वह इस धोखे में डाल रहा है, यही उसी के निर्णय की नियति है। जिन मूल्यों को चुनौती देने के लिए वह कृत संकल्प हुआ था, उन्हीं के सामने उसे आत्मसमर्पण करना पड़ा। अब हम रचना करने वालों की विसंगति यह है कि न तो हम पूरे संकल्प के साथ उन विकृतियों को चुनौती दे पा रहे हैं और न अपने को नकार कर उनको सहज स्वीकृति ही दे पा रहे हैं! बहुत साफ तरीके से यह समझौता रचना में न भी दिखायी पड़े तो उन 'रियायतों' की अप्रत्यक्ष आँच कृतित्व को संदिग्ध और धूमिल बनाकर छोड़ती है। रचना की साख कहीं बाहर से पैदा नहीं होती। जिस तरह की राजधानी जनित सत्तापोषित संस्कृति की फाँफी चाटकर रचनाकार अपनी स्वायत्तता का दम भरता है, जो घुटन वह जी रहा होता है, जो सत्ता और व्यवस्था का अप्रत्यक्ष दबाव पड़ रहा होता है जिसमें हर शाम घर लौटने के बाद अपने को उत्तरोत्तर छोटा होता हुआ ही महसूस किया जा सकता हो वे सारे अनुभव उसकी रचना की आन्तरिक साख को क्रमशः घटाते जाते हैं! फिर उसको कुछ नहीं दिखायी पड़ता है, सिर्फ इतिहास ही उसकी यात्रा के पड़ाव को देखकर आँक देता है।

शायद इस व्यामोह को तोड़ने में कुछ नए समर्थ लेखक फिर कहीं खड़े हो जाएँ! शायद कुछ रचने वालों को लगे कि सत्ता को चुनौती, सत्ता की छत्रछाया में रहकर दे पाना सम्भव नहीं है! शायद फिर उन्हें ऐसे ऊर्जा केन्द्र की तलाश समझ में आए जो राजधानियों से असम्पृक्त होकर उस चेतना का अभिषेक कर सके जो व्यक्ति को केवल दीन असहाय और अपमानित बनाकर ही न छोड़े! शायद वे फिर ऐसे साधकपीठ खोज सकें जिसका प्रभामंडल उनकी रचना की साख और उनका आत्म विश्वास वापस लौटा दें! अंततः वही सत्ता को भी सही रास्ते पर चलने को मजबूर कर सकेगा!

'हमको कहा सीकरी सन काम'? ■

सन्दर्भहीन मानद उपाधियाँ

पिछले दिनों इलाहाबाद में हिन्दी साहित्य सम्मेलन की ओर से हिन्दी के प्रख्यात कथाकार पंडित इलाचन्द्र जोशी को साहित्य वाचस्पति की मानद उपाधि एक भव्य समारोह में दी गयी। समारोह की अध्यक्षता सुप्रसिद्ध कवयित्री श्रीमती महादेवी वर्मा ने की। उपाधि-वितरण का काम किया उ० प्र० के शिक्षामंत्री ने।

जैसा कि होता है, इस अवसर पर जोशीजी को माँ भारती का *'लाडला सपूत'*, *'योगी'*, *'साधक'*, *'महान'*, आदि तमाम विशेषणों से लाद दिया गया। जैसा कि होता है ऐसे अवसरों पर मंत्री को हमेशा देर से पहुँचने की आदत हो चुकी होती है, अत: शिक्षामंत्री बिना इस बात की परवाह किए कि जोशीजी के सम्मान में आए हुए कितने ही गणमान्य लेखकों और प्रतिष्ठित नागरिक अपनी प्रतीक्षा को खीझ में बदल रहे होंगे—आ रहे हैं—आ रहे हैं' की घोषणा के साथ 'यथासमय' आयोजन में पधारे। जैसा कि होता है, हर नेता देश के लेखक, कलाकार, साहित्यकार और बुद्धिजीवी के महत्त्व पर प्रकाश डालता हुआ, अपने देर से पहुँचने की धृष्टता को जैसे कुछ हुआ ही नहीं, मानता हुआ—सम्पूर्ण आयोजन को भीड़ समझकर देश के नाम सम्बोधन करता चला जाता है। ठीक उसी प्रकार शिक्षामंत्री ने देश की नेतृत्व परम्परा को धन्य किया। जैसा कि होता है ऐसे आयोजनों में मुख्य सम्मानित साहित्यकार नेता की रोबदाब और अनुग्रह दायक क्षमता के आगे 'गौण' हो जाने की मजबूरी में फँसा हुआ रह जाता है। दर्शकों को उस फँसी हुई मजबूरी को तब तक दम साध कर झेलना पड़ा, जब तक आयोजकों ने जोशीजी को बरतरफ करके माननीय शिक्षामंत्री को उनके कष्ट वहन के लिए एक छपा और मढ़ा हुआ मानपत्र पढ़कर सुना ही नहीं दिया, बल्कि आतुर नेता ने उसे ग्रहण भी नहीं कर लिया! और जैसा कि होता है, नेता ने अपने को एक तुच्छ सरस्वती का सेवक आदि कहकर जब तक अपना आभार प्रकट नहीं कर दिया लोग टकटकी बाँधे यह सारा कार्य व्यापार देखते रहे! फिर अन्त में जैसा कि होता है, सभी लोगों ने इस पर जय-जयकार की और फिर अन्त में, जैसा कि होता है , इस सब में चार पाँच घण्टे ज़ाया होने के पश्चात अधिकांश उपस्थित इस जनसमूह में इस बात का धीरज नहीं बचा कि बैठे रहकर पंडित इलाचन्द्र जोशी या श्रीमती महादेवी वर्मा की बात सुन सकें।

जाहिर है कि थके हुए पंडित इलाचन्द्र जोशी उस जड़ाऊ 'मानद उपाधि' को लेकर अपने घर लौट आए होंगे और दूसरे दिन से ही अपनी दाल-रोटी का प्रबन्ध करने के लिए उतनी ही चिंता और दुष्चक्र में फँस गए होंगे। इस पूरे आयोजन के ताम-झाम पर

जितना पैसा खर्च हुआ था, उसके एक छोटे अंश से भी जोशीजी को कुछ समय के लिए ही सही निश्चिंतता दी जा सकती थी। उसमें शायद किसी को बहुत दिलचस्पी थी भी नहीं। जोशीजी उन सीढ़ियों के माध्यम थे जो इस तरह के आयोजनों में उन तमाम लोगों के हत्थे लग जाती है जिनका इस तरह के आयोजनों के प्रति किसी तरह का कोई लगाव होता ही नहीं!

'मानद उपाधियों' का चलन बहुत पुराना है। उपाधि की गरिमा उसके पीछे जुड़ी संस्था की ख्याति पृष्ठभूमि या साख से बनती है जिसके कारण सम्मानित व्यक्ति सहसा अपने आपको एक नई सामाजिक चेतना पर प्रतिष्ठित पाता है। सम्मानित व्यक्ति से एक पूरा वर्ग सम्मानित होता है और उस प्रकार के कार्य व्यापार को वह मान्यता मिलती है जो संस्था पर कहीं बहुत गहरे जाकर विश्वास का ठप्पा लगाती है। यह एक दीर्घकालीन प्रक्रिया है जो इस तरह की उपाधि देने वालों को कलाधर्मी मूल्यों से जोड़ने का जोखिम उठवाती है और उसका श्रेय कालान्तर में प्राप्त कराती है। सम्प्रति खैरात की तरह बँटती मानद उपाधियाँ कागज के अर्थहीन टुकड़े से अधिक महत्त्वपूर्ण क्यों नहीं बन पातीं?

एक सामान्य अफसर सेवा निवृत्त होता है तो उसे उसके और उसके परिवार के निमित्त पेंशन मिलती है! बड़ा नेता (अव्वल तो रिटायर ही नहीं होता और कहीं राष्ट्रपति ही बनकर रिटायर होना पड़े तो भी) अपने सेवा निवृत्तकाल के लिए इतनी कुछ पेंशन और सुविधाएँ प्राप्त कर लेता है कि उसकी दाल रोटी के अलावा उसके पास अपना एक नियमित कार्यालय कर्मचारी और उसकी अपनी लिखा-पढ़ी के लिए भरपूर व्यवस्था का तंत्र रहता है। जाहिर है कि साहित्यकार न तो अफसर है और न राजनेता। इसीलिए इस पूरी व्यवस्था में उसे जो कुछ मिल सकता है वह केवल गिड़गिड़ाकर या अपने को बराबर छोटा बनाते रहने की ही प्रक्रिया से मिल सकता है।

हिन्दी साहित्य सम्मेलन या राष्ट्रभाषा परिषद् सभा या इसी तरह की विशुद्ध गैर-राजनीतिक संस्थाएँ जब किसी साहित्यकार या बुद्धिजीवी को अपनी ओर से इस योग्य समझती हैं कि वे उसे सम्मानित करें तो उनका उत्तरदायित्व केवल उस जड़ाऊ सम्मानजनक पत्रक तक ही सीमित नहीं रह जाता। वे तत्काल अपने आपको उन मूल्यों के साथ जोड़ लेती हैं जिनके लिए वह रचनाकार अकेला रहकर संघर्ष करता रहा है। रचनाकार जिन मूल्यों की प्रतिष्ठा के लिए लड़ता रहा है। हो सकता है कि संस्था को वे मूल्य अपनी व्यवस्था के लिए रास न भी आएँ। सम्मानित व्यक्ति नई शक्ति के साथ सिर ऊँचा करके रह सके और सड़ी व्यवस्था को चुनौती दे सके और उसे बदल सके—इसके लिए सम्मान देने वाली संस्था अपने आपको उस रचनाकार के साथ जोड़ने का खतरा और दायित्व तो उठाती ही है।

उदाहरण के लिए क्या हिन्दी साहित्य सम्मेलन अपने को इस बात से अवगत करेगा कि उसके साम्मान्य कथाकार पंडित इलाचन्द्र जोशी को अब लिखने-पढ़ने की

कितनी सुविधा प्राप्त है। कुछ दिनों पहले 'सारिका' पत्रिका में जोशीजी के सम्बन्ध में प्रकाशित हुआ था कि—

पिछले कई वर्षों से जोशीजी पूरी तरह से स्वस्थ नहीं हैं। अब से उन्हें कोई दस बरस हुए 'फॉलिज' का दौरा पड़ा था, तब से अकसर उन्हें विस्मृति घेर लेती है। आँखों में बड़ी तकलीफ है। मोतियाबिंद के कारण पढ़ने में कठिनाई होती है। लेकिन किताबें ही उनकी एकमात्र दुनिया है...वे अपने बारे में बहुत सी बातें कहना और बताना चाहते हैं। इस भेंट में बहुत-सी बातें अधूरी हैं। उनके विस्तार में अधिक सरसता भी है और बहुत स्थलों पर सामयिक प्रासंगिकता भी। अच्छा होता कोई संस्थान या अकादमी जोशीजी को ऐसी सुविधा और सहायता दे सकती कि वे अपनी सम्पूर्ण और प्रामाणिक जीवनी तत्काल लिखवा सकते।

कहीं ऐसा न हो कि हमेशा की तरह हमसे फिर देर हो जाए!'

लेकिन हुआ कुछ नहीं! अकेले जोशीजी नहीं, इस तरह जीवन की आखिरी देहरी पर पाँव रखे कितने ही यशस्वी लेखक मजबूरियों में अब खड़े हो गये हैं जो आज की गलाकाट प्रतिस्पर्धा में कहीं टिक ही नहीं सकते।

क्या कारण है कि इतना ज्यादा लिखकर भी जोशीजी को अपना देय नहीं मिल पा रहा है? क्या कारण है कि जोशीजी की रायल्टी उत्तरोत्तर कम से कमतर होती जा रही है? तमाम गिद्ध प्रकाशक उन्हें नोच-नोच कर खा रहे हैं। उनकी किताबें अब बाजार में नहीं मिल पातीं। आगे अब वे केवल पुस्तकालयों में सिर्फ शोध करने वालों के लिए उपलब्ध रह जाएँगी। वे रचनाएँ जीवन के प्रवाह से एक भीषण षड्यंत्र के द्वारा काटी जा रही हैं। इस षड्यंत्र में पूरी व्यवस्था की मिली भगत है। किताबें पढ़ने का शौक उत्तरोत्तर कम होता जा रहा है। साक्षरता बढ़ रही है! शिक्षा बढ़ रही है और पाठक अब और भी अनुपातत: कम होते जा रहे हैं। केवल हिन्दी भाषी क्षेत्र में ही हिन्दी पुस्तकें पढ़ने की क्षमता का लोप होता जा रहा है? इसके पीछे किसी का हाथ नहीं ? क्या हिन्दी साहित्य सम्मेलन जैसी समर्थ संस्थाएँ अपने को इस दायित्व से मुक्त समझती हैं कि वे अपने 'सम्मानित' साहित्यकारों की पुस्तकें कम से कम दामों पर छापकर उन्हें देश के बड़े-बड़े हिस्से तक फैला सकें? क्या जोशी जी की रचनाओं से यह संस्था अपने आपको सार्थक ढंग से जोड़कर उसके जोखिम को नहीं उठा सकती? पुस्तकों की सरकारी खरीद का जो कुचक्र प्रकाशकों और अफसरशाही की मिलीभगत से पुस्तकों की खरीद में चल रहा है, क्या उसे 'साहित्य को प्रश्रय देने वाली' संस्थाएँ समझ नहीं रही हैं? आम पाठक की मौत क्या अंतत: रचनाकार की ही निरर्थकता नहीं सिद्ध कर देगी? जो उससे जुड़ने की दुंदुभी बजाते हैं क्या वस्तुत: वे भी उससे जुड़ने से कतराते हैं? ऐसी स्थिति में इस तरह के सम्मान और मानद उपाधियाँ एक तरह के विद्रूप जैसे लगने लगते हैं!

खोट हमारी उस सोच में है जहाँ हमने मान लिया है कि देश की आपा-धापी और लूटखसोट के माहौल में हम कितनी दूर तक हर रिश्ते को भुना सकते हैं? यदि सम्मान का आयोजन भी भुनाया जा सके तो बेजा क्या है? यदि इस तरह के आयोजनों में अपने आचरण को उसकी तार्किक परिणति तक ले जाने का 'दुस्साहस' करें तो सत्ताचाटी व्यवस्था से टकराने की चुनौती पैदा कर लेंगे। अच्छा यही होता कि ऐसी तमाम संस्थाएँ केवल तरह-तरह के 'मानक कोश' और तथाकथित सन्दर्भहीन 'सन्दर्भग्रन्थों' के सम्पादन, प्रकाशन (और लाइब्रेरियों में दफनाये जाने) की योजनाएँ बना बनाकर बड़ी-बड़ी रकमों की ग्रांट पाती रहे और 'अपने' लोगों की रोटी-रोजी, एक किता मकान और एक घरेलू डेरी का सुचारु प्रबन्ध करती रहतीं और जीवन्त रचनाकारो की समस्याओं के बखेड़े से अपने को जोड़ने के पाखण्ड से बची रहतीं!

■

इनाम इकराम बनाम सही पाठक की तलाश

भारतीय साहित्यकारों के लिए इस देश में कई तरह के इनाम और पुरस्कार घोषित हैं। इनमें भारतीय ज्ञानपीठ के 'लखटकिया पुरस्कार' से लेकर विभिन्न संस्थाओं और सरकारों द्वारा पाँच सौ रुपये या उससे भी कम के पुरस्कार हैं—ये सब लेखकों की प्रतिष्ठा और 'हौसला अफजाई' के लिए अनुग्रह पूर्वक दिए जाते हैं। प्राय: ये इनाम हर साल बँटते हैं। शायद ही ऐसे कुछ 'दुर्भाग्यग्रस्त लेखक' या 'रचनाएँ' अब ऐसे इनामों की ज़द से छूटी होंगी। फिर आगे उन इनामयाफ़्ता लेखकों का क्या हुआ—उनकी पुरस्कृत रचनाएँ रद्दी के भाव बिकीं या नहीं, इसे जानने में न तो हिन्दी का पाठक ही कोई रुचि रखता है और न वे इनामदायिनी-संस्थाएँ। एक मिला हुआ इनाम केवल दूसरे प्रतिष्ठित-इनाम की क्यू-लाइन में लेखक को खड़ा कर जाता है। इदमित्थम्।

जैसा कि हर व्यवस्था का एक तंत्र कालान्तर में उसे ग्रस करके अपनी लीक बना लेता है, इनामी व्यवस्था में भी अब अपनी परिपाटी हर जगह बना ली है। उसमें भी व्यवसाय करने वाले अपने न्यस्तस्वार्थ की मज़बूरियों को अब शिकंजे की तरह इस्तेमाल करने लग गए हैं। लेखकों की यह 'हौसला अफजाई' चिरंतन काल तक चलती रहे, इसके लिए धन्धा चलाने वाले को इनाम-व्यवस्था का सम्पूर्ण चक्र हस्तामलकवत् रहता है। वे ये भी जानते हैं कि अमुक इनाम प्राप्त करने या कराने के लिए कहाँ-कहाँ दस्तक देनी है और साथ ही यह सूची भी रखते हैं कि पाँच सौ रुपये तक का यह छोटा से छोटा इनाम लेने के लिए कितने बड़े से बड़े लेखक मुँह बाये खड़े हैं।

लेखक नामधारी अनेक मसिजीवी ऐसी व्यवस्था से सिर्फ इनाम पाने की गरज से पनपते हैं। वे केवल ऐसी पुस्तकें लिखते हैं जो इनाम योग्य की कोटि में (सरकारी रुख के कारण!) आने का ध्यान रख कर छापी जाती हैं। ऐसी पुस्तकों की छपाई की पूरी लागत और मुनाफा केवल इनाम की ही धनराशि से निकल आती है। इस व्यवस्था को और भी पुख्ता करने के लिए अधिकांश प्रकाशकों ने अपने अनुबन्ध-पत्रक में वाक्यांश जोड़ रखे हैं जिनसे इनाम की रकम में से उनका अंश अलग प्राप्य और सुरक्षित रहता है।

अधिकांश इनामों की वितरण व्यवस्था में इनाम पाने के लिए रचनाकार को बाकायदा एक अभ्यर्थी बनाकर उस दौड़ में शामिल होने के लिए मजबूर किया जाता है। इसके लिए उसे फार्म भरने पड़ते हैं और अपनी पुस्तक की कई प्रतियाँ (अकसर दस तक) मय अपने दस्तखती प्रमाण पत्र के हाज़िर करनी पड़ती हैं। इसके बाद भी हो सकता है कि ठीक से सही पहुँच तक सिफ़ारिश न करा सकने के कारण उसकी पुस्तक

बिना पढ़े ही निर्णायकों द्वारा इनाम से वंचित कर दी जाये! जिन्हें किताब छापने के बाद इनाम क' ही सिर्फ सहारा बचा रहता है, (और ऐसा सौ में साठ लेखकों को तो होता ही है) वे अपनी पूर्ण कोशिश करके अपनी किताब का शिकंजा मजबूत कर लेते हैं या फिर...या फिर अपनी किताब को तौलकर बिकवाने की फिक्र करते रहते हैं।

किन्तु एक बड़ा अहम सवाल इनामों की इस बंदरबाँट व्यवस्था से बराबर बना रहता है, सही लेखक इन इनामों से बराबर क्यों कटता रहा है? इन इनामों से लेखक क्यों नहीं प्रतिष्ठित होता? इनके द्वारा रचना की प्रतिष्ठा क्यों नहीं होती? ये इनाम श्रीहीन और गरिमाहीन क्यों हो गये? यदि सिर्फ रकम की ही बात आड़े आती रही होती तो एक समय का मंगलाप्रसाद पारितोषिक भी अपनी छाप लेखक और उसके कृतित्व पर क्यों छोड़ जाता था?

क्या इनामों की कसौटियाँ बदल गई हैं?

जहाँ बड़ी-बड़ी संस्थाओं द्वारा (कई स्तरों के?) निर्णायक मंडलों से रचनाएँ 'पास' होकर आ भी जाती हैं, बहुधा सुधी पाठक उस वयोवृद्ध रचनाकार को लटती उम्र में 'बेचारे' की कोटि में रखकर उस पुरस्कृत निर्णय से स्वीकृति दे भी ले, किन्तु उस निर्णय से रचना की श्रेष्ठता अधिकांशत: संदिग्ध बनी रहती है। ऐसा ज्ञानपीठ पुरस्कार के साथ 'काल' या अवधि की सीमा के ही कारण क्यों न हुआ हो, किन्तु रचना की असंदिग्ध प्रतिष्ठा पर बराबर सम्बन्धित साहित्य के पारखियों ने प्रश्नचिह्न लगाया है। बहुधा रचनाकार को ही प्रतिष्ठित हो जाने की रियायत पाठकों ने दी है। साहित्य अकादमी के पुरस्कार अपने कूटनीतिक दुष्चक्रों और प्रभावों की राजनीति के ही शिकार हो गए। जिस तरह की 'लॉबी' और प्रकाशकों की जोड़-तोड़, जवाब और पैंतरे चलते रहे हैं उनसे अकसर 'बेचारे' और 'कब्र में पैर लटकाए' कोटि के रचनाकारों को ये इनाम दे दिए जाने का समाहार ही निकाला जा सका! अब तो धीरे-धीरे इस पंच (?) हज़ारिया मनसबदारी का भी सारा रोमांच खत्म होता जा रहा है (अतिरिक्त दौड़ धूप में रुचि रखने वाले इस इनाम के बजाय मिट्टी के तेल के लाइसेन्स या कुकिंग-गैस की एजेन्सी परिमिट की प्राप्ति के लिए दौड़ लगाना अधिक वांछनीय समझते हैं। उ०प्र० की हिन्दुस्तानी एकाडमी एक पुरस्कार दिया करती थी। उसका भी मान था। कवि कुँवर नारायण की 'आत्मजयी' को पुरस्कृत करने के बाद उसकी योजना ही ठप हो गयी थी। (पिछले वर्ष से वह फिर चलायी गयी है और श्री लक्ष्मीकांत वर्मा को राष्ट्रपति के द्वारा वह पुरस्कार दिलाया गया। आशा है कि यह पुरस्कार चलता रहेगा।) हिन्दी साहित्य सम्मेलन के पुरस्कार के पहले चर्चा होती थी, किन्तु अब तो वह भी अपनी ही अंतर्गुटीय राजनीति में फँसे रहने के कारण रचना और रचनाकारों की परख से प्राय: उदासीन हो चुका है।

बड़े-बड़े चौखटों में फैसे हुए इनामों को उनकी संदर्भहीनता से मुक्ति दिलाने के लिए लेखकों ने कई जगहों पर अपने ही समाज से लेखक वर्ग की आमदनी में से पैसे

लगाकर सार्थक और गरिमापूर्ण पुरस्कारों को देने में उस विशिष्ट वर्ग के लेखकों ने अपनी प्रतिष्ठा भी दाँव पर लगायी। उससे कुछ हलचल कुछ समय के लिए पैदा हो गयी थी। मेरे स्व० कवि मित्र डॉ० भारतभूषण अग्रवाल ने भी कुछ लेखकों के सहयोग से ऐसी योजना चलाई भी, लेकिन उस योजना ने अपनी जड़ें नहीं पकड़ीं। यशपालजी की स्मृति में भी एक ऐसी ही कथाकृति पुरस्कृत करने की योजना चली थी! इस तरह की तमाम छोटी-छोटी योजनाएँ चलें और सही लेखक या ईमानदार आलोचक अपनी पूरी प्रतिष्ठा ऐसी पुरस्कार योजना के साथ लगाएँ तो चाहे वह इनाम की रकम कितनी ही स्वल्प हो, उसकी साख फैलेगी और वह बड़े इनामों की निरर्थकता स्वतः प्रमाणित करेगी। सम्प्रति हिन्दी भाषी क्षेत्रों में इनाम-इकराम की जो प्रक्रिया बन गई है उसके बारे में ज्यादा कुछ कहने-सुनने की गुंजाइश ही नहीं रह गई है। इन इनामों से ये पुस्तक या रचनाकारों के बारे में कम लेकिन इनाम बाँटने वाली व्यवस्था के ही बारे में अधिक से अधिक जाना जा सकता है! (वैसे जानकर आप कर भी क्या लेंगे?)

राजनीति के इस उठापटक वाले माहौल में रचनाकार अगर अपने आपको अब कटा हुआ महसूस करता है तो इसमें उसके उन पाठकों का दोष सर्वोपरि है जिन्होंने समृद्ध स्वस्थ लेखन और उसके रचने वालों से अपने को काट लिया है। कुर्सियों की तरफ लोलुप निगाहों से दौड़ाने वाली अवसरवादी बेबुनियाद राजनीति—अब पाठक को ऐसे कोई मूल्य नहीं पकड़ा सकती जिसके सहारे वह या उसके आगे आने वाली पीढ़ी अपनी जिन्दगी को समरस बना सकें। वे सारी पत्रिकाएँ जो एक वक्त में कभी कभार ही सही! अच्छी रचनाएँ छापा करती थीं अब सिर्फ टुकड़ही राजनीति और उसकी दोगली उपलब्धियाँ! (अकसर उन्हीं राजनेताओं की रची 'कहानियाँ' (?) कविताएँ (?) और संस्मरण छाप-छाप कर पाठकों को और भी बेबुनियाद करने के षड्यंत्र में शामिल हो चुकी हैं? वह सही पाठक जिसने प्रेमचंद को प्रेमचंद बनाया था, जिसने मैथिलीशरण, प्रसाद, निराला, शरतचन्द्र और रवीन्द्रनाथ को उनके सिंहासनों पर बिठाया था, इस सारी भीड़ में कहीं खो गया है। उसकी छवि धूमिल पड़ गयी है और वह अपने को प्रभावशाली बनाने में असमर्थ पा रहा है। असली इनाम अपने लेखकों को वही दिया करता था। तब कोई लखटकिया इनाम नहीं हुआ करता था! कहीं भी पंचहजारी, दसहजारी-मंसबदारिया नहीं होती थीं, किताबें भी लाखों संख्या में नहीं छपती थीं, लेकिन सही रचनाकार को उसकी सही प्राप्ति अवश्यमेव मिलती थी। उनके द्वारा दिए हुए इनाम में अलंकृत लेखकों को आज भी अपनी सार्थकता के लिए किसी का मोहताज नहीं होना पड़ता।

दुर्दिन ही था जब समाज के तथाकथित कर्णधारों ने बेचारे लेखक को इस योग्य मानने के लिए अपने को तैयार किया होगा कि अलग से उसके कृतित्व पर अनुग्रह बरसाया जाये? अब वह बरसात अपनी मखौल बनाती खड़ी है। उस तंत्र पर किसी की आस्था नहीं, जो अनुग्रह बाँटने का स्वप्न देखता है, वह उसी के दंभ में मरा जा रहा है,

जिस पर अनुग्रह बरस..या जा रहा है वह उसे अपने तिकड़मी पराक्रम से प्राप्त कर लेने की ताव रखता है! जो अनुग्रह बरसने के प्रभामंडल से ही दीप्तमान होता वह पाठक इस सारी प्रक्रिया से सहज उदासीन है। अच्छा होता कि सारी व्यवस्था का तंत्र लेखक को उसका सही पाठक वापस लौटा देने की योजना बनाकर अनुग्रह बाँटने के दंभ से अपने को मुक्त कर लेता! लेखक का सही इनाम वही पाठक निर्णीत कर सकेगा!

■

'मछलीघर' का अनासक्त तेवर

सारी व्यवस्था में खाँचे बना लिये जायें—बादशाह, वजीर, हाथी, घोड़ा, रुख और पैदल सब अपनी-अपनी जगह बिठा दिये जायें और उनकी चाल निश्चित कर दी जाये; जो टेढ़े-टेढ़े चलते हैं उनकी भी और जो सीधे-सीधे चलते हैं उनकी भी! जो सीधे से टेढ़ चलने की सुविधा पा जाते हैं उनकी भी और जो बादशाह होकर भी सिर्फ एक ही घर इधर या उधर भागने की छूट पाते हों—उन सब की चाल निश्चित हो जाने से—पूरे ढाँचे की कार्य प्रणाली की बिछी हुई शतरंजी बिसात अच्छी तरह समझ में आती है। कौन, कहाँ, कैसे और किधर और क्यों चल रहा है, उसका एक तुरन्त-तैयार स्पष्टीकरण हमारे पास मौजूद रहता है। किसी भी मानवीय हरकत को हम खाँचे से बाहर देखना नहीं चाहते और अगर कहीं कोई उस खाँचे से बाहर दीखता भी है तो उसका एक खाँचा अलग बना कर उसे भी उस पूरी व्यवस्थित-बिसात का अंग बना लिया जाता है। समझने-समझाने में इस प्रक्रिया से बड़ी सहूलियत पड़ती है। लेकिन इस व्यवस्थित बिसात की खाँचेदारी को चुनौती देने वाली कृतियाँ अकसर कालप्रवाह के बीच चट्टानों सी खड़ी हो जाती हैं और सारे प्रवाह को एक बार फिर से देखने के लिए विवश करती हैं।

कविता के क्षेत्र में 'मछलीघर' का सामने आना, सम्भवतः उसी कोटि की एक घटना है जो कविता की बुनियादी समझ पर एक बार फिर प्रश्नचिह्न लगाती है। अजब नहीं है कि हिन्दी कविता में गति रखने वाले प्रत्येक जागरूक की एक प्रतिक्रिया 'मछलीघर' को लेकर कहीं न कहीं दर्ज हुई है और वह इन कविताओं से निकलने वाली सीधी चुनौती को स्वीकार भी करता है। *'दिनमान'* के प्राथमिक परिचय से लेकर *'विवेचना'* (प्रयाग) की गोष्ठी तक-एक अजब तरह की बेचैनी और अनुगूँज सुनाई देती है—'वैयक्तिक कविता', या 'राष्ट्रीय उन्मेष की सही भारतीय कविता' या 'ऐण्टी छायावादी कविता', या 'आधुनिकता का परचम वहन करने वाली कविता', या 'सधुक्कड़ी या फक्कड़ीपन की कविता—' या...या क्या है 'मछलीघर'?— कौन है इस कवि का 'तुम....?' किससे वह इस 'याराना लहजे' में बातें करता है? कौन है वह जो इसकी समस्त 'निजी यन्त्रणा' को 'मछलीघर' की छोटी सी पारदर्शी चहारदीवारी में कैद कर देता है?

—या यह सब कुछ नहीं केवल एक तरह की सस्ती, आवेशजन्य और क्रोधमूलक स्थितियों का भ्रमात्मक शब्दाडम्बर?

—क्या है 'मछलीघर' की कविताएँ? और जो भी हों—क्यों उनके प्रति एक तरह का लुभावनापन महसूस होता है?

मैं समझता हूँ कि 'मछलीघर' की कविताओं का 'आन्तरिक तेवर' ही समस्त आकर्षण का केन्द्र बिन्दु है। वह तेवर शब्दों के आपसी संयोजन से इस तरह जन्मा है कि सारी कृति को केवल अनूठापन ही नहीं, बल्कि वह आत्मीयपन देती है जिसे पाने का हम स्वप्न देखा करते हैं। कविता में विशेषत: हिन्दी कविता में 'मुद्राओं' की, या 'ठवनि' की कमी नहीं है। छायावाद से लेकर 'साठोत्तर पीढ़ी' तक इन सभी मुद्राओं के पीछे से जाने या अनजाने यह ध्वनि निकलती रही है कि—हमारी अपनी इस मुद्रा की कीमत 'यह' या 'वह' है!! 'यह' या 'वह' प्राप्त हो जाते ही उस तनाव-भरी मुद्रा में एक तरह का झोल पड़ने लगता है—और तब वह मुद्रा एक विशिष्ट क्षण या मूड में प्रभावित भले ही कर ले जाये, लेकिन उसका जादू हटते ही सब कुछ कलई की तरह उतरने लगता है। उस समय अपने ही जादुई बरतन पर से रोगन उतरने का बोध कितनी असहाय और दयनीय स्थिति में हमें छोड़ता है, वह अनुभव हमारे लिए अनपहचाना नहीं है। लेकिन एक ऐसा तेवर जब दीखता है जो 'होड़ में न पड़ने वाले व्यक्ति कितने खतरनाक होते हैं', को सीधे प्रकाश वृत्त के भीतर खींच कर खड़ा कर देता है तो सम्भवत: उस सार्थकता का अहसास होता है जो हमें मात्र असहाय और दयनीय बना कर ही नहीं छोड़ जाती! 'सीधे तन कर खड़े होने' का एक अर्थ मिलने लगता है—वह नहीं जो हर तनने की स्थिति को भुनाने के काम में ही खुलता है! यही उसका वह आत्मीय भाव है, जो भीतर से उसे तेवर के प्रति एक बेझिझक लगाव पैदा करता है। लेकिन लगाव के बाद भी बेचैनी क्यों? कई बार खोटा सौदा हो चुका है—वही हिचक! इस पूरी खाँचेदार बिसात में यह कहाँ? अगर यह तेवर नया भी है तो इसकी कीमत क्या कूती जाये? क्यां लेकर ही यह 'तेवर' फिर सहज हो जायेगा? खाँचा कहता है कि हर तेवर किसी मतलब से ही बनाया जाता है : उसका एक कारण होता है और उस एक का निदान! खाँचा यदि ठीक से नहीं बैठ पाता तो एक अटपटापन बराबर बना रहता है।

आखिर यह 'तेवर' आता कहाँ से है?

सम्भवत: यह उस 'अगाध' की मूल तलाश से जन्म लेता है जिसके सिर्फ एक अहसास का स्पर्श इन कविताओं में छलका हुआ दीखता है। यह 'अगाध' उस 'करुणा' से कहीं परे हैं जो बौद्धों के बीच अद्वैत के ब्रह्म का पर्याय होती हुई छायावाद के मूल मेरुदण्डों के रूप में प्रतिष्ठित हुई थी। यह 'अगाध' तो एक 'अनाविल निर्झर' को 'अर्द्धविस्मृत कुण्डों' में बराबर समेटता रहता है—'दुखवाद' को भी पार करता हुआ एक अनासक्त तटस्थता से उपजता हुआ वह 'अगाध!'

हम जिस अगाध की तलाश में थे
बर्बरों का उससे कोई सरोकार
न था...।

कि जब तुम उनसे
हमारी निरपेक्ष अगाधता की बातें
करते हो
तो वे कौतूहल और विस्मय के साथ
तुम्हारी ओर देखते हैं!

जब तक अगाध का अस्तित्व है
तब तक हम न सही
कोई और
इस प्रशान्त सरोवर के किनारे
टहलता रहेगा
और पृथ्वी को
बर्बरों के हाथ सौंपता रहेगा!
मेरे पास सिवाय एक करुणा के
कुछ भी नहीं
न जाने वह अगाध है भी या नहीं
लेकिन मुझे उस अनाविल निर्झर का
पता है
जो दिनरात अर्द्धविस्मृत कुण्डों में
गिरता रहता है...
तुमने उसे देखा नहीं
सिर्फ पानी देखते रहे
अदृश्य स्रोत से आता हुआ
अदृश्य रन्ध्रों में समाता हुआ
स्वहीन, स्वप्नहीन पानी।
कहाँ है अन्त?
तिलमिलाता, दुर्भेद्य, अन्तिम अन्त?

तलाश का यह पैनापन सारी संवेदनाओं को जैसे पीछे छोड़ता चला जाता है—उन्हें बेहोश कर देने के बाद ही उस अछूते इन्द्रजाल का जन्म होता है। यह सारा का सारा ऊपर से 'गुज़रता जाता है—निरपेक्ष, आत्मस्थ, पराया होकर...!' चाहे वह सन्दर्भहीन बारिश, हो और चाहे 'काली चट्टान' पर 'सिर पटकने वाली बेतहाशा धारा' हो—बस एक उसी 'अगाध' की तलाश बेचैनी और छटपटाहट पैदा करती है! तलाश के हर दौर

के बाद एक पड़ाव आता जरूर है, लेकिन वह सिर्फ 'बर्बरों' के हाथ में सौंप दिए जाने भर के लिए आता है! और फिर 'चेज'—वही तेज भागता हुआ पीछा! दूसरे 'कुछ' की तलाश, जिसकी अप्रत्यक्ष अनुभूति है। लेकिन वह सदा एक इन्द्रजाल ही लगता है, काँच की दीवारों में कैद मछलीघर से परे एक दूसरा 'निरपेक्ष अगाधता का संसार'।

खिड़की के पार
तुम्हें अपनी ओर ताकती हुई
दो आसमान सरीखी आँखें दिखेंगी
और जैसे जैसे तुम
नीचे से ऊपर टटोलते हुए
दीवार के सहारे उठोगे
वे आँखें तुम्हारे साथ उठेंगी...

और काँच का यह पारदर्शी छटपटाता हुआ संसार जब उस अगाधता के बोध की तलाश करता है तो इन कविताओं के तेवर में एक अनोखी सान चढ़ जाती है। 'मछलीघरता' की स्वीकृति के साथ-साथ पीछा किए जाने की एक तीखी अनुभूति—

कोई न कोई
चकाचौंध सूरज
तुम्हें पीछा करता जान पड़ेगा...
वहाँ भी तुम्हें लगेगा
कि पीछा करने वाले जानवर की तरह
कोई तुम्हारे पीछे आ रहा है...

आज रात फिर
मैं उस बिन्दु की तलाश में
एकाग्र देख रहा हूँ...

क्या है जो
होश के इस चीमड़ गिलाफ को
पंजों से फाड़, परखचे उड़ा
छूट जाना चाहता है?
ताकि इस हवा में तैरता रहे
सियाह...
इस इन्तिहा से उस इन्तिहा तक!

मैं उन सिरफिरों की बात नहीं करता
जो गलत अँधेरी सुरंगों में
आबेहयात की तलाश में चले गये थे...
क्योंकि हम जिस अगाध की तलाश में थे
बर्बरों का उससे कोई सरोकार न था!...

यही 'आदिम तलाश' बारम्बार उस अगाधता की खोज में 'नदीमूल' तक जाने को विवश करती है और अमृत सी छलछलाती हुई धारा बाहर आने की कल्पना करती है। बीच के हर पड़ाव का अपना आकर्षण है जिनमें 'वसुन्धरा' का भी एक जगमगाता हुआ पड़ाव है जहाँ—

हजारों आदित्यों का निर्झर
इन लोकोत्तर छवियों का बरस रहा है
और उनकी रोशनी में
प्रसन्न बच्चों की तरह
सारे नक्षत्र किलकारी मारते हुए दौड़ रहे हैं.....

मछलीघर और अगाधता की इसी यात्रा के बीच ही उस 'जादूगर' के भीतर पैठे हुए अस्तित्व का साक्षात्कार सार्थकता को अतिरिक्त पैनापन देता है—

कौन जादूगर
मेरी काया में प्रवेश कर गया है?

जादूगर
मेरा रच रच कर बाँधा हुआ कवच
न जाने कब का
तार-तार होकर
महीन कागज की पर्चियों की तरह
चारों ओर उड़ गया है...

जादूगर
मैं सरे बाजार नंगा हो गया हूँ
मेरे पास छिपाने को
कुछ भी शेष नहीं रह गया...
ओ जादूगर

तुम मुझे वहाँ ले चलो
जहाँ मेरे हाथ
उस धारा के पास पहुँच सकें!...

खोज की यह उत्कटता और अपने बचाव की ढालों से लैस एक भागती हुई बेचैन यात्रा को 'अलविदा' में एक ठहराव मिलता है! इस बीच तमाम 'लावारिस सवाल' और पिशाच प्रश्नों को लाँघती-फाँदती 'मछलीघर' की कविताएँ भागती हैं—

आधी रात
कुएँ की गड़ारी बोलती है—
कौन अलबेली नार
झमाझम पानी भरती है?

ये सारे टुकड़े मिलकर उस लोक की तलाश में छोड़ देते हैं जहाँ—

सिर्फ आलोक ही नहीं
वह भी जिसमें आलोक समा जाता है
सिर्फ विभोरता ही नहीं
वह भी जो विभोरता के बाहर
साँय साँय करता है!

और इरा यात्रा में 'अलविदा' का वक्त तब तक आ जाता है। 'भटके हुए मुसाफिर' का 'हसीन चेहरे' से पहला साक्षात्कार! कैसा होगा वह साक्षात्कार? कोई उस अनुभूति को बताता क्यों नहीं? जो पहले 'गूँगे के गुड़' की तरह की एक अभिव्यक्ति भी पा गया था, उस पर भी यह 'अलविदा' एक प्रश्न चिह्न लगाती है—

या फिर क्या होगा, यह बताना
मेरे लिए कठिन है...
....
सिर्फ पीढ़ी दर पीढ़ी चली आती हुई
एक अफवाह है
कि यातना-भरी मृत्यु के अलावा भी
एक विकल्प है—
उसकी क्या शकल है
और किस तरह वह घटित होगा
इसकी कोई साफ तस्वीर
अफवाह में शामिल नहीं है...

जब हसीन चेहरे
और भटके हुए मुसाफिर का साक्षात्कार
होता है
हो सकता है
कि वास्तविक अनुभूति कुछ और हो!...

'अलविदा' के भीतर ही भीतर उस स्थिति की ओर इंगित है जो इस साक्षात्कार के जोखिम के लिए अपनी आन्तरिक तैयारी की माँग करता है। सम्भवत: कोई भी सहाय किसी तरह का मददगार सिद्ध न हो। इस जोखिम से जूझने के लिए अपने 'निजी मूल उपकरणों' (बेसिक इक्विपमेण्ट्स) की तलाश अपने ही भीतर करनी पड़ती है।

तब उस परिस्थिति का मुकाबला
तुम अपने भीतर की किन ताकतों के
सहारे करोगे
यह तुम्हें उसी समय मालूम होगा—
मैं इसमें तुम्हारी कोई मदद नहीं कर
सकूँगा!
मैं तुमसे बता चुका हूँ
कि मैं चाहूँ भी
तो तुम्हारी कोई मदद नहीं कर सकता!!

और फिर वह 'मैं' उस सारे साक्षात्कार की प्रक्रिया से चुपचाप फरिश्ते की तरह जाता दिखाई देता है—और उसका जाता हुआ चेहरा पहचाना जाता है क्या?...

अकसर लोगों ने मुझसे इस वक्त कहा है
कि मैं लालटेन ऊँची कर दूँ
ताकि वे मेरा चेहरा अच्छी तरह देख सकें...
....
मैं नहीं जानता कि मेरा चेहरा तुम्हें किन सुनसान समुद्र
तटों या अँधेरी गुफाओं
या शान्त डरावने शिखरों की याद दिलाता है—
उसके बीच से हटते ही जिस सूनेपन का एहसास
होगा, वह भी सामने आ जाता है
मेरे जाते ही,
यहाँ जहाँ मै खड़ा हूँ

तुम्हें एक खालीपन का अहसास होगा
जिसे तुम हाथ बढ़ाकर
छूने की कोशिश करोगे!...

इन्तजार और अस्तित्व से हीन जिस संसार में यह साक्षात्कार घटित होता है, वहीं से एक नये घटनाक्रम का आरम्भ होता है। उसी साक्षात्कार की मूल तलाश जब उपलब्धि (?) का रास्ता दिखाने लगती है तो निजी उपकरणों की बेचैन खोज और भी तेज हो उठती है! भीतर का रचा हुआ संसार और भीतर की ही चुनौती और उसी के बीच भीतर से ही तैयारी—!! 'होड़ में न पड़ने वाले व्यक्ति' अपने 'खतरनाकपन' से ही यह सम्भव कर पाते हैं कि 'उस अप्रत्याशित को' जिसे 'न मैं जानता हूँ न तुम...' उससे सीधा सामना करने के लिए तैयार हों!

या शायद तन कर खड़े होने से
काम चले...
वह नहीं जो भविष्य के नाम पर
चुनौतियाँ देने से उपजता है
बल्कि वह जो आखिरी निर्णय के बाद
सहसा
बिल्कुल अकिंचन हो जाने से
उत्पन्न होता है...!

अब यह स्पष्ट होने लगता है कि तनी हुई अनासक्त अकिंचनता ही वह निजी उपकरण है जिनसे 'चमकता हुआ जोखिम प्रवेश करता है!' अब वही 'अगाधता' ही पैर के अँगूठे से लेकर गले तक कुहराम की तरह बज रही है—

और उस हसीन चेहरे की खिड़की
तक आते ही...
तुम खुद ही सब कुछ भूल जाओगे।
तुम्हारी आँखें पेड़ की पत्तियों की तरह
जगमगाने लगेंगी।
और तुम्हारे भीतर से उसका जन्म होगा
जो तुम्हारी ओर से
बिना तुम्हारी अनुमति के बोलता है
वही तुम्हारी रक्षा करता है...
या फिर...!

'अंलविदा' केवल उस यात्रा का एक और पड़ाव है जो अन्तर्मानस के परिष्कार द्वारा वृहत्तर व्यक्तित्व से साक्षात्कार कराती है। इस दृष्टि से 'मछलीघर' की कविताएँ केवल निजी वैयक्तिक अनुभूति की ही अभिव्यक्ति नहीं, सही अर्थों में व्यक्तित्व से छुटकारा या मुक्ति की ओर ले जाती है। यही उनकी सार्थकता है!

इस अनासक्त तेवर को सम्भवतः एक बार ठीक से पकड़ लेने पर 'भीतर चलते हुए आन्तरिक एकालाप को पकड़ने की कोशिश' को समझा जा सके। इन कविताओं का आन्तरिक संगठन और उसका यथार्थ से टकराता हुआ रूमानी परिवेश बार-बार 'तुम', 'मैं' और कभी-कभी 'तीसरे' की एक तस्वीर चाहता है।

कौन है यह 'तुम'? कौन है वह 'अर्द्धविस्मृत मित्र' कौन है वह जो 'एक आत्मीय बातचीत" में बोलता है? कौन है वह 'कवि मीडास'? कौन है वह 'अर्द्धभस्म देवदारु' कौन है वह 'छापामार दस्ते'? कौन है वह जिसे बारम्बार 'इस असीम यातना के क्षण में अपने किए हुए का स्मरण' करना पड़ रहा है? कौन हैं नदी के मूल पर पहरा देने वाले वयस्क भुजंग? कौन हैं वे जिनके शव लाक्षागृह में मिलते हैं? और कौन है वह जो अन्तिम साक्षात्कार के आते-आते 'अलविदा' कहकर चला जाता है?

इन तमाम 'लावारिस सवालों' के जवाब देने के बजाय सीधी निरावरण कविताएँ ही सामने कर दी गयी हैं—

मैं जब यहाँ से चला जाऊँगा
तो तुम्हें एक खालीपन का एहसास होगा
जिसे तुम हाथ बढ़ाकर छूने की कोशिश करोगे।...

जासूसी के जरिए कवि संसार के निचले स्तरों में भटका जा सकता है। माध्यमिकता को एक अतिरिक्त माहात्म्य मिलता है और क्रमशः उस छोटे सहूलियतमन्द रास्ते की तलाश होने लगती है, जहाँ से यह कहा जा सके कि घटिया टकराहटों से एक घटिया संसार ही 'प्रोजेक्ट' किया गया है। यह प्रक्रिया कविता के सीधे साक्षात्कार से कतरा जाने का खतरा पैदा करती है। वस्तुतः ये सारे के सारे 'तुम' और 'मैं' एक ही अंतरंगता के दो पहलू हैं जिन्हें आमने-सामने रखकर कविताएँ अपने एकालाप की आन्तरिक लय पकड़ती हैं। साधनों की आत्यन्तिक एकता किन चमत्कारी योगों से इस नये रसायन को प्रस्तुत करती है, यह न तो जासूसी के जरिए जाना ही जा सकता है और न तो यह ज्ञान काव्य की स्वायत्त सम्प्रभुता में कुछ विशिष्ट जोड़ ही पाता है। इलियट ने कविमानस के बीच माध्यमिकता की तुलना प्लाटिनम के चूर्ण से की है जो यदि सल्फर डायक्साइड और ऑक्सीजन से भरे हुए पात्र में डाला जाये 'तो सल्फरस एसिड में परिवर्तित हो जाती है। यह क्रिया प्लाटिनम की उपस्थिति के बिना नहीं होती तथापि बनने वाले अम्ल में प्लाटिनम का कोई अंश नहीं रहता, न प्लाटिनम में किसी प्रकार का कोई परिवर्तन ही दीखता है—वह ज्यों का त्यों पड़ा रह जाता है!' तुम और मैं का यह रहस्य, और वे

सारे उपकरण जो यात्रा के बीच निजी और आत्मीय होकर आये हैं, अपने आप ही छीजते चले जाते हैं।—

और वह आत्मीय जो प्रकट होता है
निरन्तर छीजता चला जाता है
और उसी प्रक्रिया में
अँखुवे की तरह चमकता है।...

विभिन्न स्थितियों, व्यक्तियों, परिवेश तथा कविमानस के बीच भीतर-भीतर घटित होने वाला एक अनाहत संघर्ष इस अलौकिक रसायन को जन्म देता है। अतिरिक्त खोजबीन और स्पष्टीकरण उसके आन्तरिक संयोजन से हमारा अधूरा परिचय कराता है! यदि हम उसके भीतर से केवल उसी खण्डित बोध को ही ग्रहण करके समग्रता की अनुभूति करना चाहें तो केवल तेली के बैल के अन्हवट को ही ओढ़ते रह जायेंगे। 'उस तीसरे' की तलाश के साथ तादात्म्य नहीं हो पाएगा जो इस सम्पूर्ण काव्ययात्रा के बीच झाँकता चलता है—

तब तुम नहीं थे—
सिर्फ वे शब्द थे
जो मुझे तराशते चले जा रहे थे
और तब मैं, तुम्हें नहीं, खुद को भी नहीं
उस तीसरे को देख रहा था
जो अकसर मेरी मृत्यु के भीतर से
अनायास उद्भूत होनें लगता है!

'मछलीघर' अपनी जादुई भाषा के सहारे एक जादुई लोक को निर्मित करता है और फिर उस जादुई लोक की समस्त चौहद्दियों को अनुभव की अद्वितीयता से लाँघ कर नये सन्दर्भों से जोड़ता है। यद्यपि—

शब्द अभिचारी हैं—

कुछ दिन चमकने पर ओछे पड़े जाते हैं तो भी जहाँ तक उनकी चमक जाती है, वे एक अनिर्वचनीय रचना-संसार के अँधेरे कोणों को उजागर करते हैं। शब्दों की पहचान को फिर से नया करना काव्य माध्यम का एक बहुत बड़ा दायित्व है। नाटकीय विधान इस नयी अर्थवत्ता को उभारने में और शब्दों को उनके सर्वथा नये प्रसंगों में प्रस्तुत होने के लिए अच्छी जमीन माना जाता रहा है। पहचाने हुए शब्द जब अपने पूर्वाग्रही सन्दर्भों से कट-कट कर नयी मैत्री और नई संगति में अपनी पंक्ति पाते हैं तो उनके बीच से ही नया काव्यलोक स्वत: उद्भूत होता है। चित्र पर चित्र आते हैं जिनके पास पुराने ढंग के आबेकाबे और चोले हैं, किन्तु वे सबके सब ऊर्जायुक्त (चार्ज्ड) शब्दों के सम्पर्क में आते हैं तो जिन्दगी के सबसे अकेले और बेहद पहचाने एकदम ताजे अनुभव छोड़ जाते हैं—

आधी रात
जब बर्बर सेनानी
अपने-अपने तम्बुओं में
रोशन पत्थरों पर सिक्के बजाते हैं।
तुम क्यों उनके शिविरों से निकल कर
हमारे नगर की प्राचीरों पर
दस्तक देते हो?
सनातन है
नगर के बाहर
बर्बरों के स्कन्धावार भी...

विशाल कालवाहिनी के नायक
उत्सव मनाते हैं
पटाखे छूटते हैं
और महताबियों के प्रकाश में
काली आकृतियाँ
इधर से उधर जाती दीख जाती हैं...

देखो
इस प्रतिच्छवि में
रश्मि व्यूह से आवृत्त
अग्नि पुरुष दिखता है
जहाँ तुम्हारा सिर था
वहाँ लपटें हैं
वही उसका सिर है
जहाँ तुम्हारी भुजाएँ थीं, वहाँ लपटें हैं
वही उसी की भुजाएँ हैं
जहाँ तुम्हारे चरण थे
वही उसके चरण हैं
फिर भी तुम गा-गा कर खँजड़ी

बजाते रहो
ओ सच्चे सांइयाँ
झूठ सच वाली इस मिली जुली दुनिया में
कौन नहीं
अपनों में सन्त
और ग़ैरों में काइयाँ?
फेंटे में कसे हुए जवाहर...
मैं चारों ओर फैले पानी को देखता हूँ
उठता गिरता
और जहाजियों के बेतहाशे दमामें की
आवाज़ सुनता हूँ।

क्या यह सारी भाषा किसी 'रहस्यवादी' का छायाभास मात्र देती है? या इनमें स्फीति वाग्मिता है? या अतिरिक्त 'फैलाव' समझकर हम काटना या संशोधित करना चाहते हैं, वह भाषा के उस सम्प्रभुता सम्पन्न स्वायत्त-साम्राज्य का एक आन्तरिक संयोजन है जिसका अभिप्रेत बिना विशेष यत्न के सहज ही नहीं पहुँच पाता। सृजनात्मकता के स्तर पर भाषा कैसे परिचालित होती है—कैसे Operate होती है और अपनी अर्थक्षमता को आधुनिकतम सन्दर्भों से किस तरह जोड़ सकती है, इसके अनेकानेक आयाम 'मछलीघर' की कविताएँ प्रस्तुत करती हैं। इस स्तर पर अनुभव की अद्वितीयता ही भाषा को इतना निजी और आत्मीय बना कर संयोजित करती है कि 'सफेद कालर' वाले सम्भ्रान्त कलाप्रेमी को 'यारानापन' का खतरा दीखने लगता है। सम्भवतः उसके लिए यह स्थिति ही कल्पनातीत है जहाँ बीच में एक परदा न हो। 'मछलीघर' की कविताएँ इन सभी 'परदों' को लाँघकर भारतीय मनीषा की एक और उपलब्धि को नये सिरे से दर्ज करती हैं।

आखिर यह भाषा किस प्रवाह में बहती है? क्या वह किसी बरसाती पहाड़ी नदी का वेग है या मन्दगति शारदीया नदी का? या वह केवल ऊष्मा की एक लहर है? वस्तुतः इन शब्दों का प्राणतत्व है उस मूल या आदिम लय की तलाश—जिनमें उनके संयोजन की अन्तः संगति दीखती है, एक ही लक्ष्य में तमाम पहचाने और गैर पहचाने शब्दों का बहाव! अपनी उच्चारण धर्मिता की परस्पर रगड़ से एक नया कलेवर देते हुए वे शब्द बहते हैं। इसी बहाव को—अन्तः सलिला वेग को पकड़ने की स्थिति को ही सम्भवतः 'आन्तरिक एकालाप' की संज्ञा दी गई है। ये शब्द समूह ही नये संगींत की सृष्टि करते हैं। नयी कविता ने कविता को जिस जकड़बन्दी-संगीत से मुक्त किया था, मछलीघर की कविताएँ उसे फिर उन्मुक्त संगीत के आदितत्त्व-*लय* से बाँधती हैं।

हिन्दी भाषा में कविता लिखने वालों का सम्प्रति एक अतिरिक्त दायित्व अप्रत्यक्ष ढंग से यह भी माना जाता रहा है कि वे हिन्दी भाषा को दूसरी भाषाओं की होड़ में अधिक समृद्ध, गम्भीर और भारतीय चिंतन की श्रेष्ठतम उपलब्धि के रूप में प्रस्तुत करते रहें!! यदि वे ऐसा नहीं कर सके तो फिर 'राष्ट्रभाषा' का अस्तित्व खतरे में पड़ सकता है!!! इतना ही नहीं इस कवि को 'भारतीय लोकजीवन' की रक्षा की भी चिन्ता है और 'पश्चिमी आभिजात्य' भी समेट कर अपने को 'आधुनिकता का पैगम्बर' कहलाने का भी मोह है। यदि इन सबमें से कुछ भी छूट गया तो वह बेचारा कहाँ खड़ा होगा? अत: वह भारतीय दर्शन धर्म, वेदान्त और उनके पद्यीकरण भाष्य प्रस्तुत करता है, अकसर उनमें दो चुटकी 'लोकजीवन' भी डाल देता है और पश्चिम के तरोताजा आन्दोलनों का सम्पुट भी लगाता चलता है। यही उसकी 'हिन्दी के कवि' के रूप में नियति है। 'मछलीघर' की कविताएँ इस दृष्टि से 'हिन्दी की कविता' की श्रेणीबद्धता से अलग खड़ी हो जाती है। इस पूरी काव्ययात्रा में जो भी 'पिशाचप्रश्न' और 'लावारिस सवाल' आते हैं उन्हें सीधे-सीधे कविता की ही कसौटी पर कसा गया है। खपच्चियाँ लगाकर उनका समाधान नहीं ढूँढ़ा गया है। सीधे कविताएँ ही उनसे जूझने के लिए खड़ी हो जाती हैं।

जीवन और मृत्यु का आदि प्रश्न एक दार्शनिक के लिए भी चुनौती है, एक प्राणिविज्ञान शास्त्री के लिए भी और एक कवि के लिए भी! किन्तु वे तीनों अपने ही अपने उपकरणों के माध्यम से जब उनका समाधान प्राप्त करने की चेष्टा करते हैं तो उस प्रक्रिया से ही उस विशिष्ट-माध्यमिकता की एक स्वतंत्र सत्ता स्थापित होती है। उसमें पलेथन की जरूरत नहीं पड़ती। यह तर्क उस क्षेत्र में ले जाता है जहाँ इस बात की अनुभूति सहज ही हो सकती है कि इस सवाल का जवाब उस कविता में न होकर स्वयं वह कविता ही है। जब तक हम उन प्रश्नों के उत्तर कविता में ढूँढ़ते रहते हैं तब तक शब्द की सम्प्रभुतासम्पन्न इयत्ता से साक्षात्कार नहीं हो पाता। 'मछलीघर' की कविताएँ इस दृष्टि से बड़े कौशल से परिचित प्रतीकों को हटाकर ऐसे नये विधान को सामने लाती है जहाँ वर्गीकृत दार्शनिक, धार्मिक या सांस्कृतिक उपकरण बेमानी हो जाते हैं। 'सिन्दबाद' का प्रतीक इनमें से एक अत्यन्त सक्षम उदाहरण है। इन कविताओं को पढ़कर हमें 'हिन्दी-कविता' का पहला बोध न होकर केवल 'कविता' का बोध मिलता है। उसमें सारा भारतीय मानस प्रतिध्वनित होता है या वह हमारे राष्ट्रीय उन्मेष और ह्रासोन्मुखी परिवेश पर प्रश्नचिह्न लगाता है या वह हमारी आधुनिकतम संवेदनाओं का वहन करता है, यह सारी बातें केवल एक बड़ी कसौटी के अन्तर्गत छोटी-छाटी कसौटियाँ हैं। मछलीघर की कविताएँ पूरा जोखिम उठाती हुई अपने आप को काव्य की उस केन्द्रीय धारा से जोड़ती हैं जिसके अपने स्वतंत्र अस्तित्व के फलस्वरूप ही दूसरी बहुरंगी अभिव्यक्तियाँ भी सार्थकता पाती रहती हैं।

गहराई के केन्द्रीय बिन्दु से अपने आप को जोड़ सकने के कारण ही इन कविताओं का अपना निजी दर्शन विकसित हुआ है। *पिछली पंक्ति के पहरुओं का दर्शन,* (द

फिलॉसफी ऑफ द बैक बेंच!) नायकत्व की गद्दी अस्वीकृत करके, पीछे-पीछे रहकर भी सब कुछ आत्मनियन्त्रित कर सकने और अग्रिम पंक्ति को निर्मित करके उसे बार-बार भटकाव से विमुख करते रहने की चेतावनी का जोखिम बड़े कलेजे के दुस्साहस की परिकल्पना करता है। इस प्रयोग में अकसर अनाम रहकर मिट जाने की सम्भावना उभरती है। इस स्थिति को स्वीकृति देना एक बात है और उसे व्यवहृत करना दूसरी बात है। यह *'बैक-बेंचर'* जितना शक्ति सम्पन्न है उतना ही अनासक्त भी—

हमने इक्कीस बार पृथ्वी जीती
और इक्कीस बार बर्बरों को दान कर दी
यह कहते हुए कि
इसे भी बर्बरों को ले जाने दो—
क्योंकि हम जिस अगाध की तलाश में थे
बर्बरों का उससे कोई सरोकार न था?

यह 'बैक बेंचर' 'होड़ में नहीं' पड़ता और फिर भी अपना 'खतरनाक-पन' बनाये रखता है। वह 'खतरनाकपन' जो अविवेक पर हमेशा एक परोक्ष अंकुश लगाये रखता है। उसका अस्तित्वमात्र 'स्वर्ण नगरों' के लिए हमेशा एक बेचैनी पैदा करता रहता है और कथित ऐतिहासिकता पर प्रश्नचिह्न लगाता रहता है। 'मछलीघर' की कविताओं में, यह देखकर आश्चर्य नहीं होता कि उसमें इलाहाबाद का 'पिछली पंक्ति के पहरुओं' का वही परिचित तेवर बोलता है—

यह नगर, ये हंस नैसर्गिक संगीत—
ये तब तक सनातन है
जब तक हम या हमारी राख से
जन्म लेने वाला कोई
इनकी ओर देखता रहेगा।
तुम हमारा जिक्र इतिहासों में
नहीं पाओगे
और न उस कराह का
जो आज रात तुमने सुनी है—
क्योंकि हमने अपने को
इतिहासों के विरुद्ध दे दिया है—
लेकिन जहाँ तुम्हें इतिहासों में छूटी हुई जगह दिखें
और दबी हुई चीख का एक एहसास हो
समझना हम—वहाँ मौजूद थे!

■

निराला के काव्य जगत में रसायन तत्त्व

यद्यपि कविता की मूल आत्मा से साक्षात्कार करने के कई उपाय रसिक भावकों ने आज तक खोजे हैं तो भी रचना की भीतरी पैठ अब भी दुर्गम बनी हुई है। चूँकि कविता शब्दों की एक खास ढंग की एक तरतीब से उपलब्ध होती है अत: कविता के निहितार्थ उन्हीं शब्दों के माध्यम से ही खोजे जाते रहे हैं। दिक्कत तब पैदा होती है जब वे शब्द अनुभव में तब्दील नहीं हो पाते। वे शब्द अनुभव के अनूठेपन के आस-पास ही मँडराते रह जाते हैं। शब्द को गलाकर अनुभव में बदल डालने की प्रक्रिया मात्र शब्दों के दोहराने या उनमें किसी अतिरिक्त ऊर्जा का प्रवेश कराए बिना कविता की स्वायत्त संरचना से साक्षात्कार नहीं हो पाता। संगीत के सहारे कविता के खड़खड़ाते हुए शब्द उत्तरोत्तर अपना अस्तित्व बृहत्तर सन्दर्भ में घुलाने लग जाते हैं। यहीं से कविता के अब तक अनपहचाने अर्थों की अनुगूँज खुलने लगती है। निराला के रचना संसार में यही रसायन संगीत तत्त्व अत्यन्त शक्तिशाली रूप में प्रयुक्त हुआ है।

हमारी पीढ़ी के पूर्ववर्ती काव्यान्दोलन छायावाद में और उनके बाद बच्चन और नरेन्द्र शर्मा आदि की काव्य चेतना में संगीत की भूमिका अनिवार्य रूप से सुदृढ़ पीठिका के रूप में विद्यमान थी। इस तत्त्व के बिना उस युग की समग्र काव्य चेतना से साक्षात्कार नहीं किया जा सकता। महादेवी, पन्त या प्रसाद या निराला का काव्य संसार उसमें अनुस्यूत संगीत तत्त्व की अनुगूँज को पहचाने बिना उसकी समग्रता से तारतम्य बिठाया ही नहीं जा सकता। निराला के पहले खड़ीबोली के शीर्ष कवियों का रचना संसार छन्दबद्ध होने के बावजूद उतनी काव्यसम्पदा संचित नहीं कर पाया जो छायावाद या उसी के अंश रहस्यवाद ने संगीत के द्वारा सहज ही हिन्दी पाठकों के लिए उपलब्ध करा दिए। इन कवियों ने संगीत की लयात्मक स्वरों से शब्दों की अंतर्निहित ध्वनि और अर्थ के अनेक आयाम उत्पन्न करने का जो काव्य पुरुषार्थ सम्भाव्य था, वह तो छायावादी कवियों को सहज ही उपलब्ध हो गया। निराला की काव्य रचना के बाद आलोचकों ने अपनी बहस के लिए उनके काव्य को विरूपित ही किया है। निराला किसी विचारधारा के अन्तर्गत अपनी काव्यरचना नहीं कर रहे थे। उनकी संगीतप्रियता ही उनकी रचना प्रक्रिया को अपने समय के वादों-विवादों को लाँघकर अपने सार्वभौम नैरन्तर्य को बरकरार रखती रही।

खोजने वाले विद्वानों को निराला की काव्य सम्वेदना में प्रगतिवाद, प्रयोगवाद या आधुनिक कविता के मूल बीज या उनकी कुछ शाखाएँ-प्रशाखाएँ जरूर दिख जाती

होंगी, लेकिन उनकी कविता की आन्तरिक झंकार, *'गीतिका', 'वेला', 'अणिमा', 'अनामिका', 'परिमल', 'आराधना',* या *'गीतगुञ्ज',* में जिस प्रकार मुखरित हुई है उसकी अंतर्ध्वनि को एक दूसरे ही स्तर पर सुना जा सकता है। निराला शब्दों को ऐसी तरकीब में सिझाकर सजाते हैं जहाँ से वे वैश्विक चेतना की लय का सहज ही साक्षात्कार करते हैं और अपने जागरूक पाठक या श्रोता को भी करा देते हैं। यही उनकी काव्य साधना की फलीभूत उपलब्धि है। इस उपलब्धि का प्रथम दर्शन हिन्दी जगत में उनकी रचना *'जुही की कली'* जैसी कविता में हुआ। वहाँ वे काव्य की परिपाटी वाले छन्दों को तोड़कर जीवन की *'नवगति', 'नवलय'* और *तालछन्द युक्त* ऐसी नयी व्यवस्था का स्वाद परिचित शब्द संयोजना से उत्पन्न कर देने में सक्षम हुए जिसने हिन्दी की काव्य चेतना पर नयी छाप लगा दी। अपने इसी काम्यलक्ष्य का उद्‌घोष उन्होंने अपनी अतिशय प्रसिद्ध रचना *'वर दे वीणा वादिनी वर दे'*—सरस्वती वन्दना में *'नवगति' 'नवलय' 'तालछन्दनव'—'नवलकण्ठ', 'नवजलदमन्द्रस्व'* 'नवनभ के नव विहग वृन्द को नव पर नव स्वर दे', में किया है (गीतिका में)।

गीति की विधा हिन्दी में अनपहचानी नहीं है। भले ही हिन्दी साहित्य को अंग्रेजी के जरिए से समझने वाले विद्वान आलोचकों ने गीति गायन को अंग्रेजी में प्रचलित विधा *लिरिक* का पर्यायवाची माना हो, परन्तु गीति में समाहित वैयक्तिक अनुभूति की सघनता, निवेदन, प्रणय, समर्पित भाव और एकाग्रता या तल्लीनता का जैसा समग्र संपुंजन प्रस्तुत होता है, वह अंग्रेजी के *लिरिक* से कहीं गहरे स्तर पर अपनी पहचान बनाता है। गीति की विधा को हिन्दी के भक्ति आन्दोलन के दौर में अपने इन्हीं गुणों के कारण वैष्णव कवियों ने सशक्त माध्यम के रूप में इस विधा को अपनाया। जिन प्रबन्ध काव्यों की रचना साहित्यिक प्रतिष्ठा की मानक बनी हुई थी उनको इस गीति विधा ने पीछे छोड़ दिया। ऐसी विधा का लोकमानस में स्वागत हुआ जो कवि के निजी अनुभव संसार से निकलकर सामान्य श्रोता या पाठक की निजी अनुभव की पूँजी बन सकने में समर्थ हो गयी। वह चाहे सूरसागर के या चाहे मीरा या कबीर के गेयपद हों या चाहे विनयपत्रिका के हों या भारतेन्दु की पदावली से हों। इस देश की अन्य भाषाओं में भी गीति विधा की सशक्त रचनाएँ हैं। रवीन्द्रनाथ ठाकुर ने भी इस विधा का अद्‌भुत प्रयोग किया।

निराला चूँकि हिंन्दी में बंगाल के प्रभाव को लेकर आए थे—कुछ इस कारण, कुछ अपनी संगीतप्रियता के कारण और कुछ अपनी परम्परागत संस्कारिता से वे मुख्यत: गीति के ही माध्यम में जीवन के प्रति अपना राग और विराग दोनों ही सक्षम ढंग से अभिव्यक्त करने में अनूठे ही रहे। उनकी कविता की संगीतमयता की पहचान निराला के काव्यजगत को पूरी भीड़ में अलग कर देती है।

निरालाजी की संगीतप्रियता के अनेक उदाहरण उनकी मित्र मण्डली को और प्रशंसकों के बीच प्रचलित है। निरालाजी जहाँ सस्वर संगीतमय ढंग से अपनी रचना का

पाठ नहीं भी करते थे वहाँ भी वे अपने ओजस्वी स्वरों को ऐसे बलाघातों से मुखरित करते थे कि उन शब्दों की संगीतमय लय का सहज ही साक्षात्कार होने लगता था। इस संगीतमयता का प्रयोग निराला के पहले सवैया, घनाक्षरी मनहरण छन्दों में अपनी कविताओं का पाठ करने वाले कवियों ने न तो कभी प्रयुक्त किया और न उन्हें उस संगीतमयता की चेतना ही हुई। खड़ीबोली में ही ऐसे तमाम कवि सामने आ चुके थे जो अपनी कविता को निरीह गद्य की तरह पढ़ते थे जिससे शब्दों में पिरोई हुई लय की कोई पहचान ही नहीं बनती थी।

निरालाजी को मैंने पहले पहल फैजाबाद में एकल काव्यपाठ करते हुए आज से कोई साठ साल पहले सुना था—जहाँ उन्होंने स्कूल की एक डेस्क पर हारमोनियम रखकर गैसबत्ती के उजाले में अपने गीत सुनाये थे। उन दिनों हिन्दी के जाने पहचाने पुरोधा पंडित श्रीनारायण चतुर्वेदी इंस्पेक्टर ऑफ स्कूल्स के रूप में फैजाबाद में ही नियुक्त थे। निरालाजी, चतुर्वेदीजी के निकटवर्ती मित्र थे। इसी नाते वे अकसर फैजाबाद आ जाते थे। चतुर्वेदीजी की ही कृपा से फैजाबाद में जब ऐतिहासिक प्रान्तीय साहित्य सम्मलेन आयोजित हुआ तो हिन्दी साहित्य की अनेक विभूतियों के वहाँ सहज ही दर्शन हुए। निरालाजी ने अपनी पुस्तक 'प्रबंध प्रतिमा' में इस सम्मेलन का विस्तृत विवरण लिखा है। मैंने इस सम्मेलन में भी निरालाजी के दर्शन किए थे और उनके द्वारा किया गया ओजस्वी काव्यपाठ भी सुना था। वहाँ उन्होंने *'जागो फिर एक बार'* के साथ-साथ अन्य कई रचनाएँ भी सुनायी थीं और गाया था—

> ***'टूटे सकल बन्ध***
> ***कलिके, दिशा ज्ञान गत हो बहे गन्ध'***

निरालाजी में शास्त्रीय संगीत का बड़ा आकर्षण था। वे स्वयं भी अपनी रचनाओं को गाते समय उनको अकसर विभिन्न राग-रागनियों की संज्ञा दे देते थे। उन दिनों संगीत के क्षेत्र में जो लगे हुए संगीतकर्मी थे वे भी निरालाजी के आकर्षण में बँधकर उनके काव्यपाठ के समारोहों में पहुँच जाया करते थे, परन्तु वे निरालाजी की रागदारी की समझ से कभी सहमत नहीं हुए। सम्भवत: निरालाजी जब अपने गीतों को इस प्रकार की रागदारी में बाँधते थे तो उनके मन में टैगोर की ही तरह अपनी कविताओं के साथ एक 'रवीन्द्र संगीत' जैसा 'निराला संगीत' चलाने की बलवती महत्त्वाकांक्षा रही होगी। दुर्भाग्य से वह लीक न तो उनके परवर्ती कवियों ने पकड़ी और न संगीतकारों ने ही।

निरालाजी के बाद हिन्दी में गीतों की संगीतमयता जिस तरह कविवर बच्चन ने पायी उससे निरालाजी भी प्राय: उत्फुल्लित होते रहते थे। बच्चन जी को कविता पाठ करते सुनते तो वे अकसर सार्वजनिक टिप्पणी करते—'देखो इलाहाबाद का स्वर कैसा सुरीला बोल रहा है।' बच्चन के ही साथी कवि नरेन्द्र शर्मा ने भी गीतों की साफ सुथ और आकर्षक परम्परा बढ़ायी, उन्हें वे गाते भी रहे। परन्तु निराला की ही तरह छन्दों, गीतियों और विविध आयामों के साथ गीत की विधा का जैसा सशक्त प्

शम्भुनाथ सिंह ने किया वैसा आज तक औरों के द्वारा सम्भाव्य नहीं हुआ। श्री शम्भुनाथ सिंह ने *'नयी कविता'* के बरक्स *'नवगीत'* का जो आन्दोलन खड़ा करने का प्रयत्न किया उसने उसकी व्यापकता पर जैसे एक अर्गला ही लगा दी। निराला को न तो अपनी गीत की प्रतिष्ठा के लिए कोई आन्दोलन करना पड़ा और न अपने राग-विराग पर विचारों की ठूँस-ठाँस का कोई पैबन्द ही लगाना पड़ा। निराला के गीतों की स्वर-संयोजना उनके शब्दों को उस रसायन में घुला देने की क्षमता रखती है जहाँ वे शब्द वृहत्तर अर्थों को जन्म देते हुए अपना अस्तित्व विलीन कर देते हैं। निराला के गीत इसी कारण अपनी स्वतंत्र सार्वभौम सत्ता के साथ प्रतिष्ठित हैं। उन्हें किन्हीं खपच्चियों की जरूरत आगे भी कभी महसूस नहीं होगी। उन गीतों की संगीतमयता का संसार स्वयं अपना एक अनूठा अलौकिक रचनालोक प्रस्तुत करने में सक्षम है। (हिन्दुस्तानी एकादमी प्रयाग का निराला शताब्दी समारोह (१-२ नवम्बर १९९६) केअवसर पर निराला की कुछ रचनाओं का मेरे संयोजन में आधारित संगीत कार्यक्रम की प्रस्तावना- पीठिका के रूप में प्रस्तुत।)

■